はじめて学ぶ
産業・組織心理学

柳澤さおり・田原直美 [編著]

岸本智美・三沢良・杉谷陽子 [著]

東京 白桃書房 神田

はしがき

　本署は産業・組織心理学を多くの人に活用してもらうために出版しました。
　産業・組織心理学は，企業や公的機関の組織で働く人々の，行動や心理過程を扱っています。産業・組織心理学を学ぶことで，組織の一員として活動する際に，現場で生じた問題を解決したり，より効果的に活動するためのヒントを得たり，新たな方針を迅速に立ち上げる，など，個人の資質向上や組織へのよりよい貢献をもたらします。また管理者としての見地に立てば，組織の一部，あるいは全体を見据えた上での職場運営，組織運営をより効果的に行う事ができます。この本を手に取るであろう大学生にとっては，本書の内容によって，アルバイトの場や学生サークルなどの組織での体験や処遇を，産業・組織心理学の知識と関連づけ，組織人としての役割や，周囲からの期待を洞察することができます。身近な組織で，問題の発見や解決を試みたりすること，そのことを通して自己成長を図ることに取り組んでみてください。また，そうした体験をもとに，就職希望業種・企業の選択や，就職面接などにも活かせるよう，とくに本書は注意して編纂しました。
　知識を活用するためには，まずその内容が自身のものとして十分理解されることが重要です。それぞれの読者が，自身のものとして理解できる内容とするために，本書は以下の点に留意しました。

- ◆ 産業・組織心理学の本で取り上げられることの多い用語や理論を，十分な記述で，理解しやすく説明することに留意しています。
- ◆ 最初の章に，企業を理解するための基礎的な内容が書かれています。この内容を理解することで，本書が主に扱う企業組織の基本的な知識をもって，以後のテーマを学習できるよう留意しています。
- ◆ 各章の冒頭に書かれた学習の意義（テーマを学ぶ必要性，学習内容の応用法）を念頭において内容を十分に理解し，さらに章の最後の復習課題に取り組むことで，基礎的な知識の習得とともに，テーマ全体を自身のものとして理解できるよう留意しています。
- ◆ 事例を随所に採りあげ，それらを産業・組織心理学の用語や理論と関連づけて説明しています。読者が企業組織の現場を疑似体験しながら学習を進めることができるよう留意しています。

本書は日本心理学諸学会連合による心理学検定の産業組織心理学領域に対応しています。

　最後に，本の趣旨に賛同してくださり，適切な助言やサポートを与えてくださった白桃書房の編集者である平千枝子さんに厚く御礼申し上げます。

　　　　　　2015年4月　　　　柳澤さおり　田原直美

目次

はしがき

第1章 組織のしくみ　13

1. 組織の特徴　14
- 1-1　組織目標，分業，階層　14
  - 1）組織目標　14
  - 2）分業　14
  - 3）階層　15
- 1-2　環境への適応　17

2. 企業組織　17
- 2-1　営利性と公益性　17
- 2-2　経営活動　19
- 2-3　経営理念　19
  - 1）経営理念とは何か　19
  - 2）経営理念と経営活動　20
  - 3）経営理念と組織行動　21
- 2-4　経営における戦略　21
  - 1）企業ドメイン　21
  - 2）企業戦略　22
  - 3）事業戦略　22
  - 4）競争戦略　24
  - 5）機能別戦略　25

3. 産業・組織心理学の概要　25
- 3-1　産業・組織心理学とは何か？　25
- 3-2　産業・組織心理学の歴史　25
  - 1）黎明期　25

3

2）第一次世界大戦　26
　　　3）1920年代〜1930年代　26
　　　4）第二次世界大戦　27
　　　5）第二次世界大戦後〜1980年代　27
　　　6）現代　27

第2章 人的資源管理　29

1. 雇用の管理　30
1-1 採用選考　30
　　　1）適性検査　30
　　　2）面接　32
　　　3）面接でのエラー　32
　　　4）構造化面接　32
1-2 人事異動　32
1-3 雇用契約の終了　34
2. 教育訓練・能力開発　34
2-1 学習の理論　34
　　　1）強化理論　34
　　　2）観察学習　35
　　　3）学習サイクルモデル　35
　　　4）ACT*モデル　35
2-2 訓練のプロセス　37
　　　1）ニーズ・アセスメント　37
　　　2）訓練環境の整備　38
　　　3）教育訓練プログラムの評価　39
3. 人事評価　40
3-1 評価の内容　41
3-2 評価の形態　42
　　　1）多面観察評価制度　42

2）目標管理制度（management by objectives：MBO）　43
3-3　評価の方法　44
　　　1）絶対評価　44
　　　2）相対評価　45
3-4　評価のエラー　45
　　　1）同化効果と対比効果　46
　　　2）評価の分布エラー　46
　　　3）ハロー効果（エラー）　46
　　　4）評価者訓練と評価者の情報処理過程　46
3-5　人事評価に対する公正感　47
3-6　人事評価と能力開発　48

第3章　ワーク・モチベーション　51

1. ワーク・モチベーションの意味　52
　　　1）ワーク・モチベーションの意味　52
　　　2）科学的管理法　52
　　　3）ホーソン研究　53
　　　4）モチベーションの重要性　54

2. モチベーションの理論　55
2-1　内容理論　55
　　　1）欲求階層理論　55
　　　2）ERG理論　55
　　　3）マクレランドの達成動機理論　56
　　　4）X理論とY理論　57
　　　5）動機づけ－衛生要因理論　57
　　　6）内発的動機づけ　60
2-2　過程理論　61
　　　1）期待理論　61
　　　2）衡平理論　62

3）目標設定理論　63

第4章 職場集団のダイナミックス　67

1. 職場集団の特性　68
1-1 職場集団とは　68
1-2 集団らしさを表す特徴―規範と凝集性　69
　　　1）規範とは　69
　　　2）職場集団における規範の落とし穴　70
　　　3）集団凝集性　70
1-3 職場集団の発達　73
　　　1）集団らしさが現れるプロセス　73
　　　2）職場集団のライフサイクル　75
　　　3）職場集団の硬直化と革新　76

2. 職場のチームワーク　76
2-1 チームワークが重要な理由　77
　　　1）タスクワークとチームワーク　77
　　　2）プロセス・ロス　77
2-2 チームワークの3つの要素　79
　　　1）チームワークの行動的要素　80
　　　2）チームワークの態度的要素　80
　　　3）チームワークの認知的要素　81

第5章 職場のコミュニケーションと人間関係　85

1. 職場におけるコミュニケーション　86
1-1 対人的なコミュニケーションのプロセス　86
1-2 職場におけるコミュニケーションの特徴　87

　　　　1）職位や職務のギャップ　88
　　　　2）電子コミュニケーション　89
　　1-3　会議による意思決定　90
　　　　1）話し合い場面の心理過程　91
　　　　2）話し合うことの意義　94
2. **組織による情報管理と学習―ナレッジ・マネジメント―**　94
　　2-1「ナレッジ」とは何か　94
　　　　1）「ナレッジ」の意味　94
　　　　2）「ナレッジ」の2つの側面―暗黙知と形式知　95
　　2-2　ナレッジ・マネジメントのプロセス　96
　　　　1）個人プロセス　96
　　　　2）チームのプロセス　96
　　　　3）組織のプロセス　97
　　2-3　ナレッジ・マネジメントの実践　97
3. **職場における人間関係と葛藤**　98
　　3-1　職場の人間関係の特徴　98
　　　　1）水平的関係と垂直的関係　98
　　　　2）フォーマルな関係とインフォーマルな関係　99
　　3-2　職場における葛藤　99
　　　　1）課題葛藤と関係葛藤　100
　　　　2）葛藤への対処行動　101

第6章　リーダーシップ　105

1. **リーダーの存在意義**　106
　　1-1　リーダーシップの定義　106
　　1-2　集団目標の達成とリーダー　106
　　1-3　集団の活動に影響を与えるリーダー　107
2. **リーダーシップ理論の研究動向**　107
　　2-1　リーダーシップの特性理論　107

　　　　1）偉人論　108
　　　　2）リーダー特性の研究とストッデイルによる検討　108
　　　　3）リーダー特性に関する近年の研究動向　108
　　2-2 リーダーシップの行動理論　109
　　　　1）オハイオ研究　109
　　　　2）ミシガン研究　109
　　　　3）マネジリアル・グリッド理論　110
　　　　4）PM 理論　110
　　　　5）行動アプローチからコンティンジェンシーアプローチへ　111
　　2-3 リーダーシップのコンティンジェンシー（状況適合的）理論　111
　　　　1）フィードラーのコンティンジェンシー・モデル　112
　　　　2）パス－ゴール理論　113
　　　　3）状況対応リーダーシップ理論（SL 理論）　114
　　　　4）目標に応じたリーダー行動　115
　　2-4 近年注目されているリーダーシップ理論　116
　　　　1）リーダー－メンバー交換理論　116
　　　　2）変革型リーダーシップ　116

第7章 キャリア発達　121

1. キャリア発達（開発）の概要　122
　　1-1 キャリアとは　122
　　1-2 キャリア発達（開発）に関する主な理論　122
　　　　1）生涯発達に関する理論　122
　　　　2）キャリア発達に関する理論　126

2. 組織における取り組み　129
　　2-1 CDP（career development program；キャリア開発プログラム）　129
　　2-2 学び・成長に向けて　131
　　　　1）さまざまな教育研修のスタイル　132
　　　　2）メンタリング　135

2-3　その他のさまざまな施策　136
　　　　1）業務・配置の面から　136
　　　　2）福利厚生の面から　137
3. 主体的に歩む自らのキャリア　138

第8章 メンタルヘルス　141

1. ストレスとメンタルヘルス　142
　　1-1　ストレスとは　142
　　　　1）ストレッサーとストレス反応　142
　　　　2）ストレッサーは悪者？　145
　　　　3）ストレスに慣れることができるのか？　146
　　1-2　働く人のストレス　148
　　　　1）NIOSH（アメリカ国立労働安全衛生研究所）の職業性ストレスモデル　148
　　　　2）労働者健康状況調査（2012年）から　151
　　　　3）脳・心臓疾患と精神障害の労災補償状況（2015年）から　152
　　1-3　ストレスに対処するために？　152
　　　　1）日々できること　154
　　　　2）「いつもと違う状態」に気づいたとき　156
　　　　3）「発信」することのすすめ：ソーシャルサポートの活用　156
2. 働く人のメンタルヘルスの維持増進に向けて　157
　　2-1　国の取り組み－主な法令や指針の策定・改正・改訂などから－　157
　　　　1）「労働安全衛生法」　158
　　　　2）「労働契約法」（2007年12月5日制定，2008年3月1日施行）　158
　　　　3）「労働者の心の健康の保持増進のための指針」（2006年3月31日）　158
　　2-2　企業・団体の取り組み　160
　　　　1）労働者健康状況調査（2012年）から　160
　　　　2）外部EAP機関の活用　161
　　　　3）QWLとワークライフバランス　162
3. 自分のメンタルヘルスケアへの取り組みは今から　162

第9章 作業管理・安全管理　165

1. 作業管理　166
　1-1 作業研究　166
　　1）時間研究　166
　　2）動作研究　167
　　3）作業研究　169
　1-2 生産システム　170
　　1）テイラーシステム　170
　　2）フォードシステム　170
　　3）トヨタ生産システム　170
　1-3 仕事の継続的改善　171
　　1）管理のPDCAサイクル　171
　　2）小集団活動とKAIZEN　172

2. 安全管理　173
　2-1 不安全行為　173
　　1）ヒューマンエラー　173
　　2）ヒューマンエラーの基本的タイプ　175
　　3）ヒューマンエラーの防止対策　177
　　4）違反　178
　　5）違反の分類と背後にある心理的背景　179
　　6）違反の防止対策　180
　2-2 事故の発生と防止　181
　　1）事故発生の理論的モデル　181
　　2）事故防止のための対策・活動　183

第10章 消費者行動　189

1. 企業のマーケティング活動と消費者　190

- 1-1 マーケティングとは何か　190
- 1-2 **4P戦略と消費者心理**　191
    - 1）製品戦略　191
    - 2）価格戦略　192
    - 3）流通戦略　192
    - 4）販売促進戦略　193
- 1-3 マーケティング・リサーチと「セグメンテーション（市場細分化）」　193
- 2. なぜその商品を買うのか？―消費者の意思決定　194
    - 2-1 消費者の意思決定プロセスの全体像　194
    - 2-2 さまざまな意思決定方略　198
    - 2-3 消費者の意思決定の非合理性　200
        - 1）意思決定のフレーミング効果　200
        - 2）プロスペクト理論　201
- 3. 商品への評価はどう作られるか？―消費者の情報処理と態度形成　202
    - 3-1 消費者の「態度」とは何か　202
    - 3-2 態度の形成とブランド選択の予測　203
    - 3-3 広告による態度変容とその測定方法　204
        - 1）広告の効果測定方法　205
        - 2）消費者の態度変容モデル　206
    - 3-4 オンライン・コミュニケーションによる態度変化　208
        - 1）インターネットがもたらした変化　208
        - 2）弱い紐帯の強さ理論　209
        - 3）インターネット上の「集合知」という考え方　212

索引

第 1 章
組織のしくみ

この章を学習することの意義

1. 組織の基本的なしくみを理解することで,より高所から,第2章以降に書かれた産業活動に取り組む人々の心理や行動に関わる理論の内容,そしてその重要性を理解することができます。
2. 身近な組織や企業が取り組む様々な活動を,広い視野から理解することができます。

ある事柄を的確に理解しようとすれば，その事柄に関連する背景や経緯を知っておくことが不可欠です。産業・組織心理学を学ぶ際にもこのことがあてはまります。

第1章では，まずさまざまな組織（会社，公益法人，協働組合，サークルなど）に共通している特徴を解説します。そのうえで，とくに産業活動を営む組織である企業を取り上げ，企業を理解するための基礎的な内容について説明していきます。それらの内容の多くは，経営学や商学で学習することですが，企業における人の行動を的確に理解するうえで欠かせないものです。そして最後に，産業・組織心理学の概要を述べることにします。

1. 組織の特徴

組織はみなさんにとって身近なものであり，みなさんの多くは，一度は組織に所属した経験をもっているのではないでしょうか。その組織の特徴を，組織目標，分業，階層，そして環境適応という側面から理解していきましょう。

1-1 組織目標，分業，階層

1）組織目標

組織には，組織のメンバーが共有する「組織目標」が存在します。例えば，大学は学生に教養，専門知識，アカデミックスキルを身につけさせること，電力会社は地域の人々や企業に安全に安定的に電力を供給すること，自動車会社は，環境に配慮しつつ車を製造，販売し，利益を上げることなどです。組織目標は1つではなく，複数の目標が同時に設定され，共有されます。組織目標の達成が，組織が存在する意義なのです。

2）分業

組織に所属するメンバーは，組織目標の達成のためにさまざまな活動をすることになります。達成に必要な仕事を分担して行うことで，効率的にその目標を達成できます。分担して仕事を遂行することは「分業」と呼ばれています。

図1-1には，カルビーの分業の体制が示されています。このような図は，組織図とも呼ばれます。この会社が利益を上げるためには，製品の研究開発，生産や輸送，製品のマーケティングなどが必要になります。それらの活動は，図1-1に示された研究開発本部，各地域の事業本部，マーケティング本部が

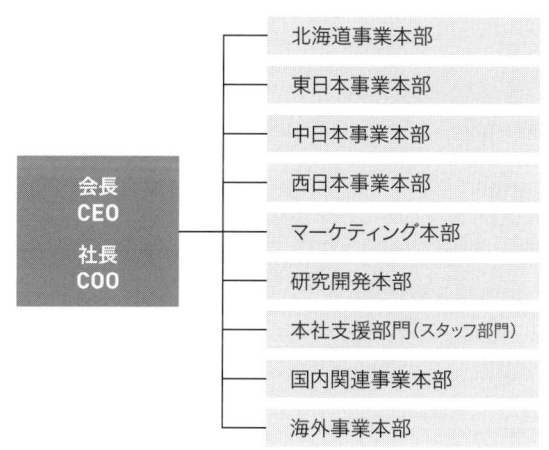

図1-1 分業の体制
出所:「経営新潮流/カルビー 松本晃の経営教室/第2回」『日経ビジネス』2013年9月16日号, p.97の図をもとに再作成。

分業していると考えられます。また，これらの各々の部門には多くの従業員が所属し，その人たちはその部門の目標達成のために，さらに分業して仕事を行っているのです。

　分業と対をなすのが調整，統合です。個々の従業員が分業して仕事を進めていると，意思の疎通がうまくいかず，従業員同士の意見が対立するなどの葛藤（コンフリクト）によって協働ができなかったり，仕事を進める方向性がずれたり，期待された仕事の質や量に達しなかったりと，さまざまな問題が生じます。そのまま放置しておけば，組織目標の達成は難しくなってしまいます。分業によって生じるさまざまな問題を回避する，減らす，あるいは解決するためには，それぞれの利害や仕事の方向性のずれなどを調整し，目標達成に向けて統合することが必要となります。

3）階層

　「階層」があることも，組織の重要な特徴です。図 1-2 は，2008 年の『日経ビジネス』という雑誌に掲載されたイラストであり，トヨタ自動車が社内の組織の階層構造をフラット型（階層数が少なく，一人の管理者が多くの部下を管理する構造）から小集団型（階層を備えた小集団から構成され，階層数が増えた構造）へ変えたことを示しています。この階層は上位から下位に

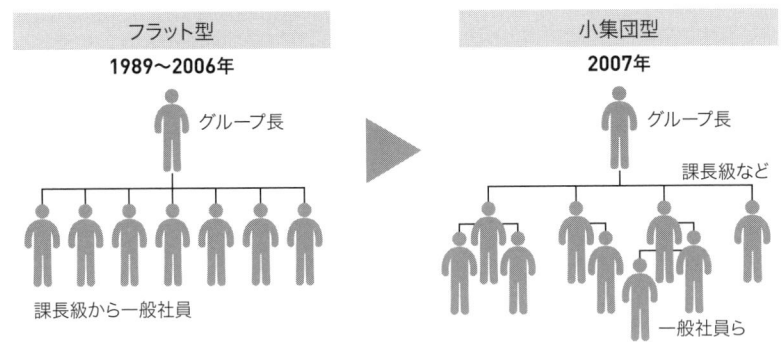

図1-2　組織の階層構造の例　出所：『日経ビジネス』2008年1月7日号, p.28より。

至る構造になっており，組織のなかの指示命令系統を示しています。先に示した図1-1も階層構造を示しています。

　従業員の仕事に関わる調整や統合は，その従業員よりも上位の階層に位置する管理者などの従業員，あるいは上位の統括部門が行います。

　組織目標，分業，階層の3つは，産業・組織心理学でよく取り上げられる組織の特徴です。これ以外に，組織目標の達成のために資源が利用されることも組織の特徴としてあげることができます。組織のなかで利用される代表的な資源は，ヒト（人材），モノ（設備など），カネ（資金），情報です。これらの資源を用いて，組織活動がなされるのです。

　上記の特徴が当てはまるのは企業だけではありません。例えば，ある大学の強豪のサッカー部は，「全日本大学サッカー選手権大会や天皇杯全日本サッカー選手権大会に出場すること」「優秀な選手を育成すること」などの組織目標をもっているとしましょう。その目標の達成のために，モノ（サッカーボール，ゴール）やカネ（備品の購入費，遠征旅費），情報（育成方法や戦術）を使って，選手がスキルアップを図り，監督が指導し，マネージャーが選手や監督のサポートを行うなど分業活動が実行されます。選手たちのチームワークがうまくいっていないときには，監督やキャプテンが個々の選手に働きかけて調整を行います。こうした特徴をもつサッカー部は組織といえます。

1-2 環境への適応

人間は，自分が置かれた環境に合わせて生活しています。例えば，気温に合わせて服を選び，ほかの人に迷惑がかからないようにマナーを守り，友達とケンカしないようにうまく付き合うといったことです。人が環境に適応しようとしないならば，社会のなかで人間らしい生活をおくることが難しくなります。

組織も人間と同様に環境に開かれており，環境に適応していくことが重要です。組織は内に閉じているのではなく，外部環境に開かれているという考え方は，オープンシステム・アプローチと呼ばれます。企業が適応すべき外部環境としては，消費者の好み，ライバル会社の動向，科学技術の進展，国内外の景気動向，環境問題など多種多様なものが考えられます。消費者の嗜好に合わせた商品展開，ライバル会社より優位にたつための企業合併，研究開発費の増額などは，環境に適応するための組織活動です。分業体制も，環境の変化に合わせて変更されます。図1-2に示されたトヨタの階層構造の変化も，環境によりよく適応するための方法であるといえます。先ほど例にあげたサッカー部もまた，ライバルチームの動向など環境が変化すれば，戦術の変更，新たなトレーニング方法の導入などが必要になります。

産業・組織心理学では，組織内の人間の心理や行動に関わる内容を中心に取り上げますが，組織は環境に開かれた存在であり，環境に適応することで存続し続けることが可能になるという視点を忘れないでください。

2．企業組織

企業は，上記以外にさらにいくつかの特徴をもっています。ここから，まず基本的な企業の経営活動を把握してもらい，次に企業に当てはまる特徴について説明していきます。

2-1 営利性と公益性

大学を卒業すると，企業に勤務する人が多いと思いますが，なかには大学や農協などの組織に就職する人もいるでしょう。一般的な企業と，大学や農協などの組織との違いを理解するために，図1-3を見てください。この図で

は，金銭的な利益の追求に関わる営利性と社会一般の利益に関わる公益性の2つの軸から，行政組織や公企業を除くさまざまな組織が分類されています。

営利性が強く，かつ公益性が低い図1-3の左下にある組織は，この本で主に取り扱う産業界の組織である企業です。この組織の対角にある非営利性が強く，公益性の高い組織には，みなさんが所属している大学が含まれます。図の左上の組合組織は，非営利性がある程度強く，組合員など特定の対象に対して利益をもたらす人のために存在しています。医療法人は，図のおおよそ中心あたりに位置していますので，営利性および公益性が中程度の組織であると考えられます。

営利性が強い企業は，効率的な組織運営が最も求められている組織です。ただし現在の日本では，非営利性が強い組織や行政機関であっても，効率性が強く求められています。図1-4の新聞記事には，佐賀県の武雄市が，図書館運営費を圧縮するために，図書館の運営管理を民間企業に委託したことが書かれています。このように，他の組織に任せることができることを外部委

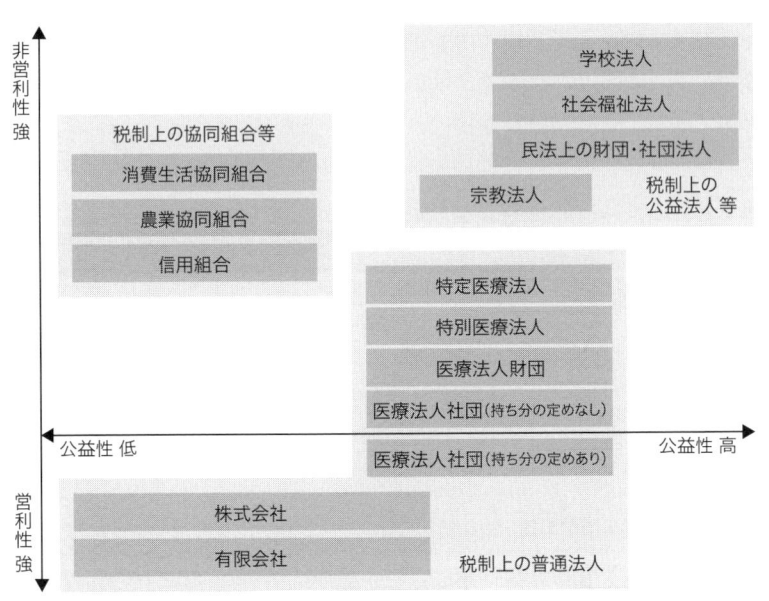

注： ■は法人の概念，■は税制上の概念。

図1-3 営利組織と非営利組織　出所：奥林・稲葉・貫(2002)より。

託し，そのことによって生じた余剰の資源をより中核的な活動に投入することで，コストを下げて，効率的に組織目標を達成できるのです。

協同組合や大学も，非効率な運営を続ければ，解散や倒産につながります。組織が存続し続けるためには，企業以外の組織でも，組織目標を効率的に達成する運営が必要なのです。

武雄市図書館 民間委託1年

快適な読書空間 奏功

館内吹き抜け■飲食OK

DVDなどのレンタル店「TSUTAYA」を展開するカルチュア・コンビニエンス・クラブ（CCC）が佐賀県武雄市図書館の運営を受託して1年が経過した。年中無休で開館時間を4時間延長するなどした結果，来館者数は3・6倍に増えた。今後は利用者の満足度を保ち続けるための工夫も必要になりそうだ。

来館者絶えず

3月下旬の平日の午後。同図書館の約200台分の駐車場はほぼ埋まり，ひっきりなしに来館者が出入りする。週末には近くの臨時駐車場も合わせて計約300台を収容できるが，満杯になることも多いという。

この1年間の来館者数は92万人を超えるなど，利用者数や貸出冊数は大幅に増えた。その理由として，まず洗練された快適な読書空間を提供したことが挙げられそうだ。館内は吹き抜けなどで開放感があり，音楽が流れる。入居するスターバックスコーヒーで飲食を楽しむこともできる。

内装や本の配置はCCCの新型店舗である代官山蔦屋書店（東京・渋谷）をモデルにしている。図書館サービス事業を担当するCCCの高橋聡執行役員は「ライフスタイルに合わせた分類を採用するなどして，本を探す楽しみや居心地の良さを追求している」と話す。

今では20万冊超の書籍をすぐ手に取れるが，CCCが運営を始める前は，その半分の10万冊弱が閉架だった。CCCは改装で事務スペースも必要最低限に狭め，閲読場所などに充てた。

図書館運営の民間委託を主導した武雄市の樋渡啓祐市長は「豊かな生活を実現するため，図書館を市民にとって利用価値の高い施設にしたかった」と説く。樋渡市長は足しげく図書館に出向き，改善に向けてCCCと意見を交わす。「飽きずに来館し続けてもらうため，常に新しい何かをどう打ち出すかが課題」（樋渡市長）だ。

運営術どう保護

市は行政費用削減の効果も見込む。開館時間の拡大も織り込んで計算した従来の運営費用は年間2億1千万円になるが，CCCに支払っている指定管理料は同1億1千万円で，実質1億円のコストダウンとなる。

受託するCCCにとっての利点は，自治体との協働で得る「ブランド価値を高める効果」とみられる。公立図書館の運営を経験すること自体も同社の強みになる。事実，宮城県多賀城市や山口県周南市の図書館の企画を請け負うなどCCCは事業機会を広げつつある。

一方，指定管理者制度特有の課題も浮かび上がってきた。館内の詳細な配置図や決算書で求められる以上の収支計算の開示を求める住民監査請求の動きが出ているもようだ。営業ノウハウに関する事項が公になることになれば企業は運営受託をためらいかねない。公共施設の健全な運営を確保しながら，住民の利便性や満足度を高めるために必要なルールはどうあるべきかが問われている。

（佐賀支局長 田中浩司）

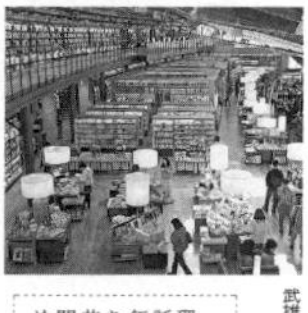

武雄市図書館は平日でも人でにぎわう（佐賀県武雄市）

▼指定管理者制度　公共施設の管理運営を企業やNPO法人などに委託できるようにした制度。2003年施行の改正地方自治法で導入された。それまでは第三セクターなど公共性の強い機関に限られていた。民間の参入でサービスの質や効率を高め，行政コストを削減するのが狙い。

武雄市図書館の来館者数と貸出冊数

	来館者数	貸出冊数
2011年度	約26万人	約34万冊
2013年度（開館時目標）	約50万人	約70万冊
（実績）	約92万人	約55万冊

（注）12年度は改装のため休館期間があり比較できず

図1-4　公的機関の管理を民間委託したことに関する新聞記事

出所：『日本経済新聞』2014年4月3日地方経済面（13面），沖縄九州経済より。

2-2　経営活動

企業は，図1-5に示すように，ヒト，モノ，カネ，情報などの経営資源を投入して，製品（財とも呼ばれます）やサービスを産出し，それらが市場（しじょう）で消費者によって購入されることを通して利益を手に入れます。得られた利益は，従業員への給与の支払い，新たな経営資源の購入，借入金の返済，株主への配当金の支払いなどに使われます。これらの点が大学のサークルやボランティア活動を行う組織とは異なります。

2-3　経営理念

1）経営理念とは何か

企業の具体的な経営活動は，短期，中期，長期の経営計画に基づいて進められます。この経営活動，経営計画の策定にあたって指針となるのが経営理念です。

経営理念は，企業のホームページに書かれていることが多いです。ここで，会社の経営理念の例を見てみましょう。

◆株式会社日立製作所……創業の精神である“和”，“誠”，“開拓者精神”をさらに高揚させ，日立人としての誇りを堅持し，優れた自主技術・製

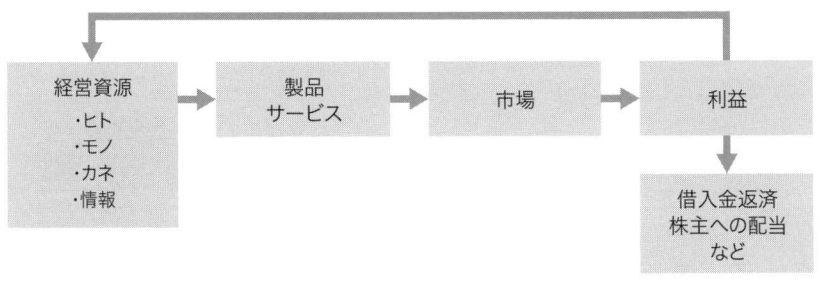

図1-5 企業の活動

品の開発を通じて社会に貢献する。
◆味の素株式会社……地球的な視野にたち，食と健康，そしていのちのために働き，明日のよりよい生活に貢献する。

先の項で，企業組織は営利性が強いことを強調しました。企業は金銭的利益を上げることを目標にして，日々の経営活動を営むという企業イメージをもった人は，社会貢献を謳った上記の経営理念を読んで，ちょっと意外な感じをもったかもしれません。経営理念は，創業者の創業にあたっての思い，理想が反映されることも多く，その企業が存在する社会的意義が明示されています。企業を理解するときには，企業は製品やサービスの提供をとおして，人々の生活の質を高める役割を社会で果たしているという視点をもつことも必要でしょう。

2）経営理念と経営活動

経営理念は，企業目標，企業ドメイン，製品や市場戦略など経営活動のさまざまな側面に影響を与えています（大滝・金井・山田・岩田，2006）。

ここで，武田薬品工業株式会社と大塚製薬株式会社の経営理念についてみていきましょう。この2つはいずれも製薬業界に分類される企業です。武田薬品工業の経営理念は「優れた医薬品の創出を通じて人々の健康と医療の未来に貢献する」です。一方，大塚製薬は"Otsuka - people creating new products for better health worldwide"であり，「自らの手で独創的な製品を創る，健康に役立つ，世界の人々に貢献する」という思いが込められているそうです。両社は，一見同じような経営理念をもっているように見えますが，よく見ると，武田薬品工業は「医薬品の創出」という言葉を使っており，医薬品に特化した事業展開を行っています。それに対して大塚製薬は"creating new products（製品の創出）"という言葉を使い、医薬品のみならず、カロリーメイトやポカリスエットなどのニュートラシューティカルズ製品（栄養"Nutrition"＋薬"Pharmaceuticals"の造語）も製造、販売しています。経営理念の違いは、両社の経営活動の違いをもたらしているのです。

3）経営理念と組織行動

経営理念の実現のために、さらに具体的な経営の方向性について明示している企業もあります。例えば、武田薬品工業では、経営理念の実現のために、「革新への挑戦」、「活力ある企業文化の創造」、「持続的な成長」を経営方針として掲げています。また、「多様性」、「連携」、「コミットメント」、「透明性」、「情熱」、「挑戦」という従業員がとるべき行動原則を明示しています。このような取り組みをとおして、経営理念は規範となり、その企業の従業員の仕事に対する価値観や態度にも影響を与えます。経営理念は、同じ企業組織に所属する従業員がある程度一致した、一貫した行動をとることを可能にしているのです。

2-4 経営における戦略

企業が、組織目標を効率的に達成し、また将来的に存続、発展し続けるためには、戦略的に経営活動を行う必要があります。ここから、経営に関する企業の戦略について説明します。

1）企業ドメイン

企業の経営戦略を説明する前に、「企業ドメイン」について理解してもらいます。企業は、利益を得るために、経営資源をもとに独自の製品やサービスを産出し、それらを市場に供給するという活動を行っています。企業ドメインとは、それらの活動を行う範囲（事業活動領域）のことです。例えば、旅行業を手掛けるJTB（ジェイティービー）の企業ドメインは「交流文化事業」、セキュリティ関連の業務を行うセコムの企業ドメインは「社会システム産業」です。企業ドメインは、企業にとって競争優位に立てるような領域でなければなりません。

企業ドメインが再定義されることもあります。JTBの企業ドメインは、もともとは「総合旅行事業」でした。JTBは2006年にドメインを「交流文化事業」に再定義し、旅行事業以外に事業活動領域を広げ、旅行先の地域での体験や交流を生み出すための人材育成、物産開発といった地域交流ビジネ

スなどに新たに取り組んでいます。

　企業は，事業を将来にわたって継続させ続けることが重要です。このことは，企業以外の組織にも当てはまります。事業を継続し，企業が存続し続けることを念頭に置いて，企業ドメインの定義や再定義を行うことが必要なのです。

2）企業戦略

　企業戦略は，全社戦略とも呼ばれます。新規事業への進出，事業の統廃合など企業ドメインを決定すること，あるいは事業に対する経営資源の分配や獲得などを決定するものであり，長期的な視野に基づく企業組織全体に関する戦略です。

　どのような企業戦略を企業がとろうとしているのかについては，企業のホームページのなかの投資家に対する広報（IR：investor relations）のサイトに掲載されていることが多いです。企業戦略に沿って，具体的な行動計画や経営（組織）資源の分配がなされ，組織メンバーが活動し，組織目標が達成されているのです。

3）事業戦略

　同一企業が複数の事業をもつことも多くあります。そのような場合に，それぞれの事業で同業他社に対して優位性を築くための戦略は**事業戦略**と呼ばれます。

　事業戦略の策定にあたっては，自社の事業の位置づけを行う必要があります。この手法として，よく知られているのがPPM（product portfolio management）です。PPMは，ボストン・コンサルティンググループによって開発されました。図1-6はPPMのマトリックスが，そして図1-7には，1995年のキヤノンのPPMが示されています。このマトリックスの縦軸には事業や製品の市場成長率が示されており，上方にいくほど成長率が高いこと，下にいくほど市場が成熟していることを表しています。横軸にはその企業の市場における相対的な市場占有率（マーケット・シェア）が示されていて，最大の競合他社の売上高に対する当該企業の売上高の割合が表されています。例えばある企業の売上高が第1位で，第2位の企業の売上高の2倍の売上高だった場合には，数値が2と示されます。図の横軸の左に位置するほど，相対的な市場占有率が高いことを示しています。

　図中の「花形」とは，市場の成長率が高く，かつ市場占有率も高い製品ですが，多額の投資も必要としています。「金のなる木」は，大きな成長は見込めな

いものの，投資をそれほど必要とせず，安定した高収益が見込める製品です。「問題児」は，市場成長率は高いけれど，市場占有率が低いため，多額の投資を必要とする製品です。ただし，投資を集中させることによって，花形製品になる可能性もあります。最後の「負け犬」は，市場成長率も市場占有率も低い製品が位置します。ここに位置する事業は，収益の状態によっては撤退や売却などを決定する必要があります。

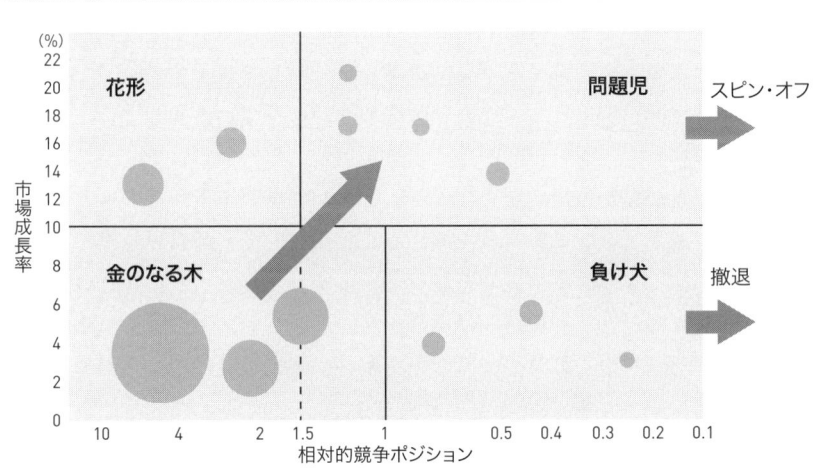

図1-6　事業ポートフォリオ・マトリックス　出所：高橋・丹沢・坂野(2002)より。

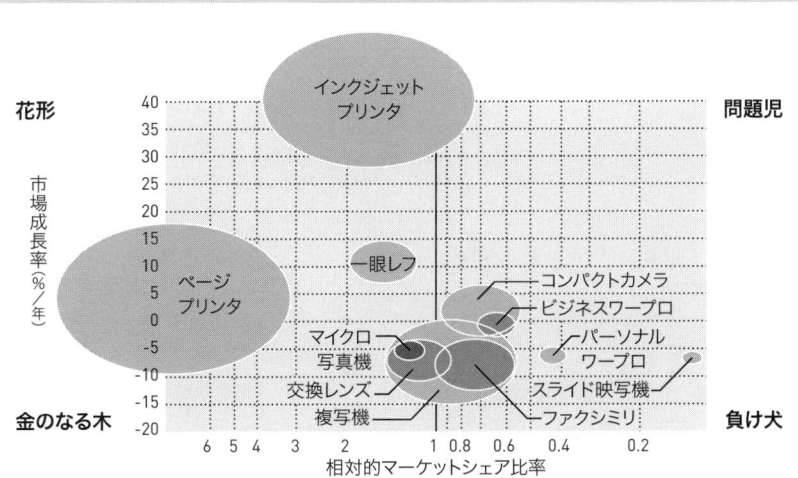

図1-7　キヤノンのポートフォリオ・マトリックス　出所：水越(2003)より。

4）競争戦略

　PPMのような方法を利用して評価した事業について，競合する他企業とどのように競争するのかを決めるのが，競争戦略です。競争戦略については，図1-8に示されたポーター（Porter, 1985）によるものがよく知られています。

　ポーターは，他者との競争に勝つための戦略を，①他社より低いコストで製品を提供する「コスト・リーダーシップ戦略」，②他社とは異なる特徴をもつ製品を作ることで差別化を図る「差別化戦略」，③特定の地域や顧客など限定された範囲（セグメント）内で，コストを下げるもしくは差別化するために経営資源を集中させる「集中戦略」に分類しています。

　ハンバーガーを例にとって，競争戦略の違いを見ていきましょう。世の中には多くのバーガーショップが存在しますが，あるバーガーチェーンは，その時点で世界のなかで最も安く仕入れることができる場所から一括して原材料を調達，加工するなどコストを抑えることによって，飲食物を安く提供するコスト・リーダーシップ戦略をとっています。マクドナルドがこれにあたります。これに対して，相対的に価格が高いけれども，減農薬や減化学肥料で育てられた国産の生野菜や国産の肉を使い，注文を受けてから調理を行うなど，品質の高さや味の良さを売りにするような差別化戦略をとっているバーガーショップもあります。喜多方ラーメンバーガーといったご当地バーガーは，日本のなかのある特定地域での販売に限定（集中）して，その土地の名産物を使うなどによって差別化を図っている差別化集中戦略をとっているといえるでしょう。

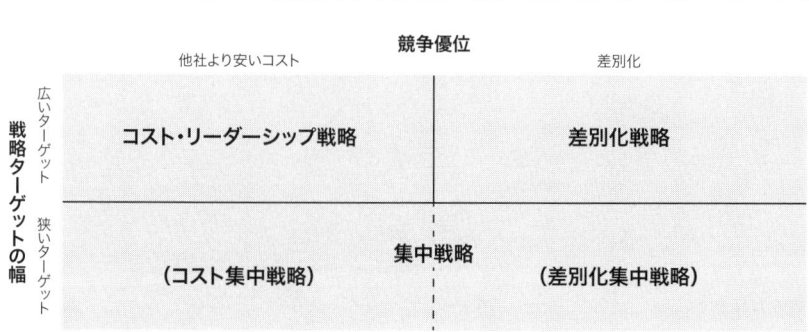

図1-8　ポーターの競争の基本戦略　　出所：Porter（1985）より。

5）機能別戦略

　本章で組織の分業について説明した際に，分業の例として図1-1のカルビーの分業の体制をみてもらいました。この図には，企画本部，財務・管理本部，情報システム本部などの複数の部署が示されていました。これらの部署（職能）ごとにたてられる戦略は，機能別戦略と呼ばれます。例えば，最近では人事部がグローバル人材を育成するために，海外での研修の実施などを積極的に取り入れています。このような活動は，人事部の機能別戦略に基づいて実施されているのです。

　企業でとられる戦略は，長期的なものから短期的なもの，経営全体に関わるものから部門など部分的なものまで多岐にわたります。これらの戦略が，組織目標の達成や組織の存続を左右しているのです。

3．産業・組織心理学の概要

3-1　産業・組織心理学とは何か？

　企業や公的機関などの組織で働く人々の行動や心理過程を科学的な手法により研究する心理学の一分野が，産業・組織心理学です。

　産業・組織心理学は，100年を越える歴史のなかで，膨大な研究がなされ，さまざまな理論や知見を生み出しました。組織全体が持続して目標を達成し，組織のなかで働く人々が，「効率よく」，「成果を収めながら」，「生き生きと」，「自己成長しながら」，「他の人と協働して」，「安全に」働くことなどを実現するために，産業・組織心理学の理論や知見を利用することができるのです。

3-2　産業・組織心理学の歴史

1）黎明期

　実験心理学の手法を産業場面に応用したミュンスターベルク（Münsterberg, H.）とスコット（Scott, W. D.）は，産業・組織心理学の先駆者として知られています。両者は，心理学の父と言われるヴント（Wundt, W. M.）に指導を受けた後，アメリカに渡って活躍しました。

　ミュンスターベルクは，1913年に上梓した『心理学と産業能率』という本のなかで，最適な人材の選抜，最大のそして満足のいく仕事の結果を生み

出す状況，販売方法や広告を用いた最高の効果を生み出す方法の3つに注目しています。これらは，現代の産業・組織心理学の主要なテーマでもあります。スコットは，主に広告に対して心理学の知見を応用しました。

　ミュンスターベルクとスコットが活躍した同時期に，テイラー（Taylor, F. W.）は，科学的な原理を仕事の効率や生産性を高めるために利用する「科学的管理法」というマネジメント方法を提案しました（Taylor, 1911）。テイラーは，時間を測定しながら優秀な労働者の働き方を観察する時間研究に基づき，標準的な作業方法や作業にかかる時間，標準的な作業量を決め，作業量に応じて賃金を支払うしくみを構築しました。テイラーリズムと呼ばれるこの管理方法は，効率的な生産方法として多くの組織で採用されましたが，労働者の人間性を軽視しているという欠点もありました。

　テイラーやミュンスターベルクの著作が出版されると，我が国でも早い時期に翻訳され，官公庁や民間企業における作業改善や能率の向上に応用されました。

2）第一次世界大戦

　第一次世界大戦（1914-1918）において，アメリカ心理学会の会長であったヤーキース（Yerkes, R.）は，兵士の選抜と配置に利用する集団式知能検査の開発に携わりました。これらの研究成果は，今日の企業における採用や従業員の選抜に用いられる心理検査に応用されています。また，先に取り上げたスコットも兵士の配置の研究に関わっていました。スコットは，それらの研究知見を企業の人事場面に応用したコンサルティング会社も設立しました。

3）1920年代～1930年代

　1920年代から1930年代にかけてメイヨー（Mayo, E.）やレスリスバーガー（Roethlisberger, F. J.）らが，ウエスタン・エレクトリック社のホーソン工場で行った研究は，産業・組織心理学に大きな転換をもたらすものでした。この研究では，労働者の生産性に，物理的な職場環境が及ぼす効果が検討されました。例えば，生産性を高める最適な照明の明るさを調べるために照明の明るさを変化させて生産性との関係が調べられました。この実験の結果は，照明の条件に係わりなく，実験を進めるにつれて生産性は高まっていくことを示していました。

　ホーソン実験では，物理的環境よりも人間の情緒的側面が，生産性に影響

していたこと，労働者の生産性に，工場の公式なルールよりも非公式集団（インフォーマル・グループ）のルールや規範の影響がより強いことが示されました。ホーソン研究の結果は，生産性に及ぼす人の意欲や人間関係などの社会的要因の重要性を重視する人間関係論の発展につながりました。

4）第二次世界大戦

第二次世界大戦（1939-1945）においても，産業・組織心理学の進展が見られました。この世界大戦では，兵器のハイテク化・専門化が進み，それを扱うための高度な専門的知識やスキルが兵士に求められるようになりました。そのため，それらの兵器を扱うことのできる兵士の評価，選抜，配置，訓練が重要となり，これらに関する研究が進展しました。

5）第二次世界大戦後〜1980年代

第二次世界大戦後，職場において労働の機械化，オートメーション化が進み，それらは仕事の単調感や人間疎外感をもたらしました。この問題と連動して1960年代から1980年代にかけて，ワーク・モチベーション，職務態度，ストレスなど今日の産業・組織心理学の重要なトピックスに関する研究が盛んになされました。また，1973年にアメリカ心理学会は，部会名をビジネス産業心理学から産業・組織心理学という名称へと変更しました。1985年には，我が国で産業・組織心理学会が設立されました。

6）現代

今日，企業組織を取り巻く環境は急速に変化しています。世界規模での企業間の競争の激化やIT技術の進展，グローバル化，先進国での少子高齢化の進展などが，取り組む仕事の内容や職場環境を変えています。それとともに，より少ない人数でこれまでと同量の仕事の遂行が求められる労働の過負荷，より高度で専門的な知識やスキルの獲得，多様性をもつ職場での創造的なアイディアの創出や葛藤の解決など，さまざまな問題や課題が生まれてきています。これらの問題の解決や効果的な課題遂行に関する手がかりを与える産業・組織心理学の重要性はますます高まっています。

学習した内容を活かすために

学習した組織の特徴を，身近な組織（サークル，アルバイト先など）に当てはめてみて分析してみましょう。

引用文献

伊丹敬之・加護野忠男(1989). ゼミナール経営学入門　日本経済新聞社

水越豊(2003). BCG戦略コンセプト　ダイヤモンド社

Münsterberg, H. (1913). *Psychology and industrial efficiency.* Boston & New York: Houghton Mifflin Company.

奥林康司・稲葉元吉・貫隆夫(2002). NPOと経営学　中央経済社

大滝精一・山田英夫・金井一賴・岩田智(2006). 経営戦略―論理性・創造性・社会性の追求　有斐閣

Porter, M. E. (1985). *Competitive advantage: creating and sustaining superior performance.* New York: Free Press.（土岐坤・中辻萬治・服部照夫訳(1985). 競争優位の戦略―いかに高業績を持続させるか　ダイヤモンド社）

高橋宏幸・丹沢安治・坂野友昭(2002). 現代経営入門―企業価値を高める経営行動　有斐閣

Taylor, F. W. (1911). *The principles of scientific management.* New York: Harper.

第2章
人的資源管理

この章を学習することの意義

1. ヒトの力による組織目標の達成のために実行されている人的資源管理を理解することで，より高い視点から組織のなかのヒトの動きをとらえることができます。
2. 組織や企業で自分を活かすために，今，そして将来身につける必要のある能力やそれらの学習の方法について理解する手掛かりを得ることができます。

企業にとって,ヒトは資源であり,財産です。経営目標の達成のために,経営戦略に沿ってヒト(人的資源)を管理することは,人的資源管理と呼ばれます。管理という言葉から,人間の個性をなくしてしまうようなイメージをもつ人がいるかもしれませんが,人的資源管理は,個人の個性や能力を活かす仕組みなのです。
　この章では,人的資源管理のなかでも産業・組織心理学の研究テーマと関わりの深い「雇用の管理」,「教育訓練・能力開発」,「人事評価」を取り上げます。

1. 雇用の管理

　企業の経営目標の達成に貢献する適性数の社員を企業内で雇用するために雇用の管理が行われます。これには,社員の採用,職場への配置・異動,そして退職までの管理が含まれます。

1-1　採用選考

　採用選考は,経営目標の達成のための仕事を担う人的資源を充足するために行います。採用計画(どのような人物を,どの程度採用するのか)を決めて募集を行い,応募者を選考していきます。採用選考の際に,企業はどのような点から,そしてどのような方法(ツール)を用いて応募者を評価しているのでしょうか。表2-1を見てください。ここには,採用選考にあたって考慮される側面とそれを評価するツールが示されています。評定項目の欄に書かれた内容が,企業が考慮する人材のKASOCs (knowledge：知識, abilities：能力, skills：スキル, other characteristics：特性) に相当します。それらのうち,企業が採用にあたってとくに重視するKASOCsの上位の推移が図2-1に示されています。この図をもとにして,今の自分に何が不足しているのか,どのような能力を身に付けているのか考えてみましょう。
　ここから,主要な採用選考の方法である適性検査と面接について説明することにします。

1) 適性検査

　面接の前に行われ,応募者の知的能力や作業能力,性格特性を測定するのが適性検査です。適性検査では人の能力や性格が数値で表されます。目に見えない人間の諸側面を測定する心理学の手法が使われているのです。

表2-1　人物把握の8つの側面と評価ツール

側面	評定項目	応募書類	適性検査	筆記試験	面接	作文・論文	グループ討議
健康	身体的健康 精神的健康	△		△			
基本的態度・姿勢	社会性・倫理性 責任性・誠実性 自主性・自律性 協調性 挑戦性・パワー 率直・素直さ ポジティブ思考・楽観性 バランス感覚		△		○	○	○
職業観・職業興味	働く目的 働き方の好み 自分と組織の距離感 職業・職務興味指向	○			○	○	
志望動機	会社・事業の理解度 入社動機づけの程度	○			○	○	
性格	一般適正的な性格特性 個別適正的な性格特性	△	○		○	△	△
実践的能力・スキル	視野の広さ 課題形成力 課題推進力 リーダーシップ・統率力 コミュニケーションスキル プレゼンテーションスキル 専門的知識・技術	△		○	○	△	○
基本的能力・知識	一般知的能力 専門的基礎知識・技術 一般教養 外国語基礎能力 視覚的身体的能力 資格	△	○	○	○	△	△
個人的事情	勤務地，勤務時間など	○			○		

注：○：主な評価ツール，△：補助的な評価ツール。
出所：二村 (2000) より。

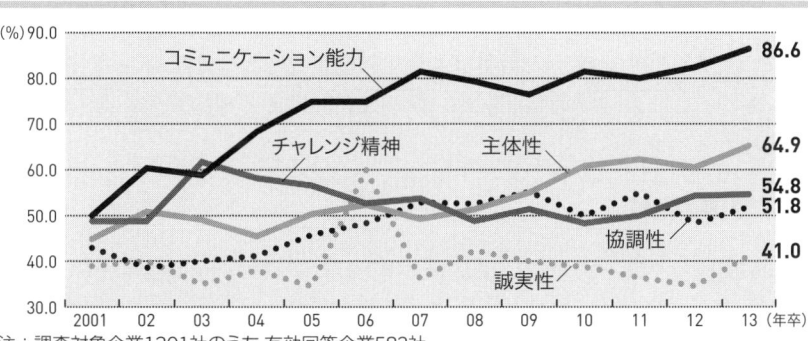

図2-1　選考時に重視する要素の上位の推移
出所：「新卒採用 (2013年4月入社対象) に関するアンケート調査結果」(社) 日本経済団体連合会 (2014) より。

2）面接

　面接では，応募者に対して面接官が質問を行い，その回答をもとに応募者の志望動機の確認，能力や特性の推測がなされます。再び表 2-1 を見てください。採用選考にあたって考慮される多様な側面を測定できるツールが面接であることが理解できるでしょう。採用・不採用の最終決定は，この面接によって決められます。新規学卒採用の場合には，面接時の話題は学生生活を中心としたものになります（今城，2008）。その話題のなかの具体的行動や面接時の行動からその応募者の KASOCs が推測されます。

3）面接でのエラー

　人が人を評価する面接は，主観的に行われやすく，エラーが見られます。例えば，①表面的な印象に左右され評定を急ぎすぎる，②１つの特徴のみで人格全体を評定する（ハロー（ヘイロー）効果：一般的にハローと呼ばれることが多いですが，正確な発音はヘイローです），③１つの特徴から他の特徴を類推して評定する，④個人的な好き嫌いで評定する，⑤自分の面接経験やスキルを過信する，⑥ステレオタイプで評定する，⑦他の応募者や自分自身との対比で評定する，⑧無難な評定に流される（寛大化，厳格化，中心化など），⑨否定的な情報を重視しやすいなどです（二村・国本，2002）。

4）構造化面接

　構造化面接は，面接で生じるエラーを最小限にすることができます。面接官が自由に質問を行う自由面接と違って，構造化面接では，質問内容や評価基準，面接の進め方が統一されます。構造化面接の評価票の例が図 2-2 に示されています。この図を見ると，構造化面接が，応募者に同一の質問を行い，それに対する回答を統一の基準によって評価できるしくみになっていることが分かるでしょう。構造化面接は，面接での評価を客観的で公正なものに近づけることができるのです。

1-2　人事異動

　人事異動は，同一の企業のなかで，例えば営業部から企画部へと職務が変更すること，もしくは勤務地が変わることを指します。入社してから退職するまで，同じ職場で，同じ仕事をして，専門性を高めたいと考える人も多いかもしれません。では，なぜ企業は人事異動を行うのでしょうか。社員にとっては，人事異動によって，適性を発見すること，仕事の経験や能力の幅を広

面接評定票

面接者名：_____
応募者ID：_____　　　応募者名：_____

標準質問1：「どのような観点で就職を希望する業界・職種・会社をえらんでいますか？」

主体的な行動力に欠ける	⇔	主体的&積極的に行動している
周囲に流されるような活動をしている。働き方は積極性・バイタリティーを欠き，情報収集に際して受け身だったり，効率が悪かったりと，最善の努力を行ったとは思われない	1-2-3-4-5 自律行動 行動意欲	活動に際して自ら具体的な行動を起こしている。動き方は積極的・バイタリティーのあるもので自己の置かれた環境下で最善を尽くしている。（情報源の広さ，情報量の多さ，収集情報の効率）
考え方が表面的・短絡的	⇔	深く掘り下げて考えている
思考の道筋が固定的であったり，短絡的であったりして，会社選択の理由が第三者の納得を得づらい	1-2-3-4-5 分析思考 洞察 問題発見	実際に自分が働いている当事者としての視点を持って深く考えており，希望する会社の選択理由や就職活動計画に納得性がある

図2-2　構造化面接のための面接評定票例　出所：二村・国本（2002）より。

げること，よりレベルの高い仕事の経験を通して能力を伸ばすことが見込めます（佐藤，1999）。また，企業にとっては，異なる職場間で人的交流を進めること，組織の統廃合や仕事量に合わせ人員を減らしたり，充足したりすることができます（佐藤，1999）

　人事異動の方針や決定は，よく企業の人事部門と職場の管理者によってなされます。しかし，社員が自分の希望する異動を申告できる自己申告制度や社内での人材募集に自分の意思で応募できる社内公募制度など社員が自分の人事異動を選択できる制度を採用している企業も見られます。このような制度を利用した人事異動によって，社員が自分自身でキャリアを形成することも可能です（第8章参照）。

　企業では，社員が勤務している企業と資本関係や取引関係のある別企業に異動することもあります。この場合には，出向や転籍と呼ばれます。

1-3　雇用契約の終了

　企業と社員との雇用契約が終了する方法には，企業側が社員との雇用契約を終了させる解雇と，契約の規則や社員の意思・合意による退職があります。一昔前の日本では，定年まで同一の企業を勤め上げて退職する定年退職が一般的でした。しかし，社会環境の変化に伴い，解雇や転職のための自己都合退職も増えています。

　ここまで見てきたとおり，人材を採用したり，配置転換したり，雇用契約を終了したりすることで，企業は雇用を調整しているのです。こういった雇用の調整は，企業や職場に新しい個性や能力，知識，あるいは価値観や考え方をもつ人物に接する機会をもたらし，企業を活性化させるという側面もあります。

2．教育訓練・能力開発

　新規学卒採用を主要な採用方法とし，異なる部署や部門間での人事異動によって社内で人材調達を行うことを基本とする日本の企業では，社員の能力の開発や教育訓練は昔から重視されている人的資源管理の１つです。また，科学技術の急速な進展や企業間の競争の激化など企業の置かれた環境の変化に対応するために，社員全員が常に学習し，向上していくことが求められています。

2-1　学習の理論

　ではどのような方法で学習を進めていけばよいのでしょうか。ここではその手がかりとなるいくつかの学習理論を紹介します。

1）強化理論

　人の行動に報酬や罰を与えることで，その行動が生じる確率が変わることを説明しているのが強化理論です。人が望ましい，適切な行動をとったときに，報酬を与える（正の強化：誉める，お金を与えるなど），あるいは不快に感じている状態を取り除く（負の強化：叱るのをやめるなど）と，その行動が再び生じる確率は高まります。望ましくない行動に罰を与えると，その行動が生じる確率は低くなります。

この強化理論は，他者からの賞罰による他者主導の学習といえます。一方，次に説明する観察学習，学習サイクルモデル，ACT* モデルは，自分で自らの学習を進めるときに参考になる学習理論です。

2）観察学習

バンデューラ（Bandura, 1977）は，他の人の行動を観察することで学習が成立することを提唱し，これを観察学習と呼びました。企業であれば，先輩の行動を観察して，自分がどういった行動を取るべきか，どういった行動を取るべきでないのかを学ぶことなどが例としてあげられます。

3）学習サイクルモデル

あることに関わる経験を蓄積することで，そのことに関する自分なりの仮説や法則のようなものをもつようになったことがあるのではないでしょうか。コルブ（Kolb, 1984）は，経験から新たな知識を作り出す過程を，学習サイクルモデルとして提案しました。このサイクルは,「経験」→「内省」→「概念化」→「検証」から構成されています。

例えば，あなたがある食品を販売する仕事をしている（経験）としましょう。同じ食品でも，お客さんが買ってくれるときと買ってくれないときがあります。その違いを良く考えたところ（内省），その食品のおいしい食べ方やその食品を取り入れたメニューを話すなど追加情報を提示したときに，お客さんが買ってくれる確率が高くなるのではないかという仮説が頭に浮かびました（概念化）。そこで，追加情報があるときとないときのどちらが食品は売れるのかを比較してみました（検証）。

検証結果が仮説通りであれば，その仮説が新たな知識として記憶されることになります。仮説と違っていれば，再び「内省」→「概念化」→「検証」のプロセスを経て，新たな知識の創出や獲得につなげることができます。

4）ACT* モデル

人間の能力（スキル）を身に付けるプロセスを宣言的知識と手続き的知識から説明しているのが ACT*（アクトスター）モデルです（Anderson, 1987, 1996）。宣言的知識は，言葉で表すことのできる事柄や事実に関する知識です。手続き的知識は，物事を考える方法や行動をするときの手順に関する知識です。ここで，企業での研修を利用した問題解決能力の獲得を例にとって，ACT* モデルの3つの段階について説明します。

問題解決能力を高めるための研修では，最初に問題解決の基本的な進め方

（原因の追究，優先順位の決定など）の講義がなされ，受講者はまずそれを学びます。これは，宣言的知識を学ぶ「宣言的学習」の段階です。次に教わった問題解決の方法を使って，実際に問題を解決する練習を行ってみます。この試みは意識的に行われ，宣言的知識を実際に使ってみることで手続き的知識に移行させる「知識の編集」の段階とされています。問題解決の練習，そして職場で生じたさまざまな問題を解決する実践経験を積むにつれて，とくに意識することなく，自然に（無意識に），そして現実的で効果的な方法で問題解決ができるようになります。この状態は「手続き化」の段階であり，能力（スキル）を獲得できた状態です。

学習サイクルモデルやACT* モデルで示されている認知活動や実際の行

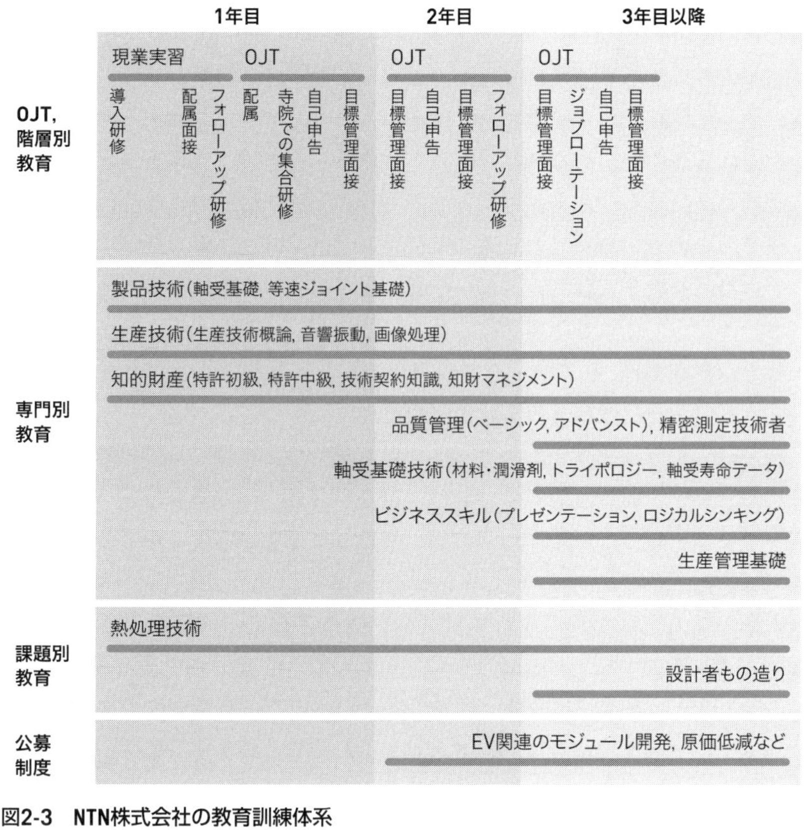

	1年目	2年目	3年目以降
OJT，階層別教育	現業実習／導入研修　OJT／配属フォローアップ研修／配属面接／寺院での集合研修	OJT／目標管理面接／自己申告／フォローアップ研修／目標管理面接	OJT／目標管理面接／自己申告／目標管理面接	OJT／目標管理面接／自己申告／目標管理面接／ジョブローテーション
専門別教育	製品技術（軸受基礎，等速ジョイント基礎）／生産技術（生産技術概論，音響振動，画像処理）／知的財産（特許初級，特許中級，技術契約知識，知財マネジメント）		品質管理（ベーシック，アドバンスト），精密測定技術者／軸受基礎技術（材料・潤滑剤，トライボロジー，軸受寿命データ）／ビジネススキル（プレゼンテーション，ロジカルシンキング）／生産管理基礎	
課題別教育	熱処理技術		設計者もの造り	
公募制度			EV関連のモジュール開発，原価低減など	

図2-3　NTN株式会社の教育訓練体系
出所：NTN株式会社より提供。

動を意識的に行うことで，企業で求められるより高度な知識や能力を効率的に身に付けることができます。

2-2 訓練のプロセス

インターネットで，企業，教育，研修などのキーワードで検索してみると，「リーダーシップ」，「コンプライアンス」，「コミュニケーション」，「問題発見・解決」，「リスクマネジメント」など数多くの訓練テーマを見つけることができます。企業では，そういった訓練を社員のために用意しているのです。図2-3には，NTN社の教育訓練の体系が示されています。働きながらさまざまな教育訓練を受講する機会があることが理解できまるでしょう。

では，日本の企業は，社員の教育訓練に年間どのくらい投資しているのでしょうか。図2-4には，経済が危機的状況にあった2010年に行われた調査において調べられた従業員規模別の教育投資額が示されています。教育投資額の全体年間平均額は5960万円であり，企業はかなりのお金を使って社員教育をしていることが分かります。

投資に見合う教育効果を得るためには，「ニーズ・アセスメント→訓練環境の整備→教育訓練の評価」の手順に沿って教育訓練を計画的に進めることが必要となります。

1）ニーズ・アセスメント

社内の教育訓練のニーズを分析するのがニーズ・アセスメントです。これ

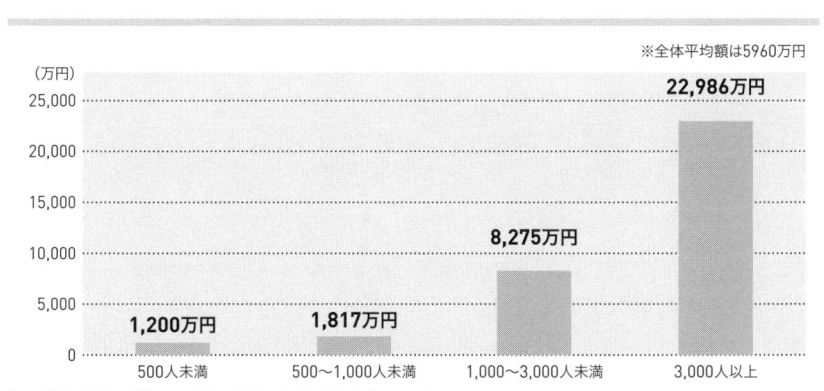

※全体平均額は5960万円

(万円)
- 500人未満: 1,200万円
- 500〜1,000人未満: 1,817万円
- 1,000〜3,000人未満: 8,275万円
- 3,000人以上: 22,986万円

注：調査対象企業4231社のうち，有効回答企業200社。

図2-4　従業員規模別の教育投資額　（157社の回答）
出所：「経済危機下の人材開発に関する実態調査」産業能率大学総合研究所（2010）より。

は企業目標の達成のために訓練が必要かどうか，必要であればどのような仕事のいかなる知識や能力を，誰に訓練すべきなのかを分析するものです（Goldstein, 1993）。これらの分析を通して，教育訓練の学習目標を設定することができます。

2）訓練環境の整備
a）訓練前

　ニーズ・アセスメントにより設定した学習目標の達成に最適な訓練方法やツールを訓練の前に選ぶ必要があります。訓練方法は，OJT（on-the-job-training：職場内訓練）と Off-JT（off-the-job-training；職場外訓練）に大きく分けることができます。

　職場で仕事を進めながら，上司や先輩が部下や後輩に対して仕事の内容や手順を指導する方法が OJT です。OJT は，実務を体験しながら実践的な知識や能力を効果的に身に付けさせることができるため，企業の教育訓練の中心的な役割を果たしています。

　日常業務とは別に時間や場所を確保して行われる訓練が Off-JT です。先に示した NTN 社の教育訓練（図 2-3）は，この Off-JT にあたります。新入社員教育，同じような階層を占める社員（若手，中堅，課長，部長など）を集めて行われる階層別教育，類似した業務を遂行する社員が参加する職能・職種別教育などが代表的な Off-JT です。日常業務を離れて少数のテーマを集中的に学習できること，専門的知識を専門家から教わること，他受講者から刺激を受けたり，受講者間の新しい交流が生まれることなどのメリットが Off-JT にはあります。

　ここから，Off-JT で用いられる技法のいくつかを紹介します。

　①講義：講師が受講生に対して，口頭で知識を伝えるものです。一度に大人数に対して教育できるので，コストを低く抑えることができる効率的な教育方法です。ただし，コミュニケーションが一方向になるため，受動的な学習となりがちです。また個々の受講生の能力や関心に合わせたきめ細かな教育を行うことは難しくなります。

　②討議：複数の人々が特定のテーマについて意見を出し合い，問題解決，意思決定，アイディアの創出などを行う方法です。討議方法の理解，自分と他者との意見の違いの理解，話し合うテーマに関する深い認識などを得ることができます。

③ケース・スタディ：企業で起こるさまざまな問題などについて書かれた事例を読み，原因を分析したり，解決法を考えたりすることで，問題解決能力を身に付ける方法です。

　④ロール・プレイング：ある筋書きや場面のもとで，特定の役割（上司や部下，顧客など）を演じたり，それらを観客として観ることを通して，当事者の気持ちや行動を理解する方法です。主に人間関係のスキルを学ぶために利用されます。

　⑤シミュレーション：実務場面を模した状況で課題遂行を行うことで，実践的な能力を身に付ける方法です。これには，シミュレーターを用いて運転技術などを身に付ける方法や，架空の企業の経営活動を体験し，戦略的思考，財務や市場分析，意思決定の手法，リーダーシップなどについて学習するビジネスゲームなどが含まれます。

　上記以外の方法は，第7章のキャリア発達に書かれています。講義など宣言的知識を学ぶ教育に加えて，その宣言的知識を使って課題や問題解決などを実際に行う実践的な訓練を通して手続き的知識を獲得することで，効果的に学習が進んでいきます。

b) 訓練の実施

　訓練を実施する際には，訓練の参加者が確実に知識や能力を身につけるように指導目標や学習目標，そして到達レベルを参加者に明示することが必要です。

　受講者が課題に取り組む際には，その途中結果の良し悪しや到達レベルを知らせるフィードバックを行うことは不可欠です。このフィードバックを課題着手後の早い段階で行うことで学習効果は高まります。

c) 訓練後

　訓練後の環境整備として最も重要なことは，学習した内容を実務場面に応用できる機会を作ることです。しかし学習内容によっては，この機会を作ることが難しいこともあります。

3) 教育訓練プログラムの評価

　教育訓練のプログラムは，いくつかの側面から評価することが可能です。カークパトリック（Kirkpatrick, 1977）は，訓練や訓練者，教材や訓練内容の満足度など訓練プログラムに対する参加者の反応（レベル1），訓練によって知識やスキルを学習した程度（レベル2），訓練前と訓練後の行動の変化

（レベル3），生産性や顧客満足の向上，離職率や欠勤率の低下など組織にもたらす結果（レベル4）に関わる4つの情報から，教育訓練のプログラムを評価することを提案しています。実際の教育訓練の現場では，訓練の参加者の反応を示すレベル1の情報の収集にとどまることがほとんどです。しかし，投資に見合った教育効果の高い訓練プログラムを作るには，それ以上のレベルを評価し，その評価結果に応じてプログラムの修正，改善を行うことが必要となります。

3. 人事評価

企業では，個々の社員の業績や能力，仕事ぶりを把握するために人事評価を行っています。それはなぜでしょうか。社員はさまざまな仕事をしています。高度な専門性や能力を必要とする仕事をしている社員もいれば，それらをあまり必要としない仕事をしている社員もいます。また，同じ仕事であっても，高い業績を上げる社員もいれば，そうではない社員もいます。こうしたさまざまな社員に対して，一律に同じ賃金を支払ったり，同じ教育訓練を行うならば，社員の間に不公平感が生じたり，非効率な教育投資が行われかねません。

このような問題に対処するために，企業では社員の序列を決め（人事等級制度），そして多様な社員の業績や能力を把握する人事評価をもとにして，

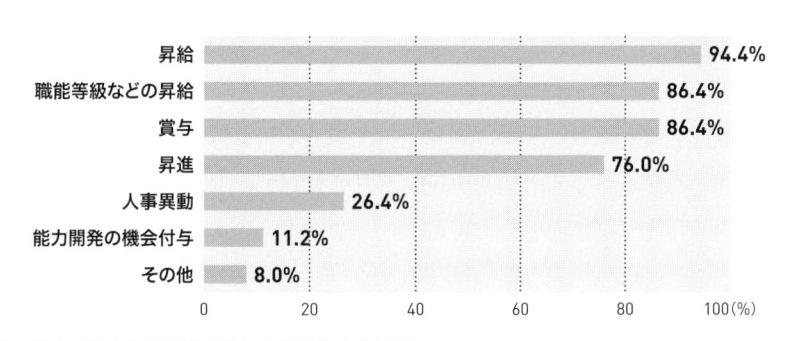

項目	割合
昇給	94.4%
職能等級などの昇給	86.4%
賞与	86.4%
昇進	76.0%
人事異動	26.4%
能力開発の機会付与	11.2%
その他	8.0%

注：調査対象企業1208社のうち,有効回答企業130社。

図2-5　人事評価の反映先
出所:「将来あるべき人事管理を考えるための基礎調査」(財)日本人事行政研究所(2009)より。

第2章 人的資源管理

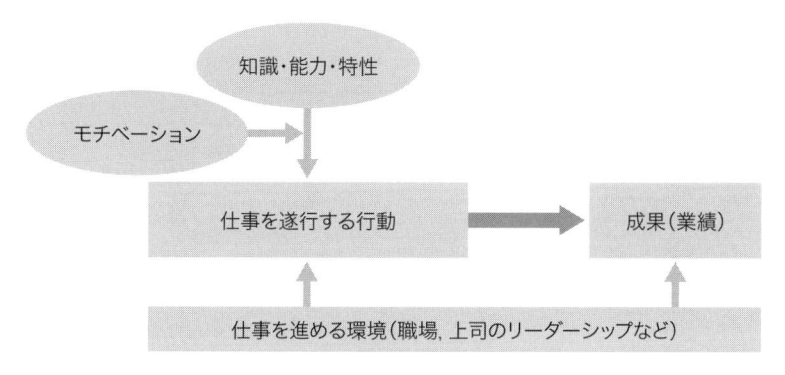

図2-6 仕事の成果が生み出されるまでの過程

社員の「昇給・賞与」,「昇格・昇進」,「配置・異動」,「教育訓練・能力開発」に関わる決定を行っているのです。図2-5に企業による人事評価の利用方法を示しています。人事評価は,昇給や賞与,昇進に反映されることが多いようです。

3-1 評価の内容

では,人事評価ではどのようなことが評価されるのでしょうか。図2-6を見てください。この図は,社員が仕事に取り組み,業績を上げるまでの過程が描かれています。業績につながる行動には,その社員の知識,能力,特性が影響しています。この影響の大きさは,モチベーションによって変わります。またその行動や成果は,社員が仕事を進める環境による影響も受けます。人事評価では,社員の仕事を進める行動,その行動に影響する知識,能力,特性,そして行動の結果である業績を評価しています。それらについて,日本では,①業績(成績,成果),②能力,③態度(情意)・行動として分類されることが多く,それぞれに含まれる評価項目に対して評価が行われます。

①業績(成績,成果)評価:仕事で収めた仕事の量や質,目標達成度が評価されます。

②能力評価:仕事において発揮された能力や現在保有している能力が評価されます。例えば,企画力,判断力,指導力などです。

③態度・行動評価:仕事に対する意欲,仕事を進める態度や行動が評価されます。例えば,協調性,積極性,責任性,規律性などです。

表2-2 昇給や賞与に対する評価の要素の反映度

区分		昇級				賞与			
		1994年	2002年	2006年	2011年	1994年	2002年	2006年	2011年
担当者 (総合職)	業績	31.9	35.3	33.9	31.2	57.0	62.7	60.9	54.1
	能力	40.4	44.4	40.8	33.3	12.5	16.8	17.2	14.9
	情意・行動	25.8	16.3	24.6	33.4	27.1	18.7	20.7	28.5
	その他	1.9	4.0	0.6	2.1	3.4	1.9	1.2	2.5
監督層	業績	35.7	40.4	40.8	38.5	65.9	69.7	67.9	61.0
	能力	43.1	43.2	37.9	32.8	12.5	13.1	15.4	15.0
	情意・行動	18.7	11.7	20.7	27.3	18.8	14.1	15.8	22.5
	その他	2.5	4.7	0.6	1.4	2.8	3.2	0.9	1.5
課長	業績	43.1	53.5	51.0	47.6	73.5	80.8	76.4	68.7
	能力	42.2	35.6	29.7	29.1	12.3	9.8	11.5	13.0
	情意・行動	12.7	6.9	18.3	22.6	11.6	7.7	11.0	17.3
	その他	1.9	4.0	1.0	0.7	2.6	1.8	1.2	0.9

注:調査対象企業3869社のうち,有効回答企業208社。
出所:「人事考課制度に関する実態調査」(財)労務行政研究所(2011)より。

　表2-2には,企業において,業績,能力,態度・行動評価の各要素が,昇給や賞与に反映されている程度(ウェイト)が示されています。職位が高くなると,業績評価が昇給や賞与に反映される程度が高くなることが分かります。また,2002年は昇給や賞与に対する業績評価のウェイトが重く,情意・行動の評価のウェイトが軽くなっていますが,それ以降は,情意・行動の評価のウェイトが重くなっていることが分かります。これは,仕事の結果(業績)だけでなく,仕事のプロセスも重視しようとする企業の考え方の変化を表しているのです。

　人事評価は,処遇を決めるだけでなく,社員のその後のモチベーションや仕事に取り組む態度や行動学習に影響します。企業の目標達成につながる社員の行動を引き出すために,企業では適宜人事評価の方法や内容を変更したり,修正したりしているのです。

3-2 評価の形態

　企業の人事評価では,管理者が評価期間中の部下の能力や態度,期末の業績を評価しますが,その形態として以下のようなものもあります。

1) 多面観察評価制度

　多面観察評価制度は,上司(管理者)だけでなく,同じ部門や部署の同僚,

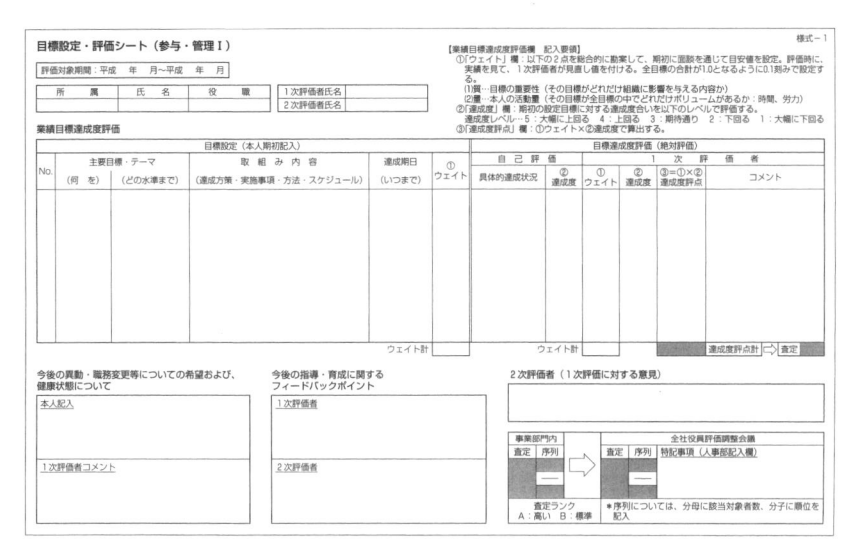

図2-7　目標管理シート例:鐵住金建材の評価シートの一部　出所:労務行政研究所(2011)より。

後輩,そして顧客などが社員に対して評価を行う方法です。360度フィードバック評価ともいわれます。上司が知りえない情報や多様な見方から評価が行われるので,評価の対象者の長所や短所を多側面から明らかにすることができます。このように,多面観察評価は,個人の能力を開発するツールとして用いられています。

2）目標管理制度（management by objectives：MBO）

　目標管理制度では,期の初めに上司と部下の話し合いによってその期の仕事に関わる目標を設定し,その目標を達成するためのアクションプランを策定します。そして期末にその目標達成度が評価されます。目標は,具体的であること（例えば,「前年比売上15％増」）が求められます。この制度の効果を検討した研究の97％が,目標管理制度が組織全体の成果を高めていることをロジャースとハンター（Rodgers & Hunter, 1991）は確かめています。

　目標管理における個々の社員の目標達成度の評価を,業績評価として位置づける企業も多いです。図2-7に日鐵住金建材の目標管理シートを示していますので,少し見てみましょう。この会社では,従業員に期首に複数の目標を設定させ,達成方法やスケジュールなどのアクションプランを書かせています。そして期末に行う目標の達成度によって業績を評価しています。自己

評価，直属の上司が行う一次評価，その上司の上司が行う二次評価によってそれぞれの目標の達成度が評価されるようです。目標達成度を高めるために，達成が容易な目標を社員が設定してしまうという問題点がしばしば指摘されます。これに対して，日鐵住金建材では，期首に目標の質や量（重要性や難易度）に応じた重みづけを行い，評価の際にはその重みづけを反映した評価がなされる（重要性や難易度の高い目標の達成が高い評価につながる）ことで，難易度の高い目標を社員が設定することを促しているようです。

3-3　評価の方法

評価を行う方法としては，絶対評価と相対評価に分けることができます。

1）絶対評価

企業で示された基準によって，社員を評価する方法です。社員の直属の上司が評価を行う一次評価は，この絶対評価を採用する企業が多くなります。

絶対評価で用いられる尺度としては，評価次元（評価項目）ごとに示された優劣を表すレベルのなかで，評価対象者の能力などを最も良く示すレベルを選択する「図式尺度法」が用いられています。図2-8は，先に取り上げた日鐵住金建材の能力評価シートの一部です。評価次元の内容は，職位や職種，あるいは経営戦略に応じて変わることが多いといわれています。

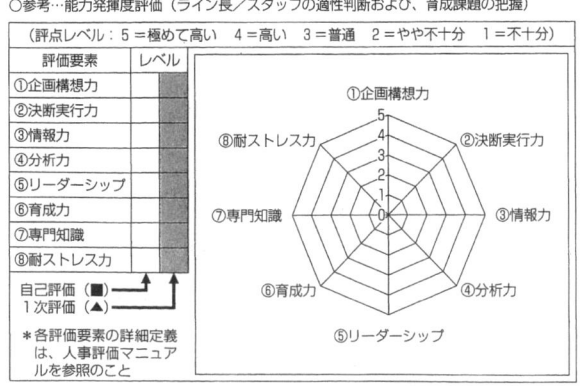

注：日本では，優劣のレベルを示す目盛りを示した尺度を使って評価をする方法を図式尺度法，優劣のレベルを示す評語（S/A/B/Cなど）だけを示して評価をする方法を評語評定法と区別する場合もある。米国では図式尺度法（graphic rating scale）と総称される。

図2-8　図式尺度法例：鐵住金建材の評価シートの一部　　出所：労務行政研究所（2011）より。

表2-3　成績評語法の例

評価項目	評点	評価尺度
情報収集力	5	広範囲の情報を迅速・的確に収集し関係者と共有している
	4	仕事に関する情報は迅速・的確に収集する
	3	仕事に直接関係する情報は支障を来さない程度に収集している
	2	情報の収集は受け身になりやすく仕事に支障を来すことがある
	1	仕事関連の情報に通じておらず支障を来すことが多い

出所：山下（2000）より。

　パフォーマンス次元のレベルが具体的な職務行動例で示され，評価対象者の態度や行動に相当すると考える行動を選択するのが行動評定尺度（behaviorally anchored rating scale: BARS）法です。各レベルを表す代表的な職務行動例は，クリティカル・インシデントと呼ばれています。この方法はアメリカにおいて主に利用されていますが，日本で用いられる成績表語法（表2-3）に似ています。クリティカル・インシデントを決めるプロセスは，煩雑でコストが大きいので，図式尺度法のほうが利用されることが多いようです。

2）相対評価

　複数の被評価者同士を比較することによって，優劣を評価する方法です。社員の直属の上司の上司が行う二次評価の多くは，この相対評価が用いられています。

3-4　評価のエラー

　身近な人の態度や行動を，図2-8の事例で示された評価項目で評価することを考えてみてください。実際に評価するとなると，どの程度をレベルが高いと評価してよいのか，どのような行動を各評価項目の内容として判断するのか，迷ってしまうのではないでしょうか。多くの企業では，評価の基準や視点を評価者に示します。しかし，企業が示す評価基準や視点は，取り組む仕事がさまざまな人たちを評価できるように作られているため，包括的，抽象的なものになってしまいがちです。そのため，評価者が実際に評価を行うときには，企業から示された基準だけでなく，仕事や評価の経験を通して形成した自分なりの基準でも評価をしているのです。この自分の基準で評価することやその他記憶情報の歪みのために，人事評価にエラーが見られることが分かっています。

1）同化効果と対比効果

　前の評価期間に観察し，記憶した評価対象者の情報が，今の評価期間の評価に影響することがあります。前の評価期間の評価に一致するように評価が下される傾向は同化効果と呼ばれます。その反対に，前の評価期間の情報と現在の評価期間の情報を対比して対照的な評価が下される傾向は対比効果です。

2）評価の分布エラー

　評価尺度のなかの一部分に評価が集中する傾向が見られることがあります。評価尺度の高い部分に評価が集まる寛大化傾向，逆に低い部分に評価が集まる厳格化傾向，評価尺度の中心部分に評価が集まる中心化傾向がよく知られています。

3）ハロー効果（エラー）

　評価者が評価対象者を複数の評価項目で評価する際に，それらの評価に評価対象者の全体的な印象が影響してしまうとき，もしくは評価項目間の識別ができないときに，ハロー（ヘイロー）効果（halo effect）が生じていると考えられます（Saal, Downey, & Lahey, 1980）。例えば，優秀な人は，仕事を遂行する能力や態度の全ての側面が優れていると判断するような場合です。

　評価項目間の内容の類似性が低いときに，それらの評価項目に対して類似した評価を下した場合にはハロー効果が生じている可能性が疑われます。しかしもともと評価項目の内容の類似性が高いときに（真のハローと呼ばれます），それらの評価項目に対して類似した評価を下しても，ハロー効果が生じているとはいえません。ハロー効果かどうかを判定するためには，評価項目間の関連をあらかじめ明らかにすることが必要です。

4）評価者訓練と評価者の情報処理過程

　人事評価のエラーを減少させるために，企業は評価者に対して評価者訓練を行っています。その内容は，評価者に，評価の目的，評価する対象（業績，能力，態度）やそれらの評価の基準，評価のエラーについて，実例をあげて説明し，さらに実際に評価の練習を行うというものです。

　効果的な評価者訓練は，評価者の情報処理過程を考慮に入れたものでなければなりません。評価者が評価を下す過程は，情報処理の過程です。管理者（評価者）は部下（評価対象者）の行動や態度など評価を行う際の判断材料となる情報を日常業務場面で収集（観察）し，それを符号化（情報を記号に変換）

して記憶します。期末に評価を行う際には，記憶した情報を想起し，評価対象者の評価を行います。

人事評価のエラーには，評価者の情報処理の要因が大きく影響します。評価に必要な情報が収集できない，収集した情報に偏りがある，適切な情報の解釈ができない，情報を忘却する，一部の情報だけを想起して評価を下す，などにより正確な評価ができなくなります。評価者がもっている知識構造（スキーマ）が適切な情報処理が行われることに大きく関与します。知識構造は，収集する情報の内容，その解釈，想起する情報内容を決めるためです。

効果的な評価者訓練としてアメリカで取り上げられることが多いのが，バーナーディンら（Bernardin & Beatty, 1984；Bernardin & Buckley, 1981）によって提案された準拠枠訓練（frame of reference training：FOR）です。これは，評価者に適切な知識＝準拠枠を獲得させることで的確な情報処理を促し，評価の正確さを高めようとするものです。FORの手続きは以下のとおりです（Pulakos, 1984, 1986）。

①評価者に複数の評価次元（評価項目）の記述と評価尺度が示される。
②訓練者は評価次元ごとに評価尺度の各レベルをよく表す評価対象者の職務行動について説明する。それらの行動は映像で示されることが多い。これらを通して評価者は新しい準拠枠を学習する。
③評価者は頭の中に獲得した準拠枠を用いて，実際に複数の人物を評価してみる。
④評価者が下した評価について訓練者と評価者が話し合う。そして訓練者は各人物についてどのような評価がなされるべきなのかをフィードバックする。

このようなプロセスによって，評価者たちは共通の準拠枠を知識としてもつことになるのです。FORは評価の正確さを高める効果があることを多くの研究により確かめられています（Sulsky & Day, 1994；Roch, Woehr, Mishra, & Kieszczynska, 2012など）。

3-5 人事評価に対する公正感

人事評価に対する公正感は，評価の手続きに対する「手続き的公正」と，その手続きを経た「結果の公正」に分けることができます。これらに関わる公正感を評価対象者がもつことは，人事評価制度がうまく機能するために重

要なことです。

　2つの公正のうち，評価結果に対する社員の公正感を高めることは容易ではありません。能力，態度，業績を正確に評価することは難しいこと，低い評価の場合には，たとえそれが的確な評価だったとしても納得されにくいことなどがその理由としてあげられます。

　評価結果の公正感を高める鍵は，評価の手続きにあります。エラーを低減させるような工夫が盛り込まれた手続きを経ると，的確な評価に近づけることができます。また，その手続きが公正であると評価対象者から判断されると，評価結果も適正なものと認知され，評価結果の公正感が高まることが分かっています（Folger, Konovsky, & Cropanzano, 1992）。

　評価の手続き的公正感を高めるためには，評価の前に被評価者から情報や意見などを求めること，評価結果に対して異議申し立てができること（Greenberg, 1986），明確な評価目的や評価基準に沿って評価を下すこと，評価面談で十分なフィードバックを行うことなどが有効です。

3-6　人事評価と能力開発

　人事評価は，社員の処遇を決める制度というイメージが強いですが，社員の能力開発にも関わっています。教育訓練を受けるだけで効果的な能力開発は見込めません。日常業務を行いながら，自律的に能力開発を進めることで社員の能力は向上していきます。

　個人が自律的に能力を開発するためには，日常業務場面で課題と目標を意識すること，また目指す業績を意識すること，課題遂行のプロセスを意識すること，そしてそのプロセスや業績を評価することが重要です（古川, 2010）。その評価にあたっては，自己評価によるだけでなく，他者からの評価情報を得ることが必要です。人事評価は，その他者からの評価情報を得る貴重な機会となります。

　評価面談において，どの程度の業績を収めることができたのか，どのような行動が良かったのか，どのような改善が必要なのかなどの情報を上司から得ることで，問題点，今後の課題や努力すべき点が明らかになります。ただし，人事評価に対して評価の対象者が受身の姿勢でいては能力開発にはつながりません。上司に対して，「フィードバックを求める」，「質問をする」，「相談をする」など自分から積極的に働きかけることで，質の高い多くの情報が

評価者から提供され，能力開発を効果的に進めることができます。

　この章では，「雇用の管理」，「人事評価」，「教育訓練・能力開発」を取り上げましたが，人的資源管理は他に「報酬の管理」や「労使関係の管理」などが含まれます。それらの管理もまた，冒頭で述べたとおり，個人の個性，能力を活かすことにつながります。

> **学習した内容を活かすために**
>
> 1. 身近な組織（サークル，アルバイト先など）で，どのような人的資源管理がなされているのか，それは効果的に行われているのか，どのような課題があるのかを調べてみましょう。
> 2. 企業で求められるKASOCsのうち，自分に足りないものをこれからどのように身につけるのか学習理論を参考にして計画し，実行してみましょう。

引用文献

Anderson, J. R. (1987). Skill acquisition: Compilation of weak-method problem solutions. *Psychological Review*, 94, 192-210.

Anderson, J. R. (1996). ACT: A simple theory of complex cognition. *American Psychologist*, 51, 355-365.

Bandura, A. (1977). *Social learning theory*. Englewood Cliffs, NJ: Prentice-Hall.（原野広太郎監訳（1979）．社会的学習理論―人間理解と教育の基礎　金子書房）

Bernardin, H. J., & Beatty, R. W. (1984). *Performance appraisal: Assessing human behavior at work*. Boston: Kent.

Bernardin, H. J., & Buckley, R. M. (1981). Strategies in rater training. *Academy of Management Review*, 6, 205-212.

Folger, R., Konovsky, M. A. & Cropanzano, R. (1992). A due process metaphor for performance appraisal. Research in. *Organizational Behavior*, 14, 129-177.

Gibson, C. B., Cohen, S. G. (2003). *Virtual teams that work: Creating conditions for virtual team effectiveness*. San Francisco: Jossey-Bass, Inc.

Greenberg, J. (1986). Determinants of perceived fairness of performance evaluations. *Journal of Applied Psychology*, 71, 340-342.

Goldstein, I. L.(1993). *Training in organizations: Needs assessment, development, and organizational psychology*. 3rd ed. Belmont, CA: Brooks/Cole.

古川久敬(2010). 意識化することの促進効果　古川久敬(編)　人的資源マネジメント─「意識化」による組織能力の向上　白桃書房　pp.69-101

今城志保(2008). 日本における新規学卒採用面接評価の予測的妥当性の検証─ある日本企業における人事評価を基準とする予測妥当性の検証　産業・組織心理学会第12回大会論文集, 41-44

Kirkpatrick, D. L.(1977). Evaluating training programs: Evidence versus proof. *Training and Development Journal*, 31, 9-12.

Kolb, D. A.(1984). *Experiential learning: Experience as the source of learning and development*. Englewood Cliffs, NJ: Prentice-Hall.

二村英幸(2000). 採用選考における人事アセスメント　大沢武志・芝祐順・二村英幸(編)　人事アセスメントハンドブック　金子書房　pp.69-92

二村英幸・国本浩一(2002). 採用選考ハンドブック─すぐれた人材の発見と選抜のために　リクルートマネジメントソリューションズ

Pulakos, E. D.(1984). A comparison of rater training programs: Error training and accuracy training. *Journal of Applied Psychology*, 69, 581-588.

Pulakos, E. D.(1986). The development of training programs to increase accuracy. *Organizational Behavior and Human Decision Processes*, 38, 76-91.

Rodgers, R., & Hunter, J. E.(1991). Impact of management by objectives on organizational productivity. *Journal of Applied Psychology*, 76, 322-336.

Roch, S. G., Woehr, D. J., Mishra, V., & Kieszczynska, U.(2012). Rater training revisited: An updated meta-analytic review of frame-of-reference training. *Journal of Occupational & Organizational Psychology*, 85, 370-395.

労務行政研究所(2011). 今が分かる!悩みに答える!最新 人事考課制度─13社の企業事例,最新実態調査,専門家の解説とQ&A　労務行政

Saal, F. E., Downey, R. G., & Lahey, M. A.(1980). Rating the ratings: Assessing the quality of rating data. *Psychological Bulletin*, 88, 413-428.

佐藤博樹(1999). 雇用管理　佐藤博樹・藤村博之・八代充史(編)　新しい人事労務管理　有斐閣アルマ　pp.26-51

Sulsky, L. M., & Day, D. V.(1994). Effects of frame-of-reference training on rater accuracy under alternative time delays. *Journal of Applied Psychology*, 79, 535–543.

山下順三(2000). 職務遂行行動の測定　大沢武志・芝祐順・二村英幸(編)　人事アセスメントハンドブック　金子書房　pp. 326-340

# 第3章
ワーク・モチベーション

この章を学習することの意義

1. 日常的に耳にするモチベーションやそのマネジメントが，なぜ重要なのかを理解できるようになります。
2. 自分や他者のモチベーションのマネジメントを実践する際のヒントを得ることができます。

世の中にはモチベーションという言葉があふれています。みなさんも勉強，仕事，スポーツ，家事など日常生活のさまざまな活動を始めるときや継続するときに，しばしばモチベーションという言葉を使うことがあるのではないでしょうか。

この章では，最初にモチベーションの意味やモチベーションに関わる初期の研究を紹介します。次に，モチベーションに関わる理論について説明します。

1. ワーク・モチベーションの意味

1) ワーク・モチベーションの意味

みなさんの周囲の人の中で，モチベーションが高いと感じている人を思い浮かべてください。その人は，おそらく目標達成に向けて，積極的に行動し，その行動を継続しているのではないでしょうか。本書では，組織で働く人々のワーク・モチベーションを，「人の職務行動を引き起こし，方向付け，持続させる力 (Steers, Mowday, & Shapiro, 2004)」としてとらえることにします。この章では，過去の慣例に従って，モチベーションと同等の意味で，動機づけや欲求という言葉を使っています。

ワーク・モチベーションは，産業・組織心理学のなかでも古くから関心をもたれ，多くの理論の提案や研究がなされてきた分野の1つといえます。このワーク・モチベーションの生産性への影響を検討した初期の研究として，科学的管理法を提唱したテイラーとホーソン実験を行ったメイヨーらの研究について紹介します。

2) 科学的管理法

20世紀の初頭に，テイラー (Taylor, F. W.) は，科学的管理法というマネジメントのしくみを開発しました。テイラーは，職場で優秀な作業者を選抜し，その仕事の進め方を詳細に分析，効率の良い仕事の進め方を実証的に検証しました。こうして，標準的な作業方法と標準的な作業量を決め，作業量に応じて賃金を支払うしくみを提案しました。また，テイラーは仕事を進める人と，仕事の進め方を設計する人とは別であるべきだと提案しました。

このような科学的管理法は，経営側と労働者側が対立することなく効率的な生産方法を見出すものとして，多くの企業で導入されました。しかし，高い賃金を獲得するために遂行しなければならない作業量の基準が高く設定され，作業者の負担が大きかったため，労働組合からの反発が強く，この制度

の採用は長くは続きませんでした。

テイラーの理論は，労働者のワーク・モチベーションの源として賃金を重視する合理的経済人モデルに立つものでした。ではみなさんは，会社に入社したら，お金のために働くと思いますか？　図3-1を見てください。この図は，働くモチベーションについて尋ねた結果を示したものです。やはり，お金と回答した人が多いようです。しかし，仕事自体の面白さと回答する人の割合も多いようです。また，役員・経営者層では自分の成長を実感することと回答する割合が多いことが分かります。単にお金を得ることだけのために人が働くわけではないようですね。

科学的管理法は，組織を機械のイメージでとらえ，組織で働く人間を機械の歯車や部品のように考え，歯車に油をさすと良く動くように，人間も賃金を与えれば良く働くという人間観でした。お金以外のものによっても人間は動機づけられるという視点が欠けていたのです。

3）ホーソン研究

ホーソン研究とは，1920年代から1930年代にかけてハーバード大学のメイヨー（Mayo, E.）やレスリスバーガー（Roethlisberger, F. J.）らが，ウ

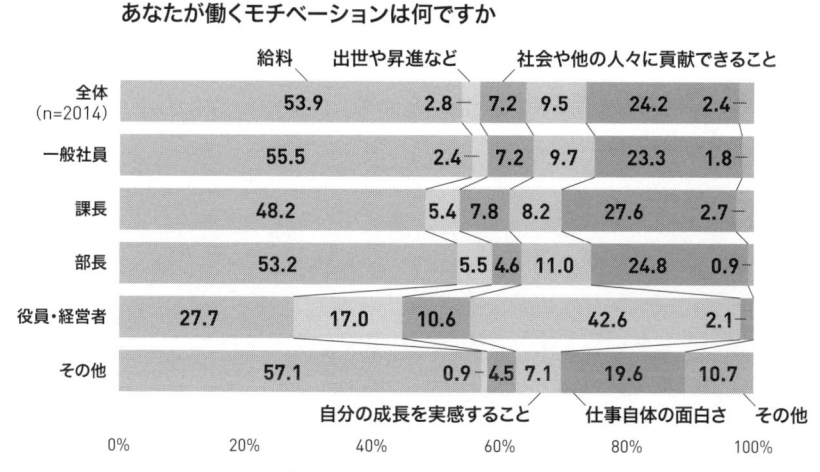

あなたが働くモチベーションは何ですか

	給料	出世や昇進など	自分の成長を実感すること	社会や他の人々に貢献できること	仕事自体の面白さ	その他
全体（n=2014）	53.9	2.8	7.2	9.5	24.2	2.4
一般社員	55.5	2.4	7.2	9.7	23.3	1.8
課長	48.2	5.4	7.8	8.2	27.6	2.7
部長	53.2	5.5	4.6	11.0	24.8	0.9
役員・経営者	27.7	17.0	10.6		42.6	2.1
その他	57.1	0.9	4.5	7.1	19.6	10.7

注：調査概要「NTTコムサーチ」との共同調査により，インターネットを通じて全国20歳以上の男女2014人より回答を得た。男女比はおよそ7:3。調査期間は2010年2月19～22日。アンケート質問の作成には，一橋大学大学院商学研究科　守島基博教授の研究チームの協力を得た。

図3-1　働くモチベーション　　出所：『プレジデント』2010年5月3日号より。

エスタン・エレクトリック社のホーソン工場で行った一連の実験を指します。この実験では，照明，休憩時間，賃金などの物理的環境が，生産性に及ぼす影響を調べることを目的としていました。例えば，照明の明るさが一定の条件とそれを変化させる条件の間で，生産性に差が出るかどうかを調べました。その結果は，研究者たちの予想を裏切るものでした。環境条件の違いに関わりなく，実験を進めるにつれて生産性は高まっていったのです。

　実験中の実験参加者の会話の分析，観察，インタビュー調査などから，一連の実験結果は，物理的環境よりも，人間の気持ちといった情緒的側面が，生産性に影響していたことによるものだと考察されました。例えば，研究者が実験の結果を伝えたり，情報やアドバイスを求めるなどの対応によって実験参加者の感情が良くなっていったこと，会社の代表として自分たちが選ばれ，重要な問題解決に関わる研究に参加していることに誇りを感じていたこと，あるいは仲間との連帯感や作業への忠誠心が高まっていたことなどが影響していたのです。また，従業員が取り組む作業の遂行には，工場の公式なルールよりも，非公式集団（インフォーマル・グループ）のルール，規範の影響がより強いことが分かりました。

　ホーソン実験の結果により，企業の従業員は単に賃金だけに動機づけられて働いているわけではなく，感情や人間関係の影響を受けて働いていることが明らかになりました。

4）モチベーションの重要性

　高い成果を収めるためには，それを可能にする知識や能力をもっていることが不可欠です。しかし，そのような知識や能力をもっている人が，実際に高い成果を収めることができるわけではありません。成果や目標達成に方向づけられたモチベーションがあることによって，行動が引き起こされ，継続され，成果につながります。モチベーションは，目標の達成，成果の向上，自己成長に不可欠なのです。このため，組織ではメンバーのモチベーションなどのようにマネジメントしていくかに気を配っているのです。

　ただし，個人の成果は，個人要因（知識，性格，能力など）と状況要因（リーダの働きかけ，職場の協調関係，会社の施策，景気の動向など）の双方の影響を受けています。モチベーションが高くても，必要な能力や適性が不足していたり，状況が良くなかったりすれば，成果を上げることができないことも頭に入れておいてください。

2. モチベーションの理論

過去に提示されてきたモチベーションの理論は，内容理論と過程理論に分けられることが多いので，本章でもその枠組みに沿って説明していくことにします。

2-1 内容理論

内容理論は，モチベーションの源泉である欲求・動機に注目する理論です。

1）欲求階層理論

マズロー（Maslow, 1954）の欲求階層理論では，人の行動を引き起こす欲求に階層があることが提唱されています。欲求は，動機に相当します。

最下層の生理的欲求は，食欲や睡眠欲など生命の維持に必要な欲求です。安全の欲求は，危険なものや状況から身を守りたいという欲求です。所属と愛の欲求は，集団や家族などの一員となり，そこに所属する人たちと愛情に満ちた関係を築きたいという欲求です。承認の欲求は，自己に対し高い評価や自尊心をもちたい，他者から認められたいという欲求です。マズローが最も重視した最上層の自己実現の欲求は，適性のあることを行いたい，潜在的になりうる可能性のあるものになりたいという欲求です。マズローは，下位の欲求が満たされることで，より上位の欲求が生まれると考えました。

職場の仕事は，組織のメンバーに自己実現できる機会を与える可能性があります。しかし，欲求階層理論は，働く人の欲求として考えられたものではなく，職場での人の行動をうまく説明できないという指摘もあります（Locke & Henne, 1986）。とは言うものの，以降のワーク・モチベーションに関わる理論の発展の土台となった理論と言えます。

2）ERG 理論

アルダーファ（Alderfer, 1972）は，マズローの欲求理論を発展させ，職務行動に影響する欲求階層を示すERG理論を提唱しました。ERGは，階層を構成する生存欲求（existence），関係欲求（relatedness），成長欲求（growth）の3つの頭文字です。図3-2には，欲求階層理論とERG理論との対応関係が示されています。

ERG理論の生存欲求はマズローの欲求階層理論の生理的欲求と安全の欲求，関係欲求は所属の欲求と承認欲求，成長欲求は自己実現欲求にそれぞれ

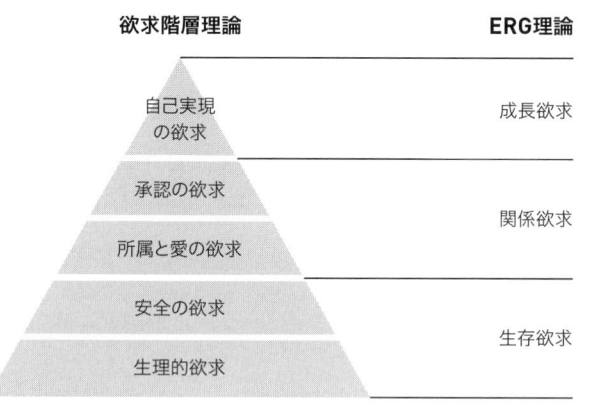

```
欲求階層理論                    ERG理論

    自己実現
    の欲求                      成長欲求

    承認の欲求
                                関係欲求
  所属と愛の欲求

   安全の欲求
                                生存欲求
   生理的欲求
```

図3-2　欲求階層理論とERG理論

相当します。この理論は，複数の欲求が同時に満たされること，低次の欲求が満たされなくても高次の欲求が生じることを仮定している点がマズローの欲求階層理論と異なっています。

3）マクレランドの達成動機理論

マクレランド（McClelland, 1961）の達成動機理論では，ワーク・モチベーションは，高い基準を設定し課題を達成しようとする「達成欲求」，指導的な立場に立つことを求める「権力欲求」，良い人間関係を求める「親和欲求」からなると考えられています。

各欲求（動機）の強さには個人差があるとされています。達成欲求の高い個人は，難しい，挑戦的な課題に取り組もうとします。この欲求の高さは，起業することや起業家として成功することと関連しているようです（Collins, Hanges, & Locke, 2004）。ただし，チームで協力して仕事をすることは適性がないかもしれません。

権力欲求の高い個人は，他者の活動に対して指示・命令を与えたり，影響を与えたりすることを好みます。成果を収めている管理者は，この欲求が高いことが多いようです（McClelland & Boyatzis, 1982）。

親和欲求の高い個人は，職場において良好な人間関係を求め，他者の仕事に対して協力的です。この傾向をもつ個人は，チームで仕事をするときにモチベーションが高まり，力を発揮できると考えられます。

適材適所という言葉がありますが，個々人の欲求の強さの個人差に合わせ

```
          動機づけ要因
    仕事の達成, 承認, 成長, 仕事の責任
満足でない                          満足


          衛生要因
   会社の施策や管理, 監督, 人間関係, 給与
 不満                              不満でない
```

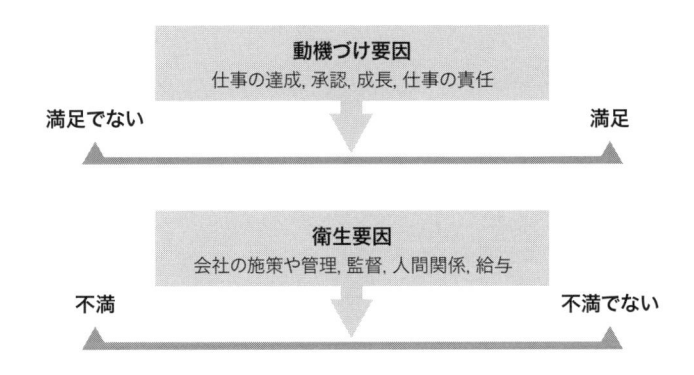

図3-3　ハーツバーグの動機づけ−衛生要因理論

て役割を割り振ることの有効性をマクレランドの理論そして一連の研究は示しています。

4）X理論とY理論

人間は怠け者で，働くことが嫌いで，強制や命令によって働き，責任を回避しようとする存在であると思いますか？　それとも人間は能動的で，創造的で，責任を負って働くことのできる存在であると思いますか？　管理者の従業員に対する見方として，前者の見方をX理論，そして後者の見方をY理論と名付けたのがマクレガー（McGregor, 1960）です。

Y理論の見方に立つと，マズローが示した欲求階層理論の高位の欲求が人間を動かしていると考えることができます。マクレガーは，Y理論の人間観を支持しています。そして，ワーク・モチベーションは，従業員の意思決定への参加，責任ある，やりがいのある仕事の提供などにより高められると提言しています。

5）動機づけ−衛生要因理論

満足感を得られる仕事に取り組むときに人はモチベーションを高めると考え，実証的研究の結果をもとに，動機づけ−衛生要因理論（二要因理論）を提示したのがハーツバーグ（Herzberg, 1966）です。彼は図3-3に示すように，満足と不満は同一次元の両極にあるものではなく，別次元であり，満足の次元は「満足」と「満足でない」，不満の次元は「不満」と「不満ではない」を両極とすると考えました。

動機づけ要因は，仕事の達成，承認，成長，仕事の責任などです。これら

の要因は個人が取り組む仕事そのもの（職務内容）から生じるものであり，ハーツバーグは研究により，職務満足感と関係していることを確かめています。

一方，衛生要因は，職務に対する不満と関係しており，会社の施策や管理，監督，人間関係，給与などが含まれます。これらの要因は，働く環境と関連しています。

動機づけ－衛生要因理論の妥当性については，それを支持する報告がある（Hodgetts & Luthans, 1991）一方で，批判も多いです（Schneider & Locke, 1971；Wernimont, 1966 など）。しかし，職務満足感と関わる動機づけ要因として個人が取り組む職務内容に注目したこの理論によって，モチベーションを高める手法の1つである**職務充実**（job enrichment）の展開につながりました。

ここで，職務充実と関連する**職務特性モデル**について説明します。このモデルでは，ハックマンとオーダム（Hackman & Oldham, 1976）によって提唱されたもので，職務の特性がワーク・モチベーションに影響することを示しています（図3-4）。

職務特性モデルでは，労働者の心理状態に影響する以下の5つの中核的な職務特性をあげています。

①スキルの多様性：多様な能力やスキルが必要であること。
②課題アイデンティティ：最初から最後まで課題の遂行に関われること，

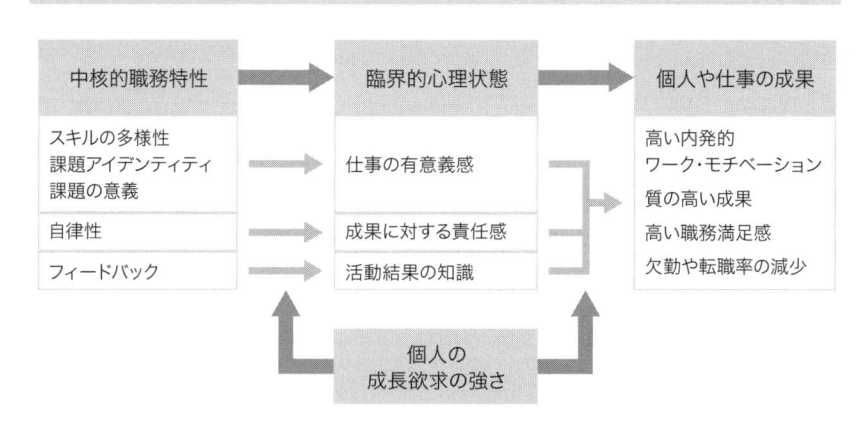

図3-4　職務特性モデル　出所：Hackman & Oldham（1976）より。

住宅用窓シャッター
セル生産7割に拡大
文化シャッター 不具合少なく

シャッター大手の文化シャッターは、掛川工場（静岡県掛川市）で住宅用窓シャッターのセル生産を拡大する。同方式を採用した製品に関して不具合発生によるクレームが減っているため、「少人数で造ることが責任感を高め、技能向上につながる」（山口悦男工場長）として対象品目を増やす。

同工場の住宅用窓シャッターの月産能力は一万八千六百セット。その四割弱をセル生産が占める。従業員の教育を進めるなどしてライン生産方式で造っている製品を除き、セル生産の比率を早期に七割まで高める方針だ。

シャッター類は納入先別にサイズや形状が異なり、製品切り替えに柔軟に対応する生産体制が必要になる。

図3-5　セル生産方式に関する記事
出所：『日経産業新聞』2006年11月8日，17面より。

明確な成果を確認できること。
③課題の意義：課題が組織内外の他者に重要な影響を及ぼすこと。
④自律性：課題遂行の計画や実行方法を決定する自由，裁量，独立性が与えられていること。
⑤フィードバック：課題遂行が有効なものだったかどうかについての直接的，明確な情報を受け取れること。

　工場での製品の生産方法として，1人，または少数の作業者チームで，製品完成までの一連の作業を行うセル生産方式というものがあります。図3-5は，この方式についての記事です。セル生産方式は，ベルトコンベアーを用いて，製品の一部の作業を行う方法（ライン生産方式）よりも，多様な技能を必要とし，最初から最後まで作ることから課題アイデンティティを形成しやすく，自分の裁量で仕事を進めることができ，製品の出来，不出来のフィードバックも得ることができます。つまり，職務特性モデルにおける中核的特性を備えているのです。図3-5の記事にセル生産方式が仕事への責任感を高め，製品の不具合が少ないことが書かれています。セル生産方式は，職務特性モデルを具現化したものと考えることができます。

　ハックマンとオーダムは，中核的職務特性に基づいて，個人が取り組む課題がモチベーションを高めるものなのかどうかを測る得点（motivating potential score；MPS）を算出する以下の式を考案しています。

$$MPS = \frac{スキルの多様性 + 課題アイデンティティ + 課題の意義}{3} \times 自律性 \times フィードバック$$

また，ハックマンとオールダムは，中核的職務特性を測定するために，職務診断調査（job diagnostic survey：JDS）を開発しています。
　中核的職務特性は，図3-4のとおり，課題を遂行する個人の「仕事の有意義感」，「成果に対する責任感」，「活動結果の知識」という3つの心理状態に影響します。そしてこれらの心理状態が，仕事の成果に影響すると考えられています。ただし，このプロセスは，他の要因によって影響を受けていると考えられています。例えば，個人の成長欲求の強さです。成長欲求が強い個人にあてはめる場合に，職務特性モデルはよく説明できるようです。
　職務特性モデルは，ワーク・モチベーションや成果への影響をよく説明できるという研究結果が見出されています（Humphrey, Nahrgang, & Morgeson, 2007；Fried & Ferris, 1987）。

6）内発的動機づけ

　動機づけを外発的なものと内発的なものに分ける考え方があります。お金，他者からの賞賛，地位など自分にとって外部から与えられる報酬（外的報酬）を獲得するため，あるいは罰を回避するためにとられる行動は外発的動機づけに基づくものです。そのような報酬や罰がない状況で，活動すること自体が目的となっている行動は，内発的動機づけに基づくものだとされています。後者の場合，達成感や能力の獲得などが報酬となります。
　前に取り上げた図3-1の調査結果をもう一度見てください。組織で働く個人は，お金という外的報酬がモチベーションの源であると回答している人は，外発的モチベーションにより働いていると考えられます。この調査では，仕事自体の面白さと回答する人の割合も多かったのですが，これは内発的動機づけにより仕事に取り組んでいることを示しています。また，役員・経営者の多くが，働く動機として自分の成長を実感することがあげていますが，これも成長という内的報酬に基づく内発的動機づけにより働いていることを示しています。
　内発的に動機づけられた行動に外的報酬が与えられることによって，内発的動機づけは低下することが良く知られています（Deci, 1971；Lepper, Greene, & Nisbett, 1973など）。このことを調べた数多くの研究の結果は一貫しておらず，またメタ分析という手法によってそれらの研究結果を総合的に検討した研究では，外的報酬による内発的動機づけ低下の影響は，あまり大きなものではないことを示しています（Eisenberger & Cameron, 1996；

Deci, Koestner, & Ryan, 1999)。とはいえ内発的動機づけという概念は重要であり，外的報酬が与えられる企業組織であっても，内発的動機づけと外発的動機づけの双方によってワーク・モチベーションを維持することが必要です。

2-2 過程理論

職場で働く人々がモチベーションを高めたり低めたりする過程を説明する理論は，過程理論と言われます。

1）期待理論

努力をすれば，自分が欲しいものを手に入れることができるという見込みがあれば，人は俄然やる気になります。自分の行動が望ましい結果をもたらすだろうという期待がモチベーションを高めることを説明しているのが期待理論です。

ヴルーム（Vroom, 1964）は，人がある課題に取り組むときのモチベーションの大きさを，期待，誘意性，そして道具性という3つの概念を用いて説明しています。期待とは，自分が取った行動がある結果（一次結果）を引き起こす確率に関する予測です。その一次結果が二次結果をもたらすことがあります。例えば成果（一次結果）の高さに応じて報酬が支払われる（二次結果）場合です。一次結果が二次結果をどの程度生み出すかどうかの見込みが道具性です。誘意性は，行為者にとっての結果の価値を示し，一次結果の誘意性と二次結果の誘意性に分けられます。この関係が，図3-6に示されています。ヴルームは，二次結果の誘意性がモチベーションに影響すると考えています。

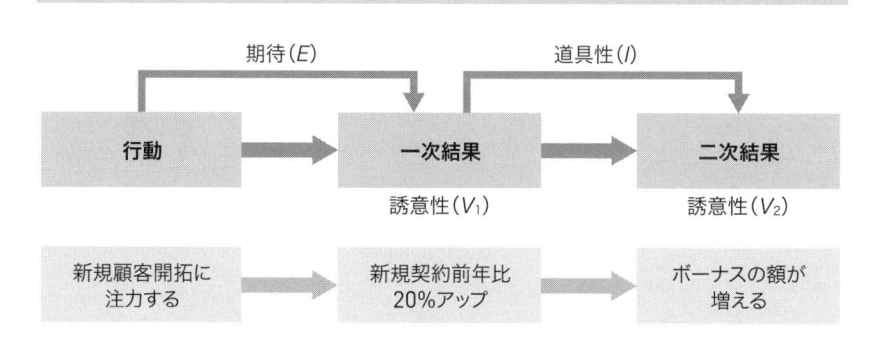

図3-6 ヴルームの期待理論

モチベーション（力）を算出する以下の式も提案されています。

$F = E(I \times V)$　　F(Force)：モチベーション　　E(Expectancy)：期待
　　　　　　　　　　I(Instrumentality)：道具性　　V(Valence)：二次結果の誘意性

　期待理論として取り上げられることが多いもう1つ理論として，ポーターとローラー（Porter & Lawler, 1968）によるものがあります。彼らは，努力（effort）することで業績（performance）を収めることができるだろう「E（努力）→ P（業績）」という期待と，この業績が成果・報酬（outcome）をもたらすだろう「P（業績）→ O（成果・報酬）」という期待がモチベーション（力：Force：F）の高さを決定するというモデルを提案しています。

　ポーターとローラーのモデルでは，努力が業績につながるかどうかには，本人の能力や特性，自らの役割に対する認知が影響するとしています。また，成果・報酬として，満足感や達成感など内発的なものと，ボーナスや昇給など外発的なものとを想定しています。

2）衡平理論

　「同じ仕事をしているのに派遣社員と正規社員では給料が違う」，「学生時代の友人より自分の給料がかなり低い」こういった不満をみなさんは耳にしたことがありませんか？　アダムズ（Adams, 1963）は，人は自分が投入した努力やスキルなどの「貢献（input）」とその対価として得た給与や承認などの「成果（outcome）」との割合の認知によって，ワーク・モチベーションは影響を受けるとする衡平理論を提唱しています。そしてその割合が衡平と感じるかどうかは，他者との比較によって決まると述べています。

　図3-7を見てください。パターン1は，Aさんの貢献と成果の割合はB

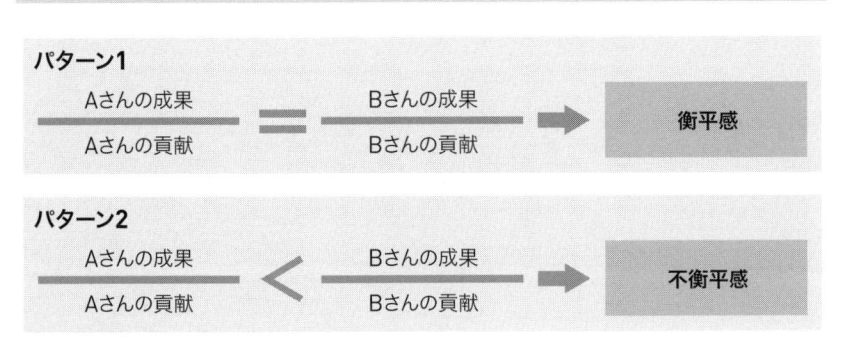

図3-7　衡平性についてのパターン

さんのそれと同じです。このような場合，AさんもBさんも衡平感を感じることができます。一方パターン2の場合，BさんはAさんに比べて貢献に対する成果の割合が大きくなります。これは不衡平な状態です。

　人間にとって，不衡平な状態は心理的緊張をもたらし，居心地が悪いものですから，衡平さを回復しようとします。衡平理論では，Bさんと比べて相対的に過小な成果を受け取っているAさんは次のようなことを行うと予測しています。一つは，認知を変えることです。例えば「実際にはそれほどがんばって仕事をしなかった」など自分の貢献を過小評価したり，「この経験が自分の能力を高めた」など自分の成果を過大評価するのです。また比較対象であるBさんに関して「Bさんのほうが実は自分よりがんばっていた」などBさんの貢献を過大評価したり，「Bさんはみんなから不満を持たれている」などBさんの成果を過小評価することも起こり得ることです。比較対象を，BさんではなくAさんと貢献と成果の割合が等しいCさんに変えることも認知を変える方法です。衡平感を獲得する別の方法として，行動を変えることも考えられます。次に取り組む仕事に対しては，以前よりがんばらなかったり，あるいはその会社を退職するなどが考えられます。

　では，貢献に対する成果の割合がAさんより高かったBさんはどうでしょうか。Bさんもやはり不衡平な状態です。このような場合，Bさんも「自分はAさんよりもがんばった」，「Dさんのほうが私より多く報酬をもらっている」など認知を変化させたり，以前よりも熱心に仕事に取り組むなど行動を変化させる可能性があります。

　これまで行われてきた研究では，同じ不衡平状況であっても，他者と比較して報酬が少ない場合（Aさんの状況）のほうが，もらいすぎの場合（Bさん状況）よりも，衡平理論がよく当てはまるようです（Campbell & Pritchard, 1976 など）。

3）目標設定理論

　○○高校に入学する，○○大学に入学するなど実現したい目標があるとき，その目標の達成のために努力したという経験を多くの人が持っていると思います。ロックとレイザム（Locke & Latham, 1984）は，具体的で困難な目標の設定が，人のモチベーションを高め，成果を向上させるという目標設定理論を提案しています。

　例えば，あなたは現在TOIECで590点を取ることができる能力をもっ

ていると仮定してください。次回このテストを受験するときの目標として会社から「できるだけ高い点数を獲得する」,「600点を獲得する」,「700点を獲得する」の3つのいずれかを示されたとします。これらのうち「できるだけ高い点数を獲得する」といったあいまいな表現の目標では，自分がどのくらい頑張る必要があるのかどうか分かりません。そのため，あなたのモチベーションを高めないかもしれません。また現時点で590点を獲得できる能力をもつあなたにとっては「600点を獲得する」目標の達成のために，それほど努力をする必要がないので，この目標もモチベーションを高めない可能性があります。具体的で困難な，しかしかなり頑張れば何とか達成できそうな「700点を獲得する」という目標があなたのモチベーションを高めると考えられます。

　具体的で困難な目標は，課題遂行者に，①目標に関わる課題へ注意を向けさせること，②課題の遂行に専念させること，③持続的に課題に取り組ませること，④目標達成のための戦略を展開させることを促すという機能を持っています (Locke, Shaw, Saari, & Latham, 1981)。このため成果が高まるのです。ただし，目標が高すぎで，かつその目標を受け入れることを人が拒否した場合には，成果は低下していきます (Locke & Latham, 1984)。

　目標設定に関わる研究は，上記以外にもさまざまなことを明らかにしてきました。例えば，長期目標を短期目標に分割することが成果を高めること (Latham & Brown, 2006)，目標に対するコミットメントが目標の達成を導くこと (Klein, Wesson, Hollenbeck, & Alge, 1999)，自己効力感の高い個人は難しい目標を設定し高い成果を収める (Locke, Frederick, Lee, & Bobko, 1984) ことなどが分かっています。

学習した内容を活かすために

1. 自分が所属している集団におけるモチベーションを高める要因と低める要因について分析してみましょう。
2. モチベーションの理論をよりどころとして，あなたやあなたの周囲の人のモチベーションを高める方法やそれらを維持する方法について考えてみましょう。

引用文献

Adams, J. S. (1963). Toward an understanding of inequity. *Journal of Abnormal and Social Psychology*, 67, 422-436.

Alderfer, C. P. (1972). *Existence, Relatedness, and Growth: Human Needs in Organizational Settings*. New York: Free Press.

Campbell, J. P., & Pritchard, R. (1976). Motivation theory industrial and organizational psychology. In M. D. Dunnette (Ed.), *Handbook of industrial and organizational psychology*. Skokie, IL; Rand McNally. pp. 63-130.

Collins, C., Hanges, P., & Locke, E. (2004). The relationship of achievement motivation to entrepreneurial behavior: A meta-analysis. *Human Performance*, 17, 95-117.

Deci, E. L. (1971). Effects of externally mediated rewards on intrinsic motivation. *Journal of Personality and Social Psychology*, 18, 105–115.

Deci, E. L., Koestner, R., & Ryan, R. M. (1999). A meta-analytic review of experiments examining the effects of extrinsic rewards on intrinsic motivation. *Psychological Bulletin*, 125, 627-668.

Eisenberger, R., & Cameron, J. (1996). Detrimental effects of reward: Reality or myth? *American Psychologist*, 51, 1153–1166.

Fried, Y., & Ferris, G. R. (1987). The validity of the job characteristics model: A review and meta-analysis. *Personnel Psychology*, 40, 287-322.

Hackman, J. R., & Oldham, G. R. (1976). Motivation through the design of work: Test of a theory. *Organizational Behaviour and Human Performance*, 16, 250-279.

Herzberg, F. (1966). *Work and the nature of man*. Cleveland, OH: World Publishing. (北野利信訳 (1968). 仕事と人間性 東洋経済新報社).

Hodgetts, R. M., & Luthans, F. (1991). *International management*. New York: McGraw-Hill.

Humphrey, S. E., Nahrgang, J. D., & Morgeson, F. P. (2007). Integrating motivational, social, and contextual work design features: A meta-analytic summary and theoretical extension of the work design literature. *Journal of Applied Psychology*, 92, 1332-1356.

Klein, H. J., Wesson, M. J., Hollenbeck, J. R., & Alge, B. J. (1999). Goal commitment and the goal setting process: Conceptual clarification and empirical synthesis. *Journal of Applied Psychology*, 84, 885-896.

Latham, G. P., & Brown, T. C. (2006). The effect of learning vs. outcome goals on self-efficacy, satisfaction and performance in an MBA program. *Applied Psychology: An International Review*, 55, 606-623.

Lepper, M. R., Greene, D., & Nisbett, R. E. (1973). Undermining children's intrinsic interest with extrinsic rewards: A test of the "overjustification" hypothesis. *Journal of Personality and Social Psychology*, 28, 129-137.

Locke, E. A., Frederick, E., Lee, C., & Bobko, P. (1984). Effect of self-efficacy, goals, and task strategies on task performance. *Journal of Applied Psychology*, 69, 241-251.

Locke, E. A., & Henne, D. (1986). Work motivation theories. In C. L. Cooper & I. T. Robertson (Eds.), *International review of Industrial and Organizational Psychology*. Chichester, England: Wiley, pp.1-35.

Locke, E. A., & Latham, G. P. (1984). Goal setting: A motivational technique that works. Englewood Cliffs, NJ: Prentice-Hall. (松井賚夫・角山剛訳 (1984). 目標が人を動かす　ダイヤモンド社)

Locke, E. A., Shaw, K. N., Saari, L. M., & Latham, G. P. (1981). Goal setting and task performance: 1969-1980. *Psychological Bulletin*, 90, 125-152.

Maslow, A. H. (1954). *Motivation and emotion*. New York: Harper & Row. (小口忠彦監訳 (1971). 人間性の心理学――モチベーションとパーソナリティ　産業能率大学出版部)

McClelland, D. C. (1961). *The achieving society*. Princeton, NJ.: Van Nostrand. (林保監訳 (1971). 達成動機：企業と経済発展におよぼす影響　産業能率短期大学出版部)

McClelland, D. C., & Boyatzis, R. E. (1982). Leadership motive pattern and long term success in management. *Journal of Applied Psychology*, 67, 737-743.

McGregor, D. (1960). *The human side of enterprise*. New York: McGraw-Hill. (高橋達男訳 (1965). 企業の人間的側面――統合と自己統制による経営　産業能率短期大学出版部)

Porter, L. W., & Lawler, E. E. (1968). *Managerial attitudes and performance*. Homewood, IL: Richard D. Irwin, Inc.

Schneider, J., & Locke, E. A. (1971). A critique of Herzberg's incident classification system and a suggested revision. *Organizational Behavior & Human Performance*, 6, 441-457.

Steers, R. M., Mowday, R. T., & Shapiro, D. L. (2004). The future of work motivation theory. *Academy of Management Review*, 29, 379-386.

Vroom, V. H. (1964). *Work and motivation*. New York: Wiley & Sons. (坂下昭宣・榊原清則・小松陽一・城戸康彰訳 (1982). ブルーム・仕事とモチベーション　千倉書房)

Wernimont, P. F. (1966). Intrinsic and extrinsic factors in job satisfaction. *Journal of Applied Psychology*, 50, 41-50.

第4章
職場集団のダイナミックス

この章を学習することの意義

1. 組織の基本単位である集団の特性を，人の相互作用に基づいたダイナミックな影響過程として捉えることで，集団活動をする際にメンバーの行動をより高い視点から理解することができます。
2. 職場におけるチームワークの意義を理解し，優れたチームワークを発揮するために必要な要件に関する知識を得ることができます。

組織活動は，集団（あるいはチーム）を基本単位として成り立っています。企業や組織で仕事を遂行するとき，個人は，所属部署やプロジェクト・チーム，委員会など何かしらの集団の一員となります。そして，ある役割を担い他のメンバーと協調しながら，集団活動を行うことになります。

　人の行動は，所属する集団に強く影響を受けます。みなさんも仲良しグループの中であっても本心が表せなかったり，1人ではしないようなことをしたりすることがあるのではないでしょうか。またメンバー1人1人がどのように行動するかが集団全体の雰囲気や特徴を決めることになります。集団とそのメンバーである個人とが双方に影響し合あって，集団に独特の様相が生まれるのです。

　このような個人と集団のダイナミックな影響過程について知ることは，職場における人の心理や行動を理解するうえで有効です。この章では職場集団の特徴を心理学の知見に基づいて説明します。

1．職場集団の特性

1-1　職場集団とは

　職場集団（work group）は，①共通の目標を達成することを目指し，②互いに影響を及ぼしあいながら活動するという特性を備えています。例えば，ある会社の営業一課という職場集団では，「個人顧客を対象に今期いくら売り上げる」という共通の目標に向かって，各自が営業活動という職務を遂行します。職務遂行のなかで，メンバー同士で情報を交換したり，あるメンバーの失敗を別のメンバーが補ったりというような相互作用が行われます。営業に出向く，事務作業を行うといった1つ1つの職務は1人で行う場合もありますが，たとえ個人作業であったとしても，互いの職務がメンバー同士の間で影響を及ぼしあうという点が，職場集団の特徴です。

　近年は，職場において活動する集団を職場チーム（work team）と呼ぶことも増えてきています。チームは集団の1つの形態ですが，①メンバーが相互依存関係（職務活動が1人では完遂されない状態）にあり協調が不可欠である，②各メンバーが明確で特定の役割を担う，③各自の職務活動の目的が共通である場合に，とくにチームと呼ばれます（West, Borrill, & Unsworth, 1998）。先にあげた営業一課のような部署を互いの職務や成果の

相互依存性を強調して営業チームというように呼ぶこともありますし，製品開発を目的に一時的に編成されたプロジェクト・チームなどを指す場合もあります。

1-2 集団らしさを表す特徴—規範と凝集性

職場集団も含めて，さまざまな集団にあらわれる特徴として，規範と凝集性があります。

1）規範とは

集団には，その集団独自のルールや行動の基準が存在します。例えば，ある会社で社則に定められている始業時刻は午前9時であったとしても，部署によって8時半には全員がそろって仕事が始まる部署，あるいは9時の間際に来るメンバーが多い部署などさまざまであるといった場合があります。ある人が8時半過ぎに出社したとき，前者では「遅くなりすみません」と言わなければ気まずいかもしれませんが，後者ではそんなことはないでしょう。服装の雰囲気や言葉づかい，コピー機を使用するルールなどのありとあらゆる事柄について，規則として明文化されているもの以外にも集団内には暗黙の了解事項が存在します。このような，ある集団内で「〜すべきである」もしくは「〜してはならない」といった行動や態度の基準のことを集団規範と呼びます。

集団で活動を行う際に，私たちはその集団内で何が正しい妥当な行動なのかということを，他のメンバーを観察したり相互作用を繰り返したりするなかで確立していきます。個人が他のメンバーに合わせて自分の行動を微修正するうちに，集団全体が似通った行動パターンを見せるようになり（斉一化），これが次第に集団内の標準となって規範が成立します。

規範の存在は，集団活動において次のような意義をもっています。第1に，規範に沿った行動をとることで，個人は集団の一員としてのアイデンティティを獲得するようになります。集団内と集団外の境界線を，行動が類似しているか否かによってはっきり認識するようになり，「私たちは彼らとは違うこの集団の一員なのだ」という意識が明確になるのです。また第2に，規範に基づいた統一した行動が当たり前になると，互いに他のメンバーの行動が予測しやすくなりスムーズな協調行動が促進されます（Hackman, 1992）。このようにして，規範が形成され守られることで集団としてのまとまりが維

持されるようになるのです。
2）職場集団における規範の落とし穴
　一方で，いったん規範が形成されると，集団メンバーは規範から逸脱する行動をとることが難しくなります。メンバーが互いに規範に沿った行動をとる・べ・きであるという圧力をかけあい（斉一性の圧力），他のメンバーと異なる行動をとることに居心地の悪さを感じるようになるためです。とくに，職場集団における規範は，強固に個人の行動を拘束し，公式の規則や，会社の方針，あるいは上司からの指示などよりも強く個人の行動に影響を及ぼすことがあります。その結果，非生産的な行動や誤った行動，ときには大参事を引き起こしてしまう場合さえあります。

　例えば，第3章で紹介したホーソン研究において，インフォーマルな規範に基づく非生産的活動の存在が観察・報告されています（Reslithberger & Dickson, 1939）。この規範は，公の作業目標とは明らかに異なり，作業量を標準より低く一定に保つことを目指すものでした。作業チーム内では，作業量が多すぎるメンバーも少なすぎるメンバーも牽制され，この規範に矛盾する言動が排除されました。このように公の目標に反して故意に生産性を制限する規範は，生産制限規範と呼ばれます。生産制限規範は集団の生産性を下げてしまう要因の1つであり，企業や組織の存続と成長にとって看過することのできない問題です。

　また，1999年9月30日に茨城県東海村で起きた国内初の臨界事故は，公式の規則に反して職場の規範が優先された結果，大参事が起こった事例の1つです（図4-1）。この事故の原因は，ウランを薬品と混ぜる工程において，本来は機械操作で注入すべきである作業をステンレス製のバケツを用いて手作業で行ったことでした。作業能率を優先する規範が重視され，本来の規則には違反するマニュアルが作られており，危険な作業が数年間も続けられていたことがわかっています（山内・山内，2000）。

3）集団凝集性
　集団凝集性は，集団のまとまりの程度をあらわす概念です。集団メンバーが一致団結して強い結束を示すとき，集団凝集性が高いといいます。「クラスのまとまりがよい」とか「チームの結束が固い」など，集団の特徴を表す際，集団凝集性について言及することは日常的にもよくあることでしょう。
　集団凝集性は，集団が課題遂行の面でも関係性の面でも全体として1つに

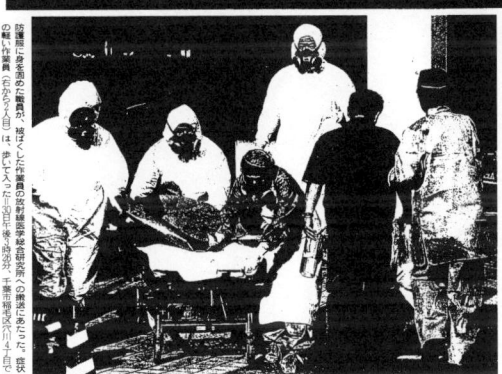

図4-1　1999年9月30日に起きた茨城県東海村での臨界事故について報道した記事
出所:『朝日新聞』1999年10月1日より。

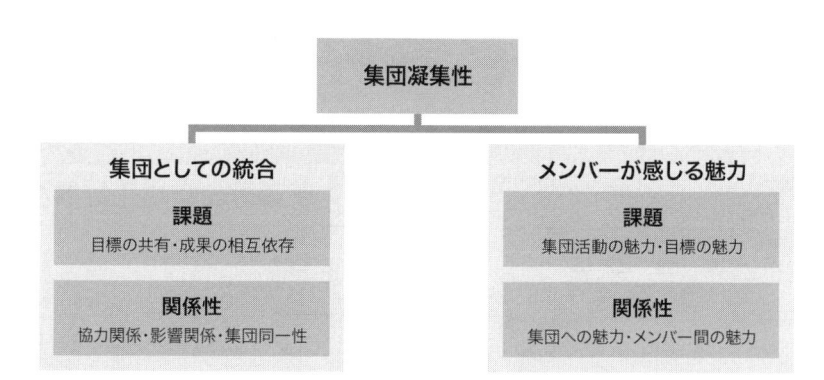

```
                        集団凝集性
         ┌──────────────────┴──────────────────┐
    集団としての統合                      メンバーが感じる魅力
    ┌─────────────┐                      ┌─────────────┐
    │    課題     │                      │    課題     │
    │目標の共有・成果の相互依存│          │集団活動の魅力・目標の魅力│
    └─────────────┘                      └─────────────┘
    ┌─────────────┐                      ┌─────────────┐
    │   関係性    │                      │   関係性    │
    │協力関係・影響関係・集団同一性│      │集団への魅力・メンバー間の魅力│
    └─────────────┘                      └─────────────┘
```

図4-2　集団凝集性の構成概念　出所：Carron & Brawley（2012）をもとに作成。

なり（「集団としての統合」），メンバーが集団の課題や集団自体，他のメンバーに強く魅力を感じること（「メンバーが感じる魅力」）により，高まります（図4-2）（Carron & Brawley, 2012）。凝集性が高いとき，メンバーは，成果をあげるために1つの目標に向かって協力し，自分が集団の一員であると強く自覚するようになります。また，集団活動や集団の目標に価値を見出し，集団へとどまりたいと願い，他のメンバーに対してポジティブな感情を抱きます。

集団凝集性が高い集団では，メンバーが一致団結して規範に沿った行動をとるので，規範の影響もより強くなります。その結果，先にあげた生産制限規範のように高い成果をあえて目指さない規範が存在する場合には，凝集性が高いことでかえって生産性が低減されてしまうことが指摘されています（Berkowitz, 1954）。

ただし，集団の凝集性と生産性に関する複数の研究を分析したBealら（2003）によると，集団凝集性の高さはおおむね高い生産性に結びつくことが示されています。例えば，Man & Lam（2003）は，職場集団を対象とした研究において，凝集性が高いチームはそうでないチームに比べて生産性が高いことを明らかにしました。一般的に考えられているように，集団の一致団結は，集団としての成果を上げていくための重要な要素の1つといえるでしょう。

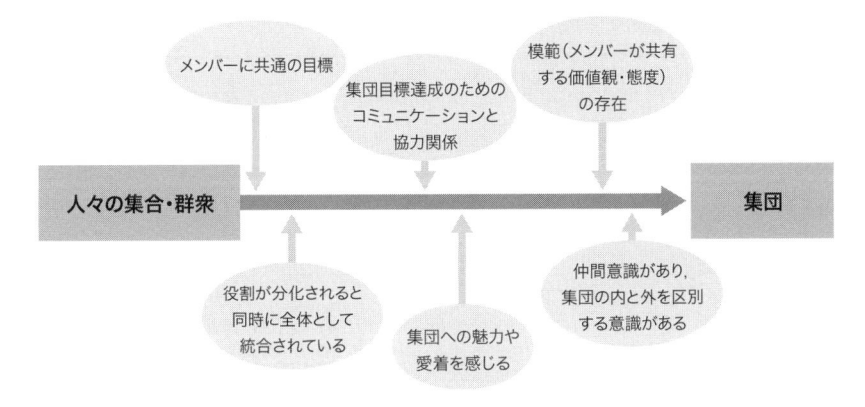

第4章 職場集団のダイナミックス

図4-3 集団としての特徴があらわれるプロセス　出所：山口（1994）より。

1-3 職場集団の発達

　集団のもつ特徴は，集団が形成された後，メンバー間の相互作用が繰り返されることで時間の経過とともに変化していきます。このプロセスを人の一生と同様に発達やライフサイクルとして捉えることで，集団の特徴がダイナミックに変化する法則を理解することができます。ここでは職場集団を中心に，その特徴が時間が経つにつれてどのように変化するのかを見ていきます。

1) 集団らしさが現れるプロセス

　個人が集団のメンバーとして集められたと同時に，規範や凝集性といった特徴が備わるのではありません。また，それらの特徴がすべての集団に同じ程度に見られるわけでもありません。4月のクラス替えから半年1年と時間が経過すると，クラスメートの行動に見られる斉一性の程度や，クラスのまとまりの程度などの集団としての特徴は，クラスによってさまざまに異なることをみなさんも経験したことがあると思います。

　山口（1994）は，集団らしさを表す6つの特徴とそれらが獲得される過程を図4-3のように示しました。複数の人が集められ，共通の目標達成のために集団活動を行うなかで，メンバーの役割や地位が成立し，コミュニケーションを通じた協力関係が生まれます。さらに，徐々に規範が確立されていき，集団への愛着や仲間意識などが増して凝集性も高まります。

　Tuckman（1965）は，このような集団らしさ獲得の過程は，①形成期，

表4-1　Tuckmanの集団発達モデル

形成期 Forming	・メンバーは新しい環境に不安と緊張を感じる。 ・他のメンバーの行動をさぐりながら、徐々に互いに関する情報交換（自己開示）をし始める。 ・リーダーの指示に従いながら課題が進められる。
騒乱期 Storming	・意見の食い違いが生じ、不満を表現し始め、葛藤が生じる。 ・メンバーが分裂する。 ・リーダーに対して批判や反感を示す。
模範期 Norming	・役割や課題に関するあいまいさが減少する。 ・規範が確立し、凝集性が増して、集団としてのまとまりや「我々意識」が芽生える。 ・関係が改善され、信頼感が増す。
遂行期 Performing	・集団の課題遂行や目標達成のために建設的な活動をする。 ・メンバーは、互いに協調しながら課題を遂行する。

出所：Tuckman（1965）をもとに作成。

②騒乱期，③規範期，④遂行期の4つの段階を1つずつクリアしながら進んでいくと考えました（表4-1）（後にこれら4つに⑤解散期が加えられ（Tuckman & Jensen, 1977），集団発達の5段階モデルと呼ばれています）。このモデルで示されている重要な点の1つは，集団らしいまとまりを形成する過程で，一時的にメンバー間の衝突や分裂をともなう「まとまりの欠如」（Tuckman, 1965）（騒乱期）を経験するということです。集団はもともと1

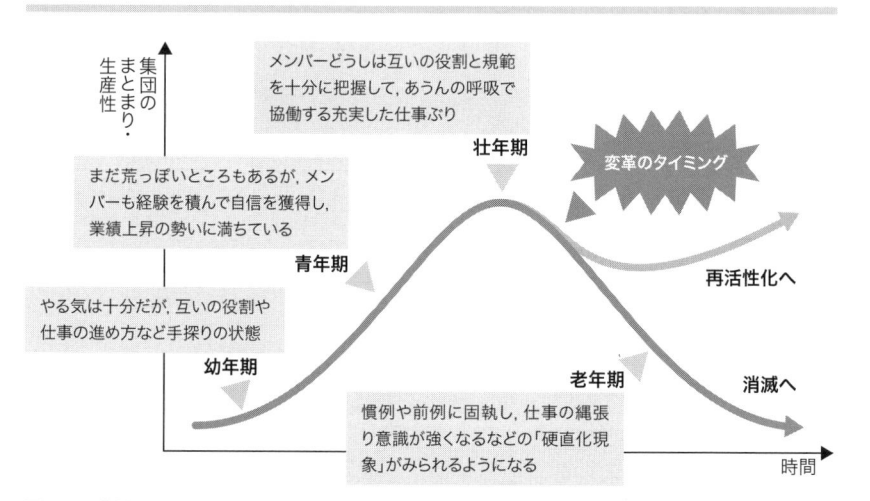

図4-4　集団のライフサイクルモデル　出所：山口（2009）より。

人1人個性をもった個人の集まりです。経験や考え方，仕事のやり方などの異なる個人が集まり1つの目標に向かってまとまろうとするとき，葛藤を避けることはできません。葛藤解決の過程で個々人の考え方ややり方などのすり合わせが行われ，集団として1つになっていくのです。もし，葛藤が的確に解決できなければ，集団が存続できないこともあります。騒乱期をどのように経験するかによって，どのようなまとまりが形成されるか（規範期）が決定され，またさらにそれがどのように集団活動が行われるか（遂行期）に影響を及ぼすことになります。

このように，集団の特徴は集団活動を通じて徐々に獲得され，また，どのような相互作用が行われるのかによって変動していきます（山口，1994）。

2）職場集団のライフサイクル

次に，職場集団の発達をもう少し長いスパンで考えてみましょう。図4-4を見てください。これは集団の時間的変化を人のライフサイクルをイメージしてとらえたモデル図です。横軸は時間，縦軸は集団のまとまりや生産性と考えてください。図4-4から，「壮年期」にピークがあり，その後下降していくことが見てとれます。実際，職場集団を対象に時間経過と業績の関係を調べた複数の研究によれば，業績のピークは，集団によって異なるものの，形成から1.5年後〜5年後の間に訪れ，その後業績水準が少しずつ低下していくことが示されています（古川，1990）。なぜこのようなことが起こるのでしょうか。図4-4に基づいて集団のライフサイクルについて見ていきます。

幼年期から青年期　この時期は，先に示したTuckman（1965）のモデルの4段階（表4-1）にあたります。メンバー同士の接触やコミュニケーションが増していき，徐々に規範が確立され，凝集性が高まっていきます。ただし，各自は自分の役割を遂行することに必死で，また，上述したように葛藤なども見られ，コミュニケーションが十分に円滑であるとはいえません（山口，2009）。

壮年期　この時期になると，各自が職務遂行スキルを十分に身につけ，集団活動は効率化され高い業績を上げるようになります。メンバー同士が互いの得意‐不得意などをよく知るようになるため，コミュニケーションが円滑になり，無駄なく，場合によっては言葉を交わさずともあうんの呼吸で協調行動がとれるようになります。

老年期　壮年期は永遠に続くのではなく，次第に集団としての活力が失わ

れていきます。これは，集団がさまざまな面で決まったパターンに沿った活動しか続けることができなくなり，臨機応変に対応したり，新しいことにチャレンジしたりしなくなるためです。このように，集団が形成されてから時間を経ることで活力を失う現象を硬直化現象と呼びます。

3）職場集団の硬直化と革新

古川（1990）は，職場集団において硬直化が起きる原因として，次の5つを指摘しています。①メンバーの役割と行動が固定し，「型にはまるようになる」（例えば，「Aさんはこんな人でこんな仕事をする」というようなことが自動的に決まるようになる）こと，②メンバーの考え方が均質化し，慣例やマニュアルに沿ったワンパターンな行動にこだわるようになること，③コミュニケーションの相手や内容が固定し，特定のメンバーだけで情報を交換するようになったり，積極的な議論が妨げられたりすること，④集団内のルーティンワークばかりに注意が向き，集団外で起こっている変化に無頓着になること，⑤リーダーがそれまでの経験に固執し，従来のやり方を変更することに抵抗を感じ，変革を阻害してしまうことです。

図4-4に示されているとおり，この硬直化現象を放置すると，集団は消滅してしまいます。組織が社会や顧客のニーズに答え，価値あるものやサービスを提供しながら存続していくためには，組織や職場集団外の状況に目を向け，積極的に情報収集を行い，変革のタイミングを逃さず自ら変わっていくことが必要です。職場集団が革新を進めながら活性化するために，雇用管理や教育訓練（第2章参照），葛藤を必要以上に回避せず的確に対処すること（第5章参照），変革型リーダーシップ（第6章参照）などが重要になります。

2．職場のチームワーク

集団活動の成果を左右する要因の1つとして，チームワークをあげる人は少なくないでしょう。スポーツの勝敗や仕事の業績について語るとき，チームワークのよしあしを問題にすることがよくあります。

ここでは，チームワークをキーワードに，職場における円滑な協調行動はどのようにして生まれるのかを見ていきます。

2-1 チームワークが重要な理由

1) タスクワークとチームワーク

　集団で課題を遂行する際，メンバーはタスクワークとチームワークの両方の活動を行っています（Moreland et al., 1993）。タスクワークとは課題そのものに従事することであり，1人で完結する活動です。それに対して，チームワークとは他のメンバーと関わることであり，コミュニケーションや協力行動，対人関係の維持などが含まれます。例えば，サッカーでドリブルをしたり，シュートを打ったりする動作はタスクワークにあたります。ドリブルやシュートの技術などといったメンバー個々のタスクワークが優れていることは勝利に影響する大事な要素ですが，これらタスクワークだけではサッカーは成り立ちません。パス回しや意思疎通，あるいは信頼関係といったチームワークのよしあしが，勝利の行方を左右する重要な要素になります。このようにチームワークは集団で課題を遂行するうえで不可欠な活動です。

2) プロセス・ロス

　集団での課題遂行の特徴の1つに，プロセス・ロスと呼ばれる現象があります。これは，集団の生産性が，個々のメンバーの能力から期待される潜在的な生産性よりも低くなってしまう現象です。

　この現象について示したLataneら（1979）の実験研究を紹介します。被験者に，1人，2人，4人，6人のいずれかの条件で，できるだけ大声を出す，または大きく拍手することを5秒間やってもらい，音圧を測定しました。結

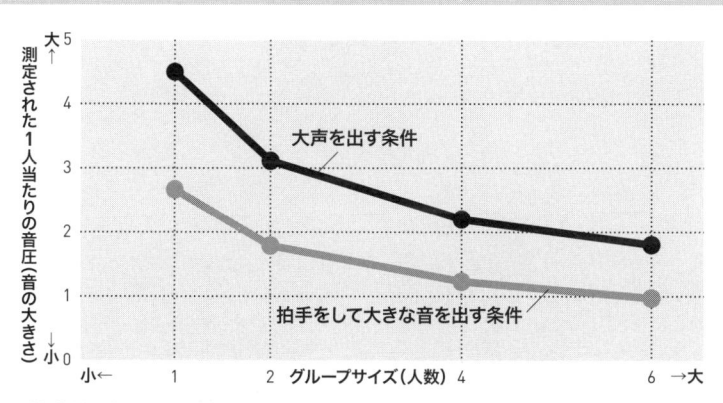

図4-5　社会的手抜きの実験結果　出所：Latane et al.(1979)；山口（2010）より。

果は，図4-5のように，グループサイズ（メンバーの数）が大きくなるにつれて，1人当たりの音圧が小さくなりました。

例えば1人で声を出したときの音圧が「3」ならば，計算上は，2人の時は2倍の「6」，4人の時は4倍の「12」の音圧になることが期待できます。この期待値が，期待される潜在的な集団の生産性です。しかし，実験の結果，集団の生産性はこの期待値を下回ることが示されたのです。

このように，集団で課題を遂行した際，単独で行ったときに比べて1人当たりの作業量が低くなってしまう理由として，①動機づけのロスと②協調の失敗によるロスがあげられます（Steiner, 1972）。

①動機づけのロス：これは，課題遂行に対する動機づけ（やる気）が低下することで起こるロスです。集団状況では，1人で課題を遂行しなければならないときに比べ，他のメンバーがいることで無意識のうちに安心してしまったり依存してしまったりするため，最大限の力を発揮しなければならないという責任や動機づけが，知らず知らずのうちに薄れてしまうのです。動機づけのロスは「社会的手抜き」とも呼ばれますが，自分1人ぐらいいいだろうと意図的に怠けること（フリーライディング）とは異なります。

②協調の失敗によるロス：これは，上述したように，集団で課題遂行する際にはタスクワーク以外に他のメンバーと調整をする必要があり，個人の注意や労力を課題のみに集中して投入することができないために起こるロスで

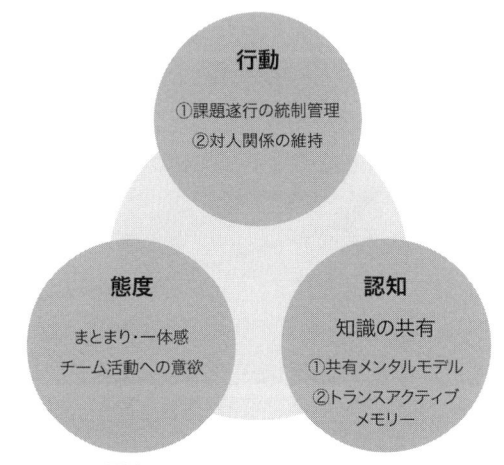

図4-6　チームワークの3つの要素

す。ある作業を他者と一緒に行う際には，役割分担を決めたり他のメンバーの動きを確認したりしながら，タイミングをはかったり協力したりすることが必要です。集団で作業をしていて「1人でやったほうが早いのになぁ」と感じることがあるのは，このような協調行動が容易ではなく，少なくない注意や労力を要するものであることを示しています。

プロセス・ロスは，集団状況ゆえに起こってしまうものなのですが，職場集団が高い生産性をあげるためにはこれらのロスをできるだけ小さくすることが重要です。そのためには，優れたチームワークが発揮され，効率的な協調行動が行われる必要があります。

2-2 チームワークの3つの要素

では，チームワークとは具体的にはどのような活動を指すのでしょうか。コミュニケーションや協力関係，あるいは仲間意識など，チームワークと一言でいってもさまざまな側面があります。ここでは図4-6のように，チームワークを①行動的要素，②態度的要素，③認知的要素の3つの側面から捉

表4-2　チームワーク測定尺度の項目例

モニタリングと相互調整
特定のメンバーに負担が偏りすぎないようお互いに気を配っている
わからないことがあれば同僚へ気軽に尋ねている
他のメンバーの活動の具合について注意を払っている
職務の分析と明確化
チームの目標を確認し合っている
納得し合うまで話し合っている
長期的な活動の計画を全員で話し合って定めている
知識と情報の共有
活動をうまく行うためのコツを伝え合っている
個人の知識や技術の向上のためにアドバイスし合っている
自分の経験から得た教訓や入手した情報をお互いに伝え合っている
フィードバック
作業等が間違っているメンバーがいたら本人に伝えている
チーム内の決まりごとを守っていないメンバーがいたら,その場で率直に注意している
問題が起きたらすぐに報告し,チーム内での共有を図っている

出所：三沢(2009)より一部抜粋。

え（三沢，2012；山口，2008；Rousseur et al., 2006），優れたチームワークを発揮するための要件について考えてみましょう。

1）チームワークの行動的要素

　チームワークの行動的要素にはさまざまなものがありますが，大きく分けて，①チームでの効率的な課題遂行を促進するための行動（課題遂行の統制管理）と②チーム内の円滑な人間関係を維持するための行動（対人関係の維持）の 2 つがあります（Rousseur et al., 2006）。

　課題遂行の統制管理には，目標の明確化や計画策定，調整や連携などの相互協調，情報共有のためのコミュニケーション，成果や課題遂行状況を確認・評価するモニタリング，他のメンバーへの支援や指導，チーム内の問題解決や変革といった行動が含まれます（Rousseur et al., 2006）。表 4-2 は，看護師を対象とした職場のチームワーク測定尺度（三沢，2009）のうち，チームワーク行動にあたる項目です。メンバーがこれらの行動を的確に行うとき，優れたチームワークが発揮されると考えられます。

　対人関係維持のための行動としては，チームメンバーに対する心理的サポートと，メンバー間の葛藤の調整・処理があります（Rousseur et al., 2006）。失敗やストレスによる不安や個人的問題を抱えたメンバーに対して，相談や配慮，励ましなどを提供し合うことは，メンバーの心理的安定や意欲を高め，高い生産性に結びつくと考えられます。また，メンバー間に生じた意見の対立や不和が放置されエスカレートすると，チームワークを妨げてしまう恐れがあります。チーム内の葛藤に対して適切に対処することも優れたチームワークを発揮するうえで重要です。

2）チームワークの態度的要素

　チームワークの態度的側面は，チームとしての一体感やまとまり，メンバーが抱くチーム活動に対する意欲などを指します（山口，2008）。先にあげた凝集性や規範もメンバーの一致団結を促進するチームワークの態度的要素の 1 つです。ここでは，その他に，モラール，チーム・コミットメント，およびチーム志向性の 3 つを取り上げます。

　①モラール：モラールとは，士気と訳されることが多く，集団における目標達成への意欲を指します。メンバーが仕事に張り合いを感じて意欲的に取り組み，集団やチームに活気が見られる状態のことです。モラールが高いとき，集団の生産性やメンバーの満足感は高くなります（山口，2008）。

②チーム・コミットメント：コミットメントは忠誠心や自我関与と訳されます。チーム・コミットメントとは，メンバーがチームに対して愛着をもち，チームの目標を深く受容し，チームの利益のための行動をいとわず，チームにとどまりたいと願うことです（Bishop & Scott, 2000）。強いコミットメントを抱くメンバーはチームやチームの一員であることに価値を見出しています。そして，チームの価値をさらに高めるよう自分に割り当てられている職務や役割以外の行動を進んで行ったり，チーム外に対して自分のチームの優れている点を積極的にアピールしようとしたりします。チーム・コミットメントが強いほど，仕事満足感やチームへの満足感，同僚や上司への満足感が高くなります（Bishop & Scott, 2000；Van Der Vegt et al., 2000）。

③チーム志向性：メンバーが，個人の役割分担や意見・考え方を超えて，チーム全体が高い成果をあげることを重視し，チームに貢献しようとする態度のことをチーム志向性とよびます。チーム志向性が高いメンバーは，他のメンバーとの関わりを積極的に求め，たとえ他者と見解が異なっても，相手をコントロールしようとせず，協調的にふるまいます（Driskell et al., 2010）。このようなメンバーのチーム志向性が，チームの高い生産性に結びつくと考えられます（Driskell et al., 2010）。

3）チームワークの認知的要素

認知的要素は，チームワーク行動が的確かつスムーズに行われるためのカギとなる重要な要素です。認知的要素とは，メンバー同士でさまざまな事柄に関して知識を共有し，共通の理解をもっておくことを意味しています。チームワークの認知的要素には，①共有メンタルモデルと②トランザクティブ・メモリー・システムがあります。

a）共有メンタルモデル

メンバー間で共有された「チームとして課題を達成するために具体的にどのような行動をとるのか」に関する知識体系を共有メンタルモデルと呼びます（Hirschfeld et al., 2006）。

具体的には，課題の進め方，課題を進めるうえで必要な道具や手順，戦略，チームメンバーの役割，チームの置かれた状況，課題の目的などに関する知識です。これらについてメンバーが共通の認識をもつことで，互いの行動を予測することが可能になり，スムーズな連携が可能になります。

例えば，ハンバーガーショップでは，カウンターで注文を受けたり商品を

渡したりする店員や，調理場で調理を担当する店員が連携しながら，注文されたメニューを効率よく準備する様子が見られます。注文の受け方や伝達の仕方，商品の準備のされ方といった，ある状況での互いの役割や動き，手順などが周知されていることによって，チームとして統一のとれた円滑な動きが可能になるのです。

　もしこれらの認識が互いに食い違っていたり間違っていたりすると，動きの効率が悪くなったりミスが起こったりするでしょう。メンバー間で知識が共有されていることと，その知識が正確であることの両方が，チームの生産性を高めるうえで重要です（DeChurch & Mesmer-Magnus, 2010）。

b）トランザクティブ・メモリー・システム

　各メンバーがそれぞれの専門性や得意分野，役割に応じて知識を分有しており，かつチーム内で誰がどんな知識をもっているかについて共通認識があり，必要に応じてそれらの知識を交換して活用するしくみをトランザクティブ・メモリー・システムと呼びます（Moreland, 2006）。各メンバーはそれぞれに強みや弱みがあり，例えば，チームには，パソコンに詳しい人，顧客情報に詳しい人，ある仕事の手続きに詳しい人などさまざまなメンバーがいます。メンバー間で，誰がどんな強みをもっているかについて共通認識を得ておけば，「××の情報はAさんに伝えておこう」というように，自分で何もかも記憶しようとせず，その分野を得意とするメンバー（Aさん）に情報を預けることができます。また，よくわからない課題に取り組む際に，「このことはBさんが詳しいはずだから」とBさんに情報を求め，Bさんの知識を活用することで的確な問題解決が可能になることもあるでしょう。

　このようにトランザクティブ・メモリー・システムはチーム全体として知識を記憶し活用するしくみです。チーム内で「誰が何を知っているかについて知っている」ことによって，各メンバーの強みを活かしたより円滑な協調行動が可能になり，また，1人では解決が困難な問題や新しい課題に取り組む際に有効な情報交換を行うことができるのです（Zahng et al., 2007）。

> **学習した内容を活かすために**
>
> 1. 規範や凝集性,集団の発達に関する理論を,身近な組織(サークル,アルバイト先など)にあてはめ,自分の所属する集団がどのような特徴を持っているのか考えてみましょう。また,それらの特徴が,集団活動を行ううえで,有益に作用しているか,非効率を招いていないか考えてみましょう。
> 2. 身近な組織(サークル,アルバイト先など)で,効果的なチームワークが発揮されるよう,行動・態度・認知の3つの側面から実践してみましょう。

引用文献

Beal, D. J., Cohen, R. R., Burke, M. J., & McLendon, C. L.(2003). Cohesion and performance in groups: A meta-analytic clarification of construct relations. *Journal of Applied Psychology*, 88, 989-1004.

Berkowitz, L.(1954). Group standards, cohesiveness, and productivity. *Human Relations*, 7, 509-519.

Bishop, J. W., & Scott, K.D. (2000). An examination of organizational and team commitment in a self-directed team environment. *Journal of Applied Psychology*, 85(3), 439-450.

Carron, A. V., & Brawley, L. R.(2000). Cohesion conceptual and measurement issues. *Small Group Research*, 31, 89-106.

DeChurch, L. A., & Mesmer-Magnus, J. R. (2010). The cognitive underpinnings of effective teamwork: a meta-analysis. *Journal of Applied Psychology*, 95, 32-53.

Driskell, J. E., Salas, E., & Hughes, S.(2010). Collective orientation and team performance: Development of an individual differences measure. *Human Factors*, 52, 316-328.

古川久敬(1990). 構造こわし 誠信書房.

Hackman, J. R.(1992). Group influences on individuals in organizaitios. In M. D. Dunnette & L. M. Hough(Eds.), *Handbook of industrial and organizational psychology*, 2nd ed. Vol.3. CA, US Consulting Psychology Press. pp.199-267.

Hirschfeld, R. R., Jordan, M. H., Feild, H. S., Giles, W. F., & Armenakis, A. A. (2006). Becoming team players: Team members' mastery of teamwork knowledge as a predictor of team task proficiency and observed teamwork effectiveness. *Journal of Applied Psychology*, 91, 467-474.

Latane, B., Williams, K., & Harkins, S.(1979). Many hands make light the work: The causes and consequences of social loafing. *Journal of Personality and Social Psychology*, 37, 822-832.

Man, D. C., & Lam, S. S. (2003). The effects of job complexity and autonomy on cohesiveness in collectivistic and individualistic work groups: a cross-cultural analysis. *Journal of Organizational Behavior*, 24, 979-1001.

三沢良 (2012).「チームワーク力」とは 教育と医学, 60, 4-11.

Moreland, R. L., & Thompson, L. (2006). Transactive memory: Learning who knows what in work groups and organizations. In J. M. Levine & R. L. Moreland (Eds.), *Small groups: Key readings*, New York, NY: Psychology Press, pp. 327-346.

Morgan Jr., B. B., Salas, E., & Glickman, A. S. (1993). An analysis of team evolution and maturation. *The Journal of General Psychology*, 120, 277-291.

Roethlisberger, F. J., & Dickson, W. J. (1939). *Management and the worker*. Cambridge: Harvard UniversityPress. 1939.

Steiner, I. D. (1972). *Group process and productivity*. New York, NY: Academic Press.

Tuckman, B. W. (1965). Developmental sequence in small groups. *Psychological Bulletin*, 63, 384-399.

Tuckman, B. W., & Jensen, M. A. C. (1977). Stages of small-group development revisited. *Group & Organization Management*, 2, 419-427.

Van Der Vegt, G., Emans, B., & Van De Vliert, E. (2000). Team members' affective responses to patterns of intragroup interdependence and job complexity. *Journal of management*, 26, 633-655.

West, M., Borrill, C. A., & Unsworth, K. L. (1998). Team effectiveness in organizations. In C. L. Cooper., J. Lee, Y. Liu., & I. T. Robertson. (Eds.), *International review of industrial and organizational psychology*. Chichester, England: John Wiley, pp.1-48.

山口裕幸 (1994). 集団過程 藤原武弘・高橋超 (編) チャートで知る社会心理学 福村出版 pp.111-124.

山口裕幸 (2008). チームワークの心理学 サイエンス社

山内桂子・山内隆久 (2000). 医療事故 朝日新聞社

Zhang, Z. X., Hempel, P. S., Han, Y. L., & Tjosvold, D. (2007). Transactive memory system links work team characteristics and performance. *Journal of Applied Psychology*, 92, 1722-1730.

第5章
職場のコミュニケーションと人間関係

この章を学習することの意義

1. 組織や企業でコミュニケーションがどのような機能を果たしているのかについて多面的・重層的に理解し，職場におけるコミュニケーションの特徴や情報の流れを捉えることができます。
2. 職場において効果的なコミュニケーションを行うために，どのような点に注意を払えばよいかということについて理解することができます。

組織における活動はすべてコミュニケーションによって成り立っているといっても過言ではありません。なぜなら，分業によって共通の組織目標を達成しようとするとき，個々の活動や意見・考え方などを全体として調整したり統合したりすることが不可欠だからです。仕事を円滑に進めるためには，必要な情報を効率よくやりとりすることや，人間関係の軋轢をうまく乗り越えることが必要です。また，職場や組織全体として的確な情報処理を実現していくことも重要になります。
　この章では，職場におけるコミュニケーションについて，「情報の授受」，「学習」そして「人間関係」の3つの観点から考えてみましょう。

1. 職場におけるコミュニケーション

　コミュニケーションの重要な機能の1つが，他者と情報をやりとりし共有することです。「ホウ（報告）－レン（連絡）－ソウ（相談）」のような言い方に象徴されるように，職場ではとくに言語を介したコミュニケーションが正確に行われなければません。以下では，まず，対人的なコミュニケーションのプロセスがどのように成り立っているのかについて説明します。次に，職場で行われる情報授受のコミュニケーションについて取り上げます。

1-1　対人的なコミュニケーションのプロセス

　コミュニケーションの語源はラテン語の communis で，これは「分かち合う」，「共通の」といった意味を表します。「コミュニケーション」とは，情報を伝達するとか受け取るといった一方通行のものではなく，双方の間で何らかの「共有」が生まれることなのです（池田，2000）。
　図5-1は，池田（2000）によるコミュニケーションモデルを図に表したものです。ある情報を相手に伝え，それが理解され，双方で共有されるには，重要な3つのプロセスを経ることになります。第1に送り手による表象のメッセージへの変換（「記号化」），第2にメッセージをのせる「メディア」，第3に受け手によるメッセージの解読（「情報化」）です。例えば，図5-1のAさんは，頭の中に思い浮かんでいる事柄や感情（「表象」）をあるメッセージに変換（記号化）し，そのメッセージを対面やメールなどのメディアを通じて，Bさんへ送ります。Bさんは，メッセージを解読（情報化）し，情報として受け取ります。

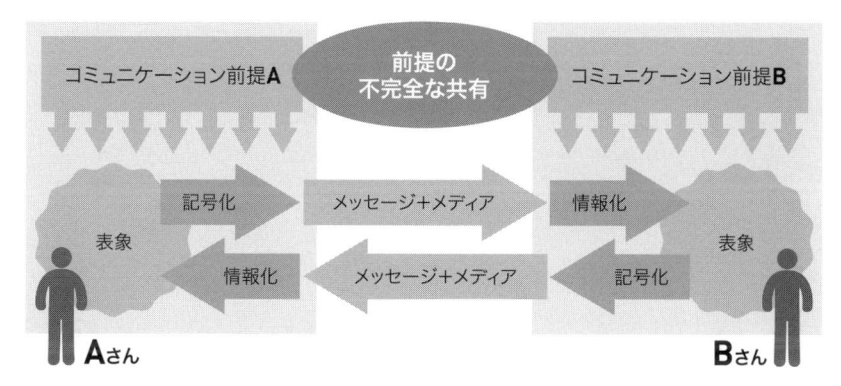

図5-1　コミュニケーションの基本モデル
出所：田原(2007)より。池田(2000)に基づいて作成。

　コミュニケーションによる「共有」のポイントとなるのは，記号化と情報化のプロセスが，各自の「コミュニケーション前提」に基づいて行われる点です。図5-1に示したように，Aさんは，Aさんの前提に基づき記号化しますが，解読するBさんは，Bさんの前提に基づいて情報化を行います。コミュニケーション前提には，言葉の意味や使い方，役割や立場，規範，コミュニケーションの目的などが含まれます。Aさんが情報化したメッセージをBさんが正しく解読するためには，言葉の意味はもちろんのこと，その状況や互いの関係，なぜAさんがそのようなメッセージを送っているのかなどさまざまな前提を共有しているか否かがカギを握るのです。
　しかし，このコミュニケーションの前提は，他者と完全に一致していることはなく，いつも不完全な共有状態にあります。会話の途中で双方の理解が一致していないことに気づき違和感を覚えたり，不一致に気づかず誤解が生じたりするのは，双方の前提にギャップがあることによるものです。
　コミュニケーションとは，このようなギャップに気づきそれを埋めようとする過程であり，また，それにより新しい意味を形成していく過程です。4章で取り上げた「共有メンタルモデル」は共有された前提の一例といえます。

1-2　職場におけるコミュニケーションの特徴

　職場におけるコミュニケーションは，多様な側面をもっています。内容的にみると，挨拶，激励，褒める，注意や叱責などの情緒的コミュニケーショ

ンと，指示や指摘，説明，報告，確認などの課題的コミュニケーションに分けることができます（古川，2004）。前者は，職場の雰囲気づくりや社員同士の関係形成に役立ちます。また，後者は，分業により職務を遂行するうえで，個人の行動や事態を統制したり調整したりするために不可欠です。

職場におけるコミュニケーションが，その他の，例えば友人や家族とのおしゃべりと異なるのは，業務を円滑に遂行し成果を上げ，結果として組織目標を達成することに結びつかなければならないという点です。そのためには正確で無駄のない情報授受が求められます。情緒的コミュニケーションも課題的コミュニケーションも，過不足なくバランスよく行わなければなりません。

しかし，立場の違いを超えて，また，時間や資源の制約のなかにあって，的確なコミュニケーションを行うことは容易ではありません。ここでは職場における情報授受に影響する要因を取り上げます。

1）職位や職務のギャップ

組織は分業構造にあるため，立場の違うもの同士で，職務に関わる重要な情報をやりとりすることが必要になってきます。上司と部下，販売部門と生産部門，あるいは，顧客A担当者と顧客B担当者といった具合です。このような職位や職務のギャップは，先に述べたコミュニケーションの前提にズレを生じさせやすいため，的確な情報授受を妨げてしまうことがあります。

例えば，相手も当然わかっているだろうということを前提に話をしたらそうではなかったり，情報の重要性を一方が認識できていないために必要な連絡が行われなかったりということが考えられます。

とくに，部下から上司への情報伝達は，偏りやすいことが知られています（古川，1988）。これは1つには，上下関係の規範や部下自身の未熟さによって，部下が上司に対して遠慮するためです。上位者に対して，下位者が意見を述べたり指摘をしたりすることは，心理的にはばかられます。また上下関係がなくとも一般的に人は，嫌われることを恐れて相手にとってネガティブな情報を伝えたがらない傾向があり，それはMUM効果として知られています（Rosen & Tesser, 1970）。部下からの情報伝達が歪むもう1つの理由として，評価懸念が働くということがあげられます。評価や昇進に関する権限をもった上司に対して，部下は自分にとって都合の悪い情報の伝達を恐れます（古川，1988）。実際に，後輩が先輩のミスを指摘しにくかった

り（大坪ら，2003），昇進願望の強い部下ほど情報伝達に偏りが見られたり（Athanassiades, 1973）することがわかっています。

　立場のギャップによる前提の違いをのりこえて，的確な情報授受を行うためには，①信頼関係があること，②互いの役割や職務課題を明確に理解していることが重要です（古川，1988）。

2）電子コミュニケーション

　情報技術が進展し，電子メールやSNSなどの電子コミュニケーション・ツールの利用は，仕事上の情報授受においても当たり前になりました。電子コミュニケーション・ツールを利用することで，職位や職務，さらに物理的距離にかかわらず，瞬時に情報を共有することが可能になります。例えば，社外での営業活動について社内にもどらずとも即座に相談や報告が行えたり，職務や勤務地が異なる多数の相手と意見交換ができたりといった具合です。スピードも正確さも兼ねそなえた職場の効果的なコミュニケーションが，これらの情報技術によってもたらされると期待されます。

　しかし，電子コミュニケーションが，仕事の成果や組織目標の達成に直結するものであると断定することはできません。これらのツールに関するいくつかの問題をあげます。

　①情報過多：文字を用いたコミュニケーションは，口頭の伝達に比べて，詳細な説明や正確な描写が可能になりますが，その分時間や労力をともなうことも多くなります。とくに，電子コミュニケーションではいつでもどんな相手とでも情報授受が可能になる反面，昼夜を問わず，出張中も休暇中も大量の電子メールが届き，その処理に追われて，かえって仕事の効率を損なってしまうというようなことにもなりかねません。

　②コミュニケーション構造：ある会社の営業部で交換された電子メールについて分析した山口（2000）の研究では，電子メールがかならずしもフラットな情報交換を実現するツールではないことが示されました。各自がリーダーとの間で集中的にコミュニケーションを行っており，結局情報はリーダーに集中していたのです。そもそも，全員での情報共有を図るフラットなコミュニケーションと，リーダーを中心とした指示命令系のはっきりとしたコミュニケーションのどちらが仕事の成果に結びつくのかについては，職務の内容や置かれた状況によって異なります（Brown & Miller, 2000；田原，2013）。職務内容を踏まえてその部署，その組織に適合する情報システムを

表5-1　電子コミュニケーション内容の分析結果

内容カテゴリー	チームA	チームB
情報交換カテゴリー ・手持ち情報の提供 ・必要情報の問い合わせや請求 (例)「トップに影響力のある人脈ありませんか?」	47%	23%
活動方針カテゴリー ・営業活動方針の記述と確認 ・自分の営業活動方略についての具体的記述 (例)「関係部署の○○との連携で進める予定」	24%	21%
情緒的支援・表出カテゴリー ・他者への支援と叱咤激励 ・自己と他者の動機づけを高めるための記述 ・他者への指摘・批判に関連する記述 (例)「苦戦必至,やるだけやりましょう」	18%	20%
形式的伝達カテゴリー ・形式的挨拶や謝辞 ・形式的な連携 (例)「お忙しい中申し訳ありませんが,よろしく…」	11%	36%
合計	100%	100%

注:「チームA」は好業績チーム,「チームB」は低業績チームである。
出所:古川(2003)より。

選択し整備することが重要です。

　③コミュニケーション内容:表5-1は,古川(2003)が,営業活動のなかでどのように電子メールが活用されているかについて,チーム別に内容を分析したものです。好業績チームは,職務に関わる情報の提供や問い合わせを積極的に行っているのに対し,低業績チームは挨拶や連絡などの形式的な内容のやり取りが多いことがわかります。これらのチームは同一支店の営業部で,同一のツールを用いていましたが,電子コミュニケーションの活用方法や内容が異なっており,そのことが業績の如何を左右している可能性が示唆されています(古川,2003)。効果的なコミュニケーションは,電子コミュニケーション・ツールを利用することで達成されるのではなく,職務の遂行に有効な情報の授受によって実現されるのです。

1-3　会議による意思決定

　「相手と話をする」という2者間の情報授受を基本としたコミュニケーションに加えて,組織に不可欠なコミュニケーションの形態として,会議が

あります。町内会やサークルでも，誰をリーダーにするのか，予算配分をどうするのかなど，集団としての判断や決定は，通常話し合いを経て行われるでしょう。同様に，組織においても，経営や人事，業務などのあらゆることがらについて，組織や部署としての判断や決定を行うために会議を行います。職場では，ミーティングから経営会議にいたるまで大小さまざまな話し合いが行われています。

　一般的に，話し合いが行われる主な目的として，次の3つが考えられます。1つめは，職務活動に関する報告や進捗状況の確認，またさまざまな意見交換など，日ごろ分業によって異なる職務を遂行するもの（個人や部署，支店など）同士で情報共有を図るためです。2つめは，特定個人が独断で判断や決定を行うのではなく，異なる立場の意見を取り入れ，平均的な民主的な結論を導くためです。そして，3つめは，個人では解決したり結論を下したりすることが困難な問題について，話し合いをすることでより質の高い創造的な問題解決を行うためです。

　しかし，話し合いの場面では，集団状況に特有の心理が働き，上にあげた3つの目標は，なかなか達成されないことがわかっています。ここでは話し合い場面の心理に関する社会心理学の知見を紹介します。

1）話し合い場面の心理過程
a）「隠されたプロファイル」現象
　話し合いを始める時点で個々のメンバーがバラバラにもっていて，共有されていない「隠された」情報（非共有情報）は，話し合いを経ても共有されるようにはなりにくいことがわかっています。つまり情報共有のための会議であるにもかかわらず，話し合いで非共有情報が交換され，集団としての判断や決定に活かされることは困難なのです。むしろ，話し合う以前の段階ですでにメンバーの間で共有されている情報（共有情報）にばかり話題が集中し，この共有情報に基づいて結論が導かれやすいことが知られています。

　Stasserら（Stasser & Titus, 1985）は，表5-2のような実験を行い，このことを示しました。実験は，実験参加者が討議を行い，複数の候補者から適切な人物を決定するというものでした。ある候補者（表5-2では鈴木さん）のプロフィールは実験参加者全員に同じように与えられていましたが，別の候補者（表5-2の例では田中さん）のプロフィールについては，個々の実験参加者によって異なっている情報がありました。話し合いで非共有情報が

表5-2 「隠されたプロファイル」事態の例

	田中さん	鈴木さん
Aさんの受け取った情報	頭脳明晰	明朗・誠実・行動力あり
Bさんの受け取った情報	冷静沈着	明朗・誠実・行動力あり
Cさんの受け取った情報	誠実	明朗・誠実・行動力あり
Dさんの受け取った情報	ユーモア豊か	明朗・誠実・行動力あり
Eさんの受け取った情報	行動力あり	明朗・誠実・行動力あり
長所の数	5	3

次のリーダーに田中さんと鈴木さんのどちらを選ぶかについてA～Eさんが話し合う場面を考える。客観的に見れば，田中さんの長所が多いが，A～Eさんが持つ初期共有知識は田中さん0個に対して鈴木さん3個であるため，話し合いでは，鈴木さんの3つの長所が議論され，田中さんの5つの長所は見逃されてしまう。そして鈴木さんがリーダーに決定してしまう。

出所：山口（2006）をもとに作成。

うまく交換され共有されれば，後者が選ばれるように操作されていましたが，実験の結果は，前者が選ばれるというものでした。

　このような現象が起こるのは，すでに共有されている共有情報のほうが話し合いで話題になりやすいことと，共有情報に基づく意見のほうが正当であると評価されやすいことによると考えられています（Stasser & Birchmeier, 2003）。また，時間の制約がある場合にはよりこの現象が起こりやすいこともわかっており（Larson, Foster-Fishman, & Keys, 1994），職場のように効率を高めるようプレッシャーがかかる状況においてとくに注意が必要といえるでしょう。

　話し合いにおいて，非共有情報のやりとりを促進するためには，①話し合い前に個別に検討する時間を十分に設けること，②情報を視覚的・物理的に外部化すること（例えばレジュメやファイルなどにしておくなど），③トランザクティブ・メモリー（誰が何を知っているかに関する知識，第4章参照）が共有されていることが有効です（亀田，1997）。

b）集団分極化現象

　話し合いの結果が多数派の意見に偏ったものになり，かつ話し合い前の個人の平均的な意見に比べて，話し合い後の決定がより極端なものになることを集団分極化現象（Myers & Lamm, 1976）と呼びます。例えば，企画会議においてある企画案を通すか否かの決定を行う場面を考えてみましょう。会議前の個人的な意見としてどの程度賛成かあるいは反対かを尋ねておき，個

人意見の平均的な回答が「どちらかといえば賛成」というような場合，話し合いを経ると集団の決定としては「大いに賛成」というより極端な形になってしまうのです。さらに，話し合い後に改めて個人の意見を調べてみると，これまた「大いに賛成」というように，個々の意見も変化してしまうことがわかっています。

話し合いでは，多数派の意見のほうが多く聞かれる可能性が高く，個々人がその影響を受けてしまいます。「その通りだ」とお互いの意見を認め合うだけにとどまらず，「さらにこんな理由も考えられるから」と各自がより際立った説明を繰り返していくうちに，最終的により極端な決定がなされると考えられています。話し合いに参加するメンバーの人数が多いほど，このようなプロセスが増幅され，極端化の傾向も強くなります（亀田，1997）。

本来，話し合うことによって，少数派の意見も取り入れられることが期待されるのですが，決定が多数派意見の方向に極端化する現象は社会心理学の研究のなかで古くから検討され，繰り返し確認されています。

c）集団的浅慮現象

話し合いをすることでかえって誤った判断やクオリティの低い決定を行ってしまうことがあり，集団的浅慮現象（Janis, 1982）と呼ばれます。話し合いにおいて，①集団の判断の正しさや大義への過大評価，②他の集団を敵視しステレオタイプ化する閉鎖性，③異質な意見を排除し満場一致を前提とする同調圧力が見られ，結果として，冷静で合理的な決定が妨げられてしまいます（Janis, 1982）。

このような現象が起こる原因として，①集団のまとまりがよく結束力が固い（つまり凝集性が高い）こと，②機密情報があるなど外部のチェック機能が働きにくいこと，③強いリーダーシップがあること，④過度の期待や重責，時間的制約などのプレッシャーがかかる状況におかれていることなどがあると指摘されています（Janis, 1982）。組織において重大事項を決定しなければならないトップ会議などにおいてはとくに，このような特徴をもちやすいと考えられます。

多様な意見や情報を取り入れ，集団的浅慮現象が起こるのを防ぐ方法として，デビル審理法（Weisband, 1992）があります。これは，あらかじめ反対意見を述べる「デビル」役を決めておき，不要な対立や批判を防いで多角的な議論を可能にしようとする方法です。

2) 話し合うことの意義

このように社会心理学の知見では,「三人寄れば文殊の知恵」のような現象が生み出されることは稀であることが示されています。では,「話し合うこと」の意義とは何でしょうか？ それは,関係者が決定に参加することで納得して決定事項を受け入れやすくなること,また話し合うことにより生まれる連帯意識によって決定事項を行動に移しやすくなることです (Lewin, 1953；三隅・篠原, 1967)。会議を有意義なものにするためには,話し合い場面の特徴を知ったうえで,情報共有や多様な意見を収集するための努力と注意が必要なのです。

2. 組織による情報管理と学習—ナレッジ・マネジメント—

組織が継続して価値やサービスを生み出していくためには,情報授受が効果的に行われるだけでなく,共有された情報が経験や知識として組織活動に活かされることが必要です。組織全体で情報を知識として学習し活用するプロセスやしくみのことをナレッジ・マネジメントと呼びます。職場のコミュニケーションは,組織としての学習を実現するプロセスとしても重要な機能を果たします。

2-1 「ナレッジ」とは何か

1)「ナレッジ」の意味

ナレッジ・マネジメントの「ナレッジ」とは,多様な意味を含んでいます。梅本 (2012) は,「ナレッジ」を「知」と表し,図5-2に示した4つのレベルを包含すると定義しています。知のピラミッドの最下位にあるのは「データ」で,これは人が創り出した記号 (文字や数字) です。「データ」を分析・抽出して意味をもたせたものが「情報」です。「情報」を加工し,体系化すると,判断や行動の枠組みとなる価値をもつ

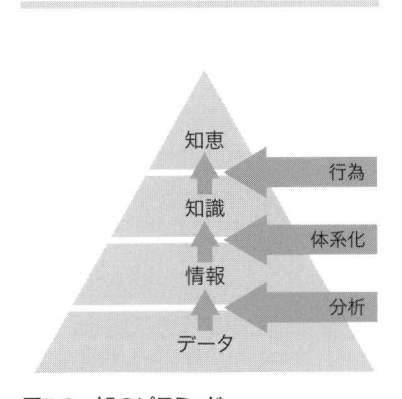

図5-2　知のピラミッド
出所：梅本 (2012) より。

た「知識」を創造できます。「知識」に基づいた行動が実行され，その有効性が継続して認められるとさらに「知恵」となります。例えば，ある月の売上高そのものは「データ」です。「データ」に基づいて，「前月に比べていくら売上が上がった」とか「チームAの売上が最も高かった」などの意味を抽出すると，「情報」となります。さらに，そのような「情報」を整理すると，「この商品は，冬場より夏場のほうが売れ行きがよい」とか「○○という営業手法が××のような顧客獲得に有効だ」というような「知識」となります。さらにこの「知識」に基づく行為が継続され「夏場の営業戦略として～」「×××の顧客を獲得するには～」といった「知恵」が創造されることになります。

2）「ナレッジ」の2つの側面―暗黙知と形式知

「ナレッジ」には，「暗黙知」と「形式知」の2つの側面があります。暗黙知とは，経験によって培われる，個人の主観的な身体感覚やひらめき・アイディア，価値や信念，専門的なスキルなどを含みます。例えば，敏腕営業マンの営業テクニックなどのように，暗黙知は，簡単には真似したり言語化したりすることができませんし，その暗黙知をもっている本人もそのことに気づいていない場合もあります。それに対して形式知とは，数値や文字など標準化された様式ではっきり表されたものを指します。報告書やマニュアル

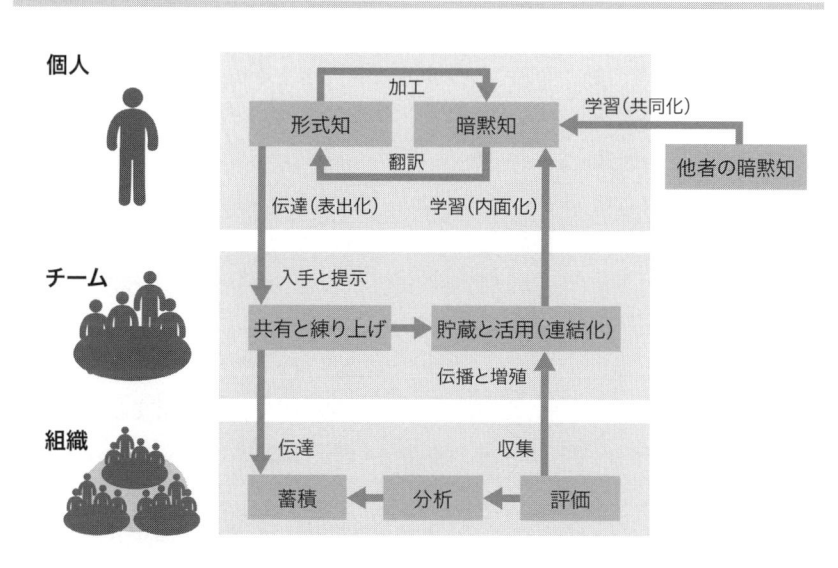

図5-3 ナレッジ・マネジメントのプロセス　出所：田原(2007)より。

などのように，言語化され，他者に伝達することが可能なものです。

2-2 ナレッジ・マネジメントのプロセス

図5-2に示した知のピラミッドの，下から上への知の変換を，組織全体で実現するためには，個人レベル・チームレベル・組織レベルで，暗黙知の形式知への翻訳と，その伝達・共有・活用を行う必要があります。図5-3は，ナレッジ・マネジメントの具体的なプロセスモデルを示したものです。

1) 個人プロセス

図5-3の個人レベルのプロセスは野中（1999）のSECIモデルに基づいて描かれています。

個人は，①仕事を経験しながらマニュアルに自分なりの工夫を加えるなど形式知を暗黙知に加工すること，②他者のやり方を真似たり取り入れたりする模倣学習（共同化），③職務活動を通じた経験学習（内面化）により，暗黙知を獲得します。

個人が創造した「ナレッジ」が職場の中で活かされるためには，暗黙知を形式知に翻訳し，伝達（表出化）することが必要です。個人として優れた暗黙知を獲得し優秀な業績を上げたとしても，それを形式知として表出することができなければ，他のメンバーや組織の業績を伸ばすことには役立ちません。個人のナレッジが組織活動において活かされるためには，暗黙知をコツやノウハウとしてうまく言葉で表現すること，つまり翻訳と表出化のプロセスが不可欠です。

2) チームのプロセス

図5-3のチームレベルのプロセスは古川（2003）のチーム情報処理モデルに基づいて描かれています。

チームにおいては，①個人が職務を遂行するなかで得た成功経験や失敗経験，あるいは気づきなどが表出されること（入手と提示），②それをチームで共有し多面的に検討すること（共有と練り上げ），③検討結果をマニュアルに組み込むなど新たな形式知として職務活動に取り入れ活用すること（貯蔵と活用，連結化），そして④それを自分のチームにとどまらず他のチームや管理部門に伝達すること（伝搬と増殖）によって，「ナレッジ」の共有・創造・活用が行われます。このようなチームで知識を共有する活動は，業績の向上や個人の知識・スキルの学習にとって有効です（古川, 2003）。

3）組織のプロセス

図 5-3 の組織レベルのプロセスは Benjamin & Tamar（1988）のビジネス・インテリジェンス・モデルに基づいて描かれています。

チームレベルと同様に，組織においても，「ナレッジ」の収集と評価・分析が行われ，適切に蓄積され必要な部署や状況で，伝達され活用されます。例えば，多くの病院では，医療安全の取り組みの1つとしてヒヤリハット事例（結果として重大事には至らなかったものの誤った医療行為が行われそうになったり，実際に行われてしまったりした事例，詳しくは第9章を参照）の収集・分析・活用が行われています。ヒヤリハット事例を報告する制度を作り，安全を管理する専門の部署が一括して情報を集め，分析します。必要に応じて分析の結果から新しい安全対策を作ったり，他の部署に伝達して同じような間違いを防ぐために役立てられたりします。

2-3　ナレッジ・マネジメントの実践

このような個人－チーム－組織で「ナレッジ」の変換，共有，創造を実現するコミュニケーションはどのように行われるのでしょうか。まずは，日常的な職務活動の中で，「ナレッジ」の有効性を意識し個人が主体的に「ナレッジ」を提供し合うことが必要です。そして，ナレッジ・マネジメントのプロセスを実現させる機会やしくみもまた重要になります。営業日報（各自がその日の営業活動を報告し，部署等で共有するためのもの）の活用，提案箱の設置や情報提供者への報償制度の導入などは，従来から多くの組織で取り組まれています。

近年は，社内 SNS や企業内検索システム（エンタープライズサーチ）などの電子コミュニケーション・システムが組織レベルのナレッジ・マネジメントのツールとして期待され，導入されている場合もあります。このようなシステムの利用は，「ナレッジ」の授受と創造のきっかけを作ったり，「ナレッジ」の収集や活用をスムーズにしたりすると考えられています。

しかし，これらのツールは，有効なナレッジ・マネジメントを必ずしも保証するものではありません。利用者数が伸びなかったり，探したい情報をうまく検索できなかったりすると，有効に活用されずに終わってしまうこともあります（佐別当・小谷，2012）。主体的な「ナレッジ」の創造と授受による学習を促進し，SNS の利用目的やビジョンを明確にすることが必要です

(佐別当・小谷, 2012)。

3. 職場における人間関係と葛藤

　図5-4を見てください。仕事や職業生活に関する悩みとして，男女を問わず最も多くあげられるのは，職場の人間関係の問題になっています。職場のコミュニケーションは，人間関係の問題を克服するうえでも重要な役割を果たします。本節では，職場における人間関係の特徴と葛藤処理としてのコミュニケーションについて見ていきます。

3-1　職場の人間関係の特徴

1) 水平的関係と垂直的関係

　第1章で述べたとおり，組織は，組織目標を達成するために，役割や職務を分担する分業の制度で成り立っています。販売部門，生産部門，経理部門など目標達成に必要な業務を分担する「水平方向の分業」と，社長，部長，課長などの地位や責任，指示命令系統に関する分業である「垂直方向の分業」とがあります。この分業構造に基づいて，人間関係も「水平的関係」と「垂直的関係」が存在します。

　いずれの関係においても，分業しながら協調することが不可欠であり，コ

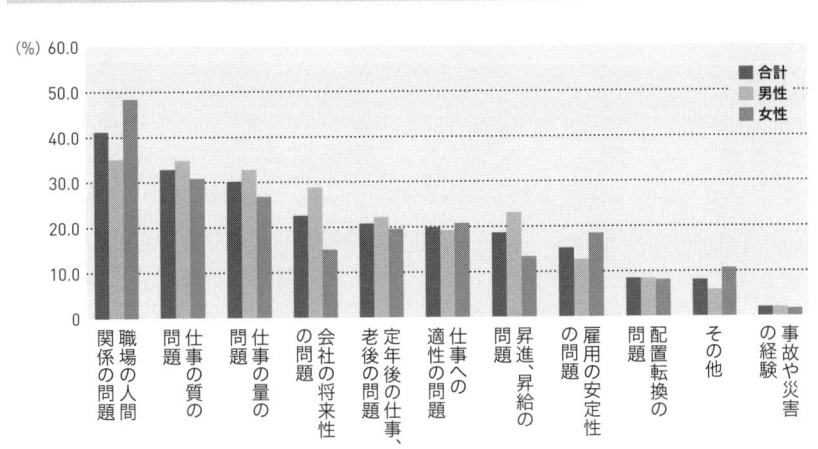

図5-4　仕事や職業生活に関する不安・悩み・ストレスの原因
出所：平成24年労働者健康状況調査(厚生労働省)をもとに作成。

ミュニケーションをとりながら意思疎通を図り，互いに協力して組織目標の達成を目指します。

2）フォーマルな関係とインフォーマルな関係

このような役割や地位の分業に基づく人間関係は，職場の組織図に表される「フォーマルな」関係です。フォーマルな集団は，経営者を中心に，トップダウンで人材が配置されることによって決定されます。

それに対して，個人的な感情の結びつきによって形成される「インフォーマルな」関係も職場には存在します。役割や地位という束縛から解放された，気の合う仲間の存在です。インフォーマルな集団は，組織図から把握することはできず，客観的にとらえることは困難です。

組織における人間関係は，タテとヨコのフォーマルな分業関係にインフォーマルな関係が二重，三重に重なり合った複雑な様相をなしています。フォーマルな関係とインフォーマルな関係は無関係ではなく，互いに影響を及ぼします。インフォーマルな関係はフォーマルな関係における葛藤を緩和することに役立つ場合もあります。また，逆に，インフォーマルな関係が優先され，フォーマルな関係が機能しなくなり，組織目標の達成が阻害されることもあります。

3-2 職場における葛藤

図5-4で示したように，職場の人間関係はワークライフのなかで悩みの種となることがしばしばあります。これは，職場の人間関係の特徴が「協調」と「競争（対立）」という相矛盾する関係を併せもつためです。上で述べた複雑な人間関係はいずれの関係性においても，組織目標を達成するために互いの協力を必要とする協調関係です。しかし，分業による業務や役割，地位などの相違は，互いの考え方や仕事のやり方などにギャップを生みやすく，競争関係になりがちです。例えば，販売部門が広告や顧客サービスに必要な経費を要求するのに対して，経理部門はコスト削減を主張するという例が考えられます。組織においては，部門間，上司と部下，あるいは同じ部署で仕事をする同僚同士の間で，協力が不可欠ではありながらも，互いに譲ることができず対立する状況が生まれます。このような協調関係と競争関係の並存に加え，好き－嫌いといった感情的な要素も加わり，「何となくうまくいかない」とか「いざこざが起こる」といった人間関係の問題が認識されること

になります。

　この「うまくいかない」ことを認識する過程を葛藤と呼び、組織において起こるものをとくに組織葛藤と呼びます。組織葛藤は、互いの協力を妨げ業務の停滞を招く可能性や、場合によっては組織自体の崩壊をもたらしてしまう恐れさえもっています。しかし、役割分担と協調によって成り立っている職場においては、意見の食い違いや衝突を避けて通ることはできません。むしろ組織葛藤を組織の問題を明確にするよい機会ととらえ、組織の活性化や変革につなげていくことも可能です。そのためには、組織葛藤の性質を正しくとらえ、適切な対処行動をとることが重要になってきます。

1）課題葛藤と関係葛藤

　集団や組織で起こる葛藤は、課題葛藤と関係葛藤の2つに分けて考えることができます（Guetzkow & Gyr, 1854）。課題葛藤は、課題（職務）を遂行するうえで生じる認識や意見の食い違いを知覚する過程です。組織において課題葛藤が生じる原因として、①限られた資源（人材やモノや時間）をめぐる利害の対立、②互いの裁量権や主導権を主張する対立、③互いの役割に関する齟齬（例えば、一方が自覚している自分の役割ともう一方が期待しているその人の役割に食い違いがある場合など）、④目標達成のための仕事のやり方に関する意見や方針の食い違いがあります（山口, 1997）。分業に基づく立場や役割の違いから、課題葛藤が経験されることは仕方のないことです。課題葛藤が生じるのは、各自が自分の職務課題を全うしようとする意志の表れでもあります。また、課題葛藤を単に避けるのではなく適切に対処することで、見過ごしていた問題が明らかになったり、業務の改善や創造的な問題解決につながったりすることもあります。そのためむしろ適度な課題葛藤が存在する場合のほうが、メンバーの満足感や集団のパフォーマンスが高まることがわかっています（Tjosvold, Hui, Ding, & Hu, 2003）。

　一方、関係葛藤は、いわば情緒的なもつれであり、性格の不一致やメンバー間の不和を知覚する過程です。関係葛藤は、不快感や敵対意識といった感情をともない、パフォーマンスを低下させてしまうことがあります（Jehn, 1995）。

　やっかいなのは、本来課題葛藤として存在するものが、しばしば、関係葛藤と誤って認識されてしまうことです（村山, 2012）。冷静に客観的にとらえれば仕事について意見が異なっているだけであるにもかかわらず、「相手

の性格が悪い」、「相手と相性が悪い」など感情的に認識してしまいます。ひとたびこのような情緒的な反応が起こると、感情が増幅されますます関係葛藤は深刻になります。組織葛藤の原因を冷静に客観的にとらえ、課題葛藤を関係葛藤と区別することが重要です。

2) 葛藤への対処行動

葛藤に対する対処行動は、自分の主張を重視する「主張性」と他者の主張に関心を示す「同意性」という2つの組み合わせによって、5つのタイプに分けられると考えられています。5つのタイプを図示すると図5-5のようになります。

①回避的対処：自分の主張も相手への同意も示さず、ほとんど対処行動を起こさないことです。問題が放置され、解決が先延ばしになることがあります。

②主張的対処：相手への同意よりも自分の主張を重視する対処です。相手を犠牲にしてでも自らの利益を確保しようとします。

③譲歩的対処：相手への同意を示して自分の主張を抑える対処です。表面的ないざこざは避けることができますが、自己を犠牲にしているため不満足感が残ることもあります。

④妥協：互いの主張をそこそこで折り合いをつけるやり方です。主張的対処と譲歩的対処の中間に位置づけられます。

⑤統合的対処：主張も同意も両方重視し、互いの利益が最大になるような解決を目指す対処のことです。協力して、互いに納得のいくまで議論することになります。

一般的に葛藤の解決には、統合的対処がもっとも効果的であるとされています。また、同意性の高い対処をとるほど満足感が高まり、主張性の高い対処をとるほどパフォーマンスが高まります（DeChurch & Marks, 2001）。職場における円満

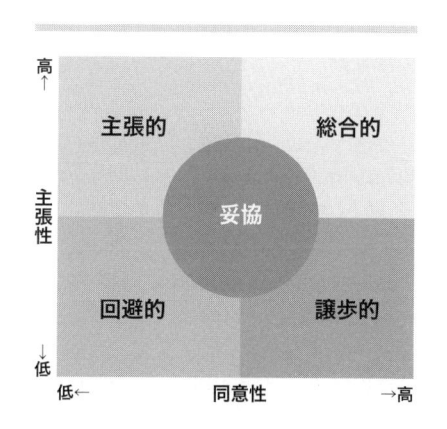

図5-5　葛藤への対処行動の類型モデル
出所：Rahim & Magner(1995)をもとに一部修正して作成。

な人間関係において，統合的対処がもっとも多くとられており，ついで多いのは譲歩的対処であるという知見もあります (Burke, 1970)。

ただし，有効な対処方法は状況によって異なる場合もあります。相手をかわし回避することが得策な場合や，時間が限られている場面では妥協することが重要な場合もあるかもしれません。また，当事者同士で対処するよりも第三者に介入してもらうことで解決が促される場合もあるでしょう。大切なことは状況を見極め，適切な対処を選択することです。状況を見極めるにあたって，自分の役割や組織の目標を明確に理解し，それらに照らしあわせて戦略的に主張と同意のポイントを決定することが重要です。

学習した内容を活かすために

1. 身近な組織（サークル，アルバイト先など）で，どのようなコミュニケーションがなされているのか，正確な情報授受，学習，人間関係のメンテナンスという視点で考えてみましょう。
2. 職場で求められる「コミュニケーション力」とはどのような能力でしょうか。友達や家族などプライベートな関係のコミュニケーションとの違いを整理してみましょう。

引用文献

Athanassiades, J. C.(1973). The distortion of upward communication in hierarchical organizations. *Academy of Management Journal*, 16, 207-226.

Benjamin, G., & Tamar, G.(1988). *Business intelligence system: A new tool for competitive advantage*. AMACOM.

Brown, T. M., & Miller, C. E.(2000). Communication networks in task-performing groups effects of task complexity, time pressure, and interpersonal dominance. *Small Group Research*, 31(2), 131-157.

Burke, R. J.(1970). Models of resolving superior-subordinate conflict: The constructive use of subordinate differences and disagreements. *Organizational Behavior and Human Performance*, 5, 393-411.

DeChurch, L. A., & Marks, M. A.(2001). Maximizing the benefits of task conflict: The role of conflict management. *International Journal of Conflict Management*, 12, 4-22.

古川久敬(2004)．チームマネジメント　日本経済新聞社
古川久敬(2003)．基軸づくり―革新が進む時代のビジネスリーダーの条件　日本能率協会マネジメントセンター
古川久敬(1988)．集団とリーダーシップ　大日本図書
Guetzkow, H., & Gyr, J.(1954). An analysis of conflict in decision-making groups. *Human Relations*, 7, 367-381.
池田謙一(2000)．コミュニケーション　社会科学の理論とモデル5　東京大学出版会
Janis, I. L.(1982). Groupthink: Psychological studies of policy decisions and fiascoes. 2nd ed. Boston: Houghton Mifflin.
Jehn, K. A.(1995). A multimethod examination of the benefits and detriments of intragroup conflict. *Administrative science quarterly*, 40, 256-282.
亀田達也(1997)．合議の知を求めて―グループの意思決定　共立出版
Larson, J. R., Foster-Fishman, P. G., & Keys, C. B.(1994). Discussion of shared and unshared information in decision-making groups. *Journal of Personality and Social Psychology*, 67, 446.
Lewin, K.(1953). Studies in group decision. In D. Cartwrigh & A. Zander(Eds.) *Group dynamics*, N.Y: US Harper & Row Publishers, pp.287-301.
三隅二不二・篠原弘章(1967)．バス運転手の事故防止に関する集団決定の研究　教育・社会心理学研究, 6, 125-135
村山　綾(2012)．集団内のいざこざと対処行動　大坊郁夫(編)　幸福を目指す対人社会心理学　ナカニシヤ出版　pp.168-169
Myers, D. G., & Lamm, H.(1976). The group polarization phenomenon. *Psychological Bulletin*, 83, 602.
野中郁次郎(1999)．知識創造の経営―日本企業のエピステモロジー　日本経済新聞社
大坪庸介・島田康弘・森永今日子・三沢良(2003)．医療機関における地位格差とコミュニケーションの問題―質問紙調査による検討　実験社会心理学研究, 43(1), 85-91.
Rahim, M. A., & Magner, N. R.(1995). Confirmatory factor analysis of the styles of handling interpersonal conflict: First-order factor model and its invariance across groups. *Journal of Applied Psychology*, 80, 122.
Rosen, S., & Tesser, A.(1970). On reluctance to communicate undesirable information: The MUM effect. *Sociometry*, 33, 253-263.
佐別当隆志・小谷美佳(2012)．エンタープライズソーシャルネットワークを活用したナレッジマネジメント　情報の科学と技術, 62, 296-301.
Stasser, G., & Birchmeier, Z.(2003). Group creativity and collective choice. *Group creativity: Innovation through Collaboration*, 85-109.
Stasser, G., & Titus, W.(1985). Pooling of unshared information in group decision making: Biased information sampling during discussion. *Journal of Personality and Social Psychology*,

48, 1467.
田原直美(2007a).職場のコミュニケーション　山口裕幸・金井篤子(編)　よくわかる産業・組織心理学　ミネルヴァ書房　pp.108-109.
田原直美(2007b).職場のナレッジ・マネジメント　山口裕幸・金井篤子(編)　よくわかる産業・組織心理学　ミネルヴァ書房　pp.110-111.
田原直美・三沢良・山口裕幸(2013).チーム・コミュニケーションとチームワークとの関連に関する検討　実験社会心理学研究, 53, 38-51.
Tjosvold, D., Hui, C., Ding, D. Z., & Hu, J.(2003). Conflict values and team relationships: Conflict's contribution to team effectiveness and citizenship in China. *Journal of Organizational Behavior*, 24, 69-88.
梅本勝博(2012).ナレッジマネジメント:最近の理解と動向　情報の科学と技術, 62, 276-280.
Weisband, S. P.(1992). Group discussion and first advocacy effects in computer-mediated and face-to-face decision making groups. *Organizational Behavior and Human Decision Processes*, 53, 352-380.
山口裕幸(2000).電子コミュニケーション・システムの導入が組織の創造的情報処理過程に与える影響　電気通信普及財団研究調査報告書, 15, 72-79.
山口裕幸(1997).組織内の葛藤　大渕憲一(編)　紛争解決の社会心理学　ナカニシヤ出版　pp.278-297.

第 **6** 章
リーダーシップ

この章を学習することの意義

1. 自分が所属している集団や組織でのリーダーの行動の意味を理解することができます。
2. 自分がリーダーになったときに，組織の目標の達成のためにどのような行動をとればよいのか，その手掛かりを得ることができます。

何か課題に取り組むためのグループを作ったときに，リーダーを決めることは多いと思います。それはなぜでしょうか。リーダーは集団のなかでどのような役割を果たしているのでしょうか。この章では，最初にリーダーの存在意義をリーダーシップの定義との関わりから説明します。次に，研究の歴史に沿って，リーダーシップ理論について紹介していきます。

1. リーダーの存在意義

1-1　リーダーシップの定義

　リーダーシップの定義は，実は定まったものはないのです。リーダーシップを特性，能力，行動，影響力，あるいはプロセスとしてとらえるなど多様な立場があります。ブライマン（Bryman, 1992）によると，ほとんどのリーダーシップの定義は，集団，影響，目標という3つの要素を重視しています。本章では，リーダーシップを，ストッディル（Stogdill, 1950）やローチとベーリング（Rauch & Behling, 1984）が提案した「集団目標の達成に向けて組織化された集団の活動に影響を与えるプロセス」として定義します（なお，ストッディルは，その後にリーダーシップの定義を「期待と相互作用における働きかけや構造の維持」（Stogdill, 1974, p.411）としています）。
　ここで，リーダーシップの定義のなかの「集団目標の達成」と「集団の活動に影響を与える」という点に注目してみましょう。

1-2　集団目標の達成とリーダー

　本章の冒頭で，グループで課題に取り組む際にリーダーを決めることが多いことに言及しました。集団や組織のなかでリーダーが存在するのは，リーダーシップの定義のとおり，集団の目標を達成するためなのです。仕事の方向性の相違，適性や能力の個人差，モチベーションの低下，協力関係構築の失敗など集団の目標達成を妨げる要因は数多くあります。それらをうまく調整し，各メンバーが成果を上げるように働きかけることで集団目標の達成につなげていくのがリーダーの役割なのです。

表6-1 社会的勢力の基礎の分類

正当勢力	被影響者のとるべき行動を指示する正当な権利を,影響者がもっていると被影響者が認めることに基づく。 リーダーは,組織からメンバーに指示や命令する地位を与えられている。
報酬勢力	影響者が被影響者に報酬をもたらすことができる,と被影響者が認めることに基づく。 リーダーは,やりがいのある仕事をメンバーに与えたり,人事評価などにより間接的に給与や賞与の金銭的報酬の決定に関わることができる。
強制勢力	影響者が被影響者に罰をもたらすことができる,と被影響者が認めることに基づく。 リーダーは,メンバーの不適切な行動を叱ったり,人事評価などにより間接的に減給や降格等の決定に関わることができる。
準拠勢力	被影響者が影響者を尊敬,崇拝することで,被影響者が影響者のようになりたいと同一視することに基づく。 リーダーは,的確な判断ができる,高い業績を上げている,メンバーのニーズに応じた適切な対応ができるなどにより尊敬され,同一視の対象となることができる。
専門勢力	影響者が専門的な知識や技能を持っていると被影響者が認めることに基づく。 リーダーは,仕事に関わる特定の分野で専門的な知識や技能をもつことで影響力をもつことができる。

出所：French & Raven(1959)をもとに作成。

1-3 集団の活動に影響を与えるリーダー

集団活動に取り組むメンバー（フォロワー）の態度や行動にリーダーが影響を及ぼすことができるのは，リーダーがその影響の基盤である社会的勢力をもつからです。フレンチとレイベン（French & Raven, 1959）は，社会的勢力の基礎を表6-1のとおり5つに分類しています。

リーダーにとって，正当勢力，報酬勢力，強制勢力は，組織からその勢力の行使を認められることで利用することができます。一方，準拠勢力と専門勢力は個人特性に基づくものなので，リーダーがこれらの勢力を獲得するには努力が必要です。リーダーは，さまざまな社会的勢力を用いることで，集団の目標達成に向けてメンバーに対し効果的に働きかけることができるのです。

2. リーダーシップ理論の研究動向

2-1 リーダーシップの特性理論

リーダーシップに関する研究は，優れたリーダーが備えている特性を明ら

かにすることから始まりました。

1) 偉人論

19世紀に注目された特性アプローチの1つである偉人論は，優れたリーダーは一般の人にはない資質をもっていると考えるものです。この論には，優れたリーダーは育てられるものではなく生まれつくもの，という考えが反映されています。このような考えのもとで，歴史上のリーダーがもつ資質や能力を明らかにすることが試みられました。

2) リーダー特性の研究とストッディルによる検討

20世紀の初頭に，有能なリーダーを特徴づける身体的特徴（身長や容姿など），知性，外向性や支配性といった性格などの個人特性を明らかにする研究がなされるようになりました。

ストッディル（Stogdill, R. M.）は1948年にリーダーシップに関する研究結果を検討し，いくつかの特性（知能や判断力などの「能力」，学業成績や知識などの「実績」，信頼性やイニシアチブなどの「責任感」，活動性や社交性などの「参加性」，社会経済的地位や人望などの「地位」）がリーダーの効果性に関わっていることを明らかにしました。しかし，全般的な結果は，リーダーの特性とリーダーシップの効果性との関係を明確に支持するものではなく，一貫性の乏しいものでした。こうして，リーダーシップと関係する特性はあまりないと考えられるようになりました。

このストッディルの研究の結論以降，リーダーの行動に注目するという新たなアプローチがとられるようになりました。

3) リーダー特性に関する近年の研究動向

1980年代に再びリーダーの特性に対して関心が向けられ，リーダーの特性とリーダーシップの効果性との間に関係があることを示す研究結果が発表されるようになりました。例えば，カークパトリックとロック（Kirkpatrick & Locke, 1991）は，効果的なリーダーは，野心や粘り強さなどの動因，メンバーをリードする動機づけ，誠実さ，自信，認知的能力，ビジネスの知識を備えていることを見出しています。また，メタ分析という手法によって，ビッグファイブと呼ばれるパーソナリティ特性，とくに，外向性と誠実性は，リーダーになることやリーダーの効果性と関係があることが見出されています（Judge, Bono, Ilies, & Gerhardt, 2002）。

2-2 リーダーシップの行動理論

1940年代後半から1950年代にオハイオ州立大学とミシガン大学において効果的なリーダーが示す行動について明らかにするプロジェクトが行われました。そして，これらの研究では，双方に類似した結果が得られたのです。

1）オハイオ研究

オハイオ研究は，オハイオ州立大学で実施されたリーダーシップの研究です。この研究では，リーダーが自己報告した行動や部下によって観察されたリーダー行動が収集されました。そして，それらの行動頻度の回答を分析した結果，リーダーの行動として「構造づくり」行動と「配慮」行動が見出されました。

構造づくりは，目標の達成に向けてリーダーが自分やメンバーの役割を定義する程度を反映しています。構造づくりをよく行うリーダーは，計画の策定，情報伝達，スケジュールの作成，新しいアイディアの試行などを通して集団活動を方向づけます（Korman, 1966）。一方，配慮は，リーダーが部下との相互の信頼，部下のアイディアの尊重，部下の感情の考慮によって仕事上の関係をもとうとする程度を反映するものです。配慮をよく行うリーダーは，部下と良い関係を築き，双方向のコミュニケーションをよくとります（Korman, 1966）。

2）ミシガン研究

ミシガン大学におけるリーダーシップの研究であるミシガン研究では，成果を収めるリーダーは課題志向行動と関係志向行動を示すことを見出しました。先のオハイオ州立大学の研究と関連づけると，課題志向行動は構造づくり行動に，関係志向行動は配慮行動にあたります。

それら2種類のいずれのリーダー行動が，集団の生産性やメンバーの満足感に影響を及ぼすのかについて多くの研究がなされましたが，それらの研究のレビューを行ったKorman（1966）は，影響の大きさや方向性は研究によってかなり異なっていることを見出しました。

成果を上げているリーダーは，課題志向（構造づくり）行動と関係志向（配慮）行動のいずれもよく行っていると考えるブレークとムートン（Blake & Mouton, 1964）のような研究者も出てきました。

3）マネジリアル・グリッド理論

ブレークとムートンは，リーダー自身に「業績に対する関心（課題志向にあたる）」と「人間に対する関心（関係志向にあたる）」を評価してもらい，それぞれの程度に応じて図6-1に示す格子（グリッド）のなかにリーダーを位置づけました。

ブレークとムートンは，9・9型のリーダーは，生産的な仕事で頭を働かせたい，健全で良い人間関係を作りたい，という人間が本来もっている欲求を活かすことで，組織目標の達成につなげることができると主張しています。そして9・9型のリーダーは，仕事の条件や方策の決定に部下を参画させ，そのアイディアを活用することで，業績および人間に関わる欲求の充足を効果的に統合できるとしています。

4）PM理論

三隅（1984）は，集団機能を目標達成や課題解決を指向したP（performance）機能と集団の維持を指向したM（maintenance）機能に区別しました。そして，P機能に関わるリーダーの行動（課題志向にあたる）をP行動，M機能に関わるリーダーの行動をM行動（関係志向にあたる）とし，リーダーシップの行動を図6-2に示すような4つの基本類型に分類したPM理論を提唱しました。小文字のアルファベットは当該の行動を示す程度が低く，大文字のアルファベットはその行動を示す程度が高いこと表しています。

P行動とM行動を示す程度の高いPM型のリーダーは，他の3類型より

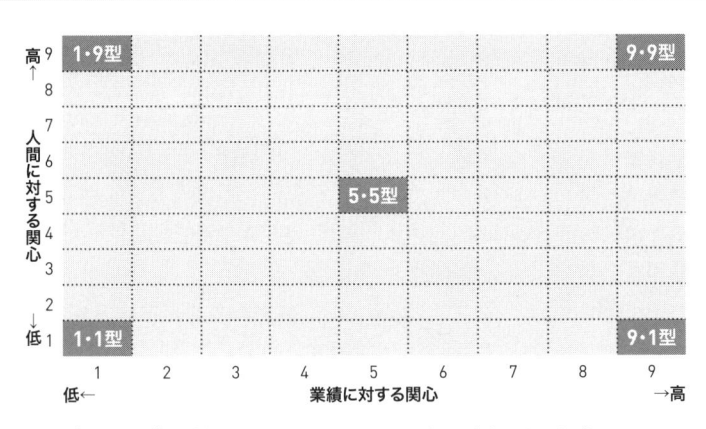

図6-1　マネジリアル・グリッド　　出所：Blake & Mouton（1964）をもとに作成。

も優れた，望ましいリーダー行動類型とされています。三隅（1984）によると，リーダーのP行動は，メンバーに課題を遂行させる外的圧力として作用します。しかしその圧力はメンバーに心理的抵抗も喚起させます。これを緩和，解消するのがリーダーのM行動であると考えられています。このP行動とM行動の相乗作用をPM型は生み出すので，最適なリーダーシップ形態であると解釈されています。

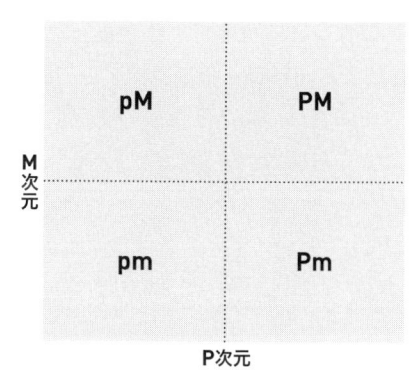

図6-2　PM4類型　　出所：三隅（1984）より。

5）行動アプローチからコンティンジェンシーアプローチへ

1960年代後半から，次に示すコンティンジェンシー（状況適合的）理論が，リーダーシップ研究の新しいアプローチとして台頭してきました。それらはリーダーの行動だけでなく，リーダーシップを発揮する状況にも注目し，状況に応じて効果的なリーダーシップは異なるという考えに基づいた理論です。

ただし，現在でもリーダー行動そのものに注目する研究は続けられており，例えばドゥルゥ（DeRue, Nahrgang, Wellman, & Humphrey, 2011）は，リーダーの特性と行動がリーダーの効果性にどのように関わっているのかをメタ分析によって検討しています。その結果，課題の遂行能力に関するリーダーの特性（知性や誠実性など）は課題志向行動（メンバーの役割の定義，成果の基準の設定，成果に対する報酬の提供など）と関わっていることを見出しています。そして，この行動が集団の成果など課題関連の成果に影響していることを明らかにしています。また，人間関係に関わる特性（外向性や調和性など）は関係志向行動（個々のメンバーに対して配慮する，メンバーを平等に扱うなど）と関係しており，この行動がリーダーに対する満足感や職務満足感といったメンバーの情緒的指標に影響していることを見出しています。

2-3　リーダーシップのコンティンジェンシー（状況適合的）理論

これまでに提案されてきたリーダーシップのコンティンジェンシー理論は，リーダーシップが発揮される文脈や状況のいくつかの要素（課題，メンバー

の特性など）に注目してきました。

1）フィードラーのコンティンジェンシー・モデル

　リーダーの特徴と集団の状況によって，リーダーシップの効果性が決まることを最初に提案したのがフィードラー（Fiedler, 1967）です。

　フィードラーは，「最も苦手な仕事仲間（least preferred coworker：LPC）」をリーダーに評価させるLPC尺度によってリーダーの特徴を測定しました。LPC得点が低いリーダーは課題志向的であり，その得点が高いリーダーは関係志向的ととらえられました。

　リーダーが所属する集団の状況は次の3つによって測定されました。1つ目は，リーダーとメンバーの関係（良い－悪い）です。2つ目は，課題の構造化（構造化－非構造化）です。仕事の目標やその目標を達成する方法が明確であるような場合は構造化の程度が高いといえます。そして3つ目は，リーダーの地位勢力（強い－弱い）です。リーダーの権限で，メンバーに報酬や罰を与えることができるような場合にリーダーの地位勢力が強いといえます。

　リーダーの特徴と集団の状況の組み合わせから予測される集団の業績について示したものが図6-3です。リーダーにとって有利な状況と不利な状況では課題志向のリーダーのもとで集団の業績は良くなり，リーダーにとってやや有利な状況では関係志向のリーダーのもとで集団の業績が良くなることが

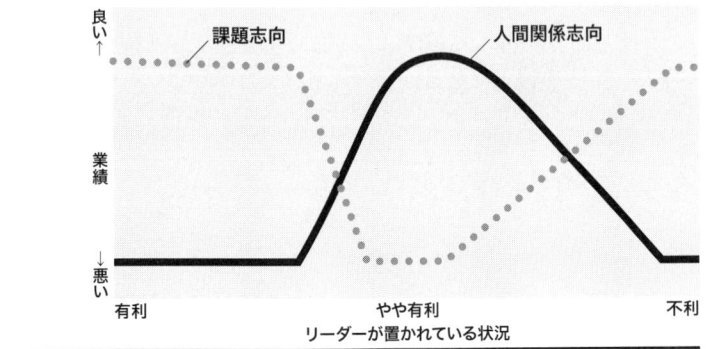

リーダーとメンバーとの関係	良い	良い	良い	良い	悪い	悪い	悪い	悪い
課題の構造化	高い	高い	低い	低い	高い	高い	低い	低い
リーダーの地位勢力	強い	弱い	強い	弱い	強い	弱い	強い	弱い

図6-3　コンティンジェンシー・モデル　出所：Fiedler（1976）より。

分かります。

コンティンジェンシー・モデルの妥当性については，メタ分析によって支持する結果が得られています（Peters, Hartke, & Pohlmann, 1985）。このモデルに関して，仕事仲間に対する感情の評価からリーダーの志向性を判断する方法などについて批判されることも多いですが，コンティンジェンシーアプローチによる最初の重要な理論であると言えます。

2）パス－ゴール理論

ハウスら（House, 1971；1996；House & Mitchell, 1974）のパス－ゴール理論は，第3章「ワーク・モチベーション」で学習した期待理論に基づいています。仕事の目標の達成，その結果として内発的満足感の経験と，報酬を獲得，これらをメンバーが期待することをこの理論では重視しています。このプロセスをメンバーが明確に理解して仕事に取り組む環境を作り上げることが，効果的なリーダーの行動であると考えられています。具体的には，メンバーの努力が目標達成につながり，その目標達成が報酬の獲得につながるように調整すること，そしてこれらのつながりがあることをメンバーに認知させること，メンバーの目標の達成に必要なサポートや資源を与えることがリーダーの果たす機能として提案されています（House, 1996）。

上記の機能は，次の4つのリーダーシップによって果たされます（House & Mitchell, 1974）。

① 指示的リーダーシップ：期待することを伝える。何をどのように行うべきなのかを指導する。集団における役割を明確にする。仕事のスケジュールを作成する。一定の成果基準を維持する。ルールに従わせる。
② 支援的リーダーシップ：メンバーの地位，福利，ニーズに配慮する。
③ 参加的リーダーシップ：話し合う。提案を求める。意思決定を行う前にメンバーの提案を取り入れる。
④ 達成志向的リーダーシップ：挑戦的な目標を設定させる。より高い成果を収めることを期待する。継続的に成果を向上させることを求める。責任をもって仕事をし，努力をし，挑戦的な目標を達成してくれるだろうと高い信頼を示す。

どのリーダーシップ行動が効果的なのかは，課題のタイプやメンバーの特徴によってかわります。表6-2にこの関係がまとめられています。

パス－ゴール理論はメタ分析によって部分的に支持されていますが，この

表6-2　パス−ゴール理論でのリーダーシップスタイルと状況変数との関係

状況変数		効果的なリーダーシップスタイル
部下の特徴	職場環境の特徴	
内的統制※		参加的
外的統制※		指示的
高い親和欲求		支援的
高い安定欲求		指示的
	構造化された仕事	支援的・参加的
	構造化されていない仕事	指示的
強い成長欲求	複雑な課題	参加的・達成志向的
弱い成長欲求	複雑な課題	指示的
強い成長欲求	単純な課題	支援的
弱い成長欲求	単純な課題	支援的・指示的

注：自分の行動と結果との関係の認知に関して，自分の行動とその結果が随伴しており，自分の努力や能力，または行動によって結果を変えることができるという信念は内的統制と呼ばれる。自分の行動と結果は独立しており，結果は運や他者など外的要因によって変わるという信念は外的統制と呼ばれる。

出所：McKenna（2000）より。

理論に基づいて行われた研究の多くは，理論における構成概念の測定に問題があるとウォフォードとリスカ（Wofford & Liska, 1993）は指摘しています。

3）状況対応リーダーシップ理論（SL理論）

リーダーの課題志向行動と関係志向行動に注目し，これらを集団のメンバーの成熟度との関係から検討したのが，ハーシーとブランチャード（Hersey & Blanchard, 1969；1982）の状況対応リーダーシップ理論（situational leadership theory ライフサイクル理論とも言われます）です。

メンバーの成熟度は，心理的成熟と職務の成熟とから成り立っています。心理的成熟は，責任をもって仕事に取り組む，達成動機が高い，仕事の遂行に自信をもっている，目標にコミットメントしているなどの程度と関わっています。職務の成熟は，職務遂行の能力，教育歴や職務経験の程度と関わっています。

図6-4には，メンバーの成熟度に対応したリーダーの行動が示されています。メンバーの成熟度が最も低いS1では，何をすべきなのかを指示する（tell）課題志向的なリーダー行動が適合的です。メンバーの成熟度がやや低いS2では，適切な行動はどのようなものなのかを説得する（sell）課題志向的な

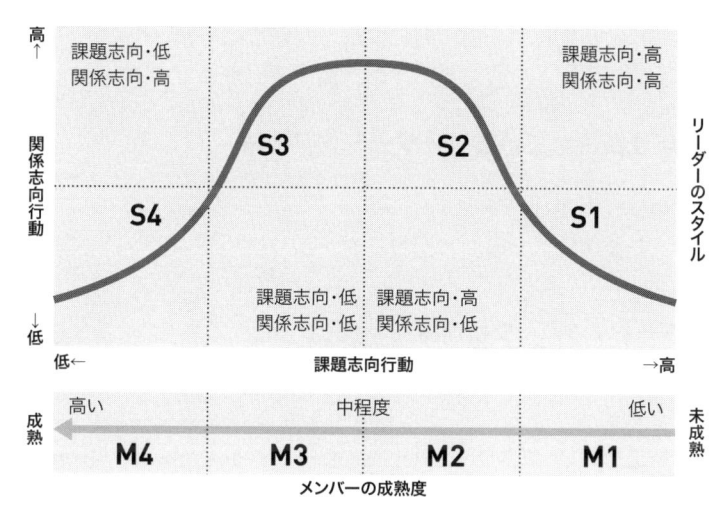

```
                    課題志向・低              課題志向・高
                    関係志向・高              関係志向・高

                           S3        S2
                                                              リーダーのスタイル
関係志向行動         S4                  S1

                    課題志向・低    課題志向・高
                    関係志向・低    関係志向・低

         低 ←            課題志向行動              → 高

          高い              中程度              低い        成
                                                        熟
         M4          M3          M2          M1         ↕
                                                        未成熟
                       メンバーの成熟度
```

注：Sは状況(situation)，Mは成熟度(mature)を意味する。

図6-4 状況対応リーダーシップ 出所：Hersey & Blanchard(1982)より。

リーダー行動及び関係志向的行動のいずれも行うことが望ましいのです。メンバーの成熟度が高くなったS3の状況では，配慮やサポートを示し，意思決定への参加を認める（participative）関係志向的行動が適しています。そしてメンバー成熟度が非常に高いS4では，メンバーは自律的に行動できますので，メンバーに権限を委譲し（delegate），課題志向行動と関係志向行動の双方を控えるリーダー行動が有効とされています。

状況対応リーダーシップ理論に基づいて行われた研究はそれほど多くはありません。いくつかの研究はこの理論を支持していません（Blank, Weitzel, & Green, 1990など）が，一方で，熟達度の低いメンバーに関しては，この理論があてはまるという研究結果（Vecchio, 1987）も報告されています。

4）目標に応じたリーダー行動

リーダーは自分の行動をどのように決めるのでしょうか。古川（1982）は，リーダーが設定した目標とリーダーの行動は密接に関わることを確かめています。古川（2006）は，リーダーは，職場の業績などの集団の状況や市場の動向などの外部環境の認知をもとに，職場に関わる問題認識をもつこと，そしてこの認識をもとに，自職場の目標を設定し，目標の達成に合わせてリーダー行動を決めると指摘しています。

リーダー行動が生起する前段階に注目した研究は非常に少なく，リーダーの効果性を論じるためには，この段階に関する研究の蓄積が求められます。

2-4　近年注目されているリーダーシップ理論

ここからは，近年注目されているリーダーシップ理論として，「リーダーーメンバー交換理論」と「変革型リーダーシップ理論」について説明していきます。

1）リーダーーメンバー交換理論

多くのリーダーシップ理論では，リーダーは集団のメンバー全員に対して同じように働きかけるととらえられていました。これに対し，リーダーーメンバー交換理論（LMX: leader-member exchange theory, Graen & Uhl-Bien, 1995）では，リーダーは個々のメンバーと個別の関係を構築すると考えられています。この理論は垂直二者連鎖理論（VDL 理論：vertical dyad linkage theory, Dansereau, Graen, & Haga, 1975）から発展したものです。

LMX 理論によると，集団のなかでリーダーは特定の何人かのメンバーと良質な関係を構築するとされています。この関係においては，リーダーとメンバーは相互に信頼，尊敬し合い，また仕事の責任を共有します。一方で，そのリーダーは他のメンバーと低質な関係を構築するのです。この関係は，信頼，尊敬，仕事の責任の共有程度の低さに特徴づけられています。

リーダーと良質な交換関係をもつメンバーは，パフォーマンスの評価，満足感，コミットメント，役割の明瞭性が高く，役割葛藤や転職意思が低いことがメタ分析の結果から明らかになっています（Gerstner & Day, 1997）。低質の交換関係にあるリーダーとメンバーであっても，リーダーの行動によってその質が高められ，その結果メンバーの生産性や満足感は向上するという研究結果もあります（Scandura & Graen, 1984）。

2）変革型リーダーシップ

メンバーがルールや基準から逸脱しないようにマネジメントし，努力や成果に対して報酬を与える（交換する）ことでメンバーに影響を与えるのが交換型リーダーシップ（transactional leadership）です。これに対して，メンバーに期待以上の達成を喚起するのが変革型リーダーシップ（transformational leadership）です（Bass, 1985）。変革型リーダーシップは，メンバーに，リーダーとの強い同一視，未来のビジョンの共有を引き出します。そして，要求・

命令などに対する応諾とそれとの引き換えによる報酬の獲得という打算的な交換からの脱却を進めるものです。

以下の4つの要素が変革型リーダーシップを構成しており，それぞれの頭文字をとって4つのIと呼ばれています（Avolio, Waldman, & Yammarino, 1991）。変革型のリーダーの4つの行動要素を以下に示します（Bass & Avolio, 1994）。

①理想的影響（idealized influence）：メンバーの役割モデルになるように行動する。
②モチベーションの鼓舞（inspirational motivation）：メンバーに仕事の意義を示し，挑戦させることで，メンバーを鼓舞し，モチベーションを高めるよう行動する。
③知的刺激（intellectual stimulation）：前提となっていることに疑問を呈す，問題を別の考え方でとらえさせる，過去の状況を新しい方法でアプローチさせることで，メンバーが革新や創造を生み出すために努力するよう刺激を与える。
④個別的配慮（individualized consideration）：メンバーの達成や成長に個別に配慮する。

変革型リーダーのもとで，集団はより高い成果を示すことがメタ分析により明らかにされています（Lowe, Kroeck, & Sivasubramaniam, 1996）。また，変革的リーダーによって率いられているメンバーは，その他のタイプのリーダーよりも満足度が高いようです（Dumdum, Lowe, & Avolio, 2002）。ただし，変革型と交換型のリーダーシップは背反するものではありません。Bass（1985）は，交換型リーダーシップを基礎として変革型リーダーシップは成立していることを強調しています。

学習した内容を活かすために
1. 自分が所属している集団のリーダーが，どのような行動をとっているのか分析してみましょう。
2. そのリーダーの行動が，効果的なのかどうかを，集団の状況や課題の特性なども考慮して，検討してみましょう。

引用文献

Avolio, B. J., Waldman, D., & Yammarino, F.(1991). Leading in the 1990's: The four I's of transformational leadership. *Journal of European Industrial Training*, 15, 9-16.

Bass, B. M.(1985). *Leadership and performance beyond expectation*. New York: Free Press.

Bass, B. M., & Avolio, B. J.(1994). *Improving organizational effectiveness*. Thousand Oaks, CA: Sage Publications.

Blake, R. R. & Mouton, S.(1964). *The Managerial grid*. Houston: Gulf Publishing.（上野一郎監訳(1965). 期待される管理者像　産業能率短期大学出版部）

Blank, W., Weitzel, J. R., & Green, S. G.(1990). A test of the situational leadership theory. *Personnel Psychology*. 43, 579-597.

Bryman, A.(1992). *Charisma and leadership in organizations*. London: Sage.

Dansereau, F., Graen, G. B., & Haga, W.(1975). A vertical dyad linkage approach to leadership in formal Organizations. *Organizational Behavior and Human Performance*, 13, 46-78.

DeRue, D. S., Nahrgang, J. D., Wellman, N., & Humphrey, S. E.(2011). Trait and behavioral theories of leadership: An integration and meta-analytic test of their relative validity. *Personnel Psychology*, 4, 7-52.

Dumdum, U. R., Lowe, K. B., & Avolio, B. J.(2002). A meta-analysis of transformational and transactional leadership correlates of effectiveness and satisfaction: An update and extension. In B. J. Avolio & F. J. Yammarino(Eds.), *Transformational and charismatic leadership: The road ahead*. Amsterdam: JAI, pp. 35-66

Fiedler, F. E.(1967). *A theory of leadership effectiveness*. New York: McGraw-Hill.（山田雄一監訳(1970). 新しい管理者像の探究　産業能率短期大学出版部）

Fiedler, F. E.(1976). The leadership game: Matching the man to the situation. *Organizational Dynamics*, 76, 6-16.

French Jr., J. P. R., & Raven, B.(1959). The bases of social power. In D. Cartwright(Ed.), *Studies in social power*. Ann Arbor: University of Michigan, Institute for Social Research. pp. 150-167.（水原泰介訳(1962). 社会的勢力の基盤　D.カートライト編　千輪浩監訳　社会的勢力　誠信書房　pp.193-217）

古川久敬(1982). 管理者による職場管理目標の設定過程とリーダーシップ行動　実験社会心理学研究, 19, 15-24.

古川久敬(2006). リーダーシップと組織変革　古川久敬（編）産業・組織心理学　朝倉書店　pp.93-117.

Gerstner, C. R., & Day, D.(1997). Meta-analytic review of leader-member exchange theory: Correlates and construct issues. *Journal of Applied Psychology*. 82, 827-844.

Graen, G. B., & Uhl-Bien., M.(1995). Relationship-based approach to leadership: Development of leader-member exchange(LMX)theory of leadership over 25 years:

Applying a multi-level multi-domain perspective. *Leadership Quarterly*, 6, 219-247.

Hersey, P., & Blanchard, K. H. (1969). Life cycle theory of leadership. *Training and Development Journal*, 2, 6-34.

Hersey, P., & Blanchard, K. H. (1982). *Management of organizational behavior*. New York: Prentice–Hall.

House, R. J. (1971). A path-goal theory of leader effectiveness. *Administrative Science Quarterly*, 16, 321-339.

House, R. J. (1996). Path-goal theory of leadership: Lessons, legacy, and a reformulated theory. *Leadership Quarterly*, 7, 323-352

House, R. J. & Mitchell, T. R. (1974). Path-goal theory of leadership. *Contemporary Business*, 3, 81-98.

Judge, T. A., Bono, J. E., Ilies, R., & Gerhardt, M. W. (2002). Personality and leadership: A qualitative and quantitative review. *Journal of Applied Psychology*, 87, 765-780.

Kirkpatrick, S. A., & Locke, E. A. (1991). Leadership: Do traits matter? *Academy of Management Executive*, 5, 48-60.

Korman, A. K. (1966). "Consideration," "initiating structure," and organizational criteria—A review. *Personnel Psychology*, 19, 349–361.

Lowe, K. B., Kroeck, K. G., & Sivasubramaniam, N. (1996). Effectiveness correlates of transformational and transactional leadership: A meta-analytic review of the MLQ literature. *Leadership Quarterly*, 7, 385-415.

McKenna, E. (2000). *Business psychology and organizational behavior: A student handbook*. Philadelphia: Psychology Press.

三隅二不二 (1984). リーダーシップ行動の科学　改訂版　有斐閣

Peters, L. H., Hartke, D. D., & Pohlmann, J. T. (1985). Fiedler's contingency theory of leadership: An application of the meta-analysis procedures of Schmidt and Hunter. *Psychological Bulletin*, 97, 274-285.

Rauch, C. F., & Behling, O. (1984). Functionalism: Basis for alternate approach to the study of leadership. In J. G. Hunt, D. M. Hosking, C. A Schriesheim, & R. Stewart (Eds.) *Leaders and managers: International perspectives on managerial behavior and leadership*. Elmsford, New York: Pergamon Press, pp.45-62.

Scandura, T. A., & Graen, G. B. (1984). Moderating effects of initial leader-member exchange status on the effects of a leadership. *Journal of Applied Psychology*, 69, 428-436.

Schriesheim, C. A., House, R. J., & Kerr, S. (1976). Leader initiating structure: A reconciliation of discrepant research results and some empirical tests. *Organizational Behavior and Human Performance*, 15, 197-321.

Schriesheim, C. A., & Neider, L. L. (1996). Path-goal leadership theory: The long and winding road. *Leadership Quarterly*, 7, 317-321.

Stogdill, R. M. (1948). Personal factors associated with leadership: A survey of the literature. *Journal of Psychology*, 25, 35–71.

Stogdill, R. M. (1950). Leadership, membership and organization. *Psychological Bulletin*, 47, 1-14.

Vecchio, R. P. (1987). Situational leadership theory: An examination of a prescriptive theory. *Journal of Applied Psychology*, 72, 444-451.

Wofford, J. C., & Liska, L. Z. (1993). Path-goal theories of leadership: A meta-analysis. *Journal of Management*, 19, 857-876.

第7章 キャリア発達

この章を学習することの意義

1. キャリア発達（開発）に関する理論を理解したうえで，これまでの自分のキャリア発達の様子を振り返り，今後のキャリア形成に向けて，今できることを確認すること。

今，小学校の学習指導要領でも，これまで以上にキャリア教育を推進することが求められています。わざわざ指導要領に盛り込まなくても，キャリアに関する話題は，昔から身近なところで交わされてはきましたが，社会環境が急激に変化し，私たちの生き方や働き方の多様化が進むなかで，職場においても，これまで以上に，働く人々のキャリア発達（開発）を重視するようになってきました。

　本章では，「キャリア」，「キャリア発達（開発）」に関する理論，「CDP（career development program；キャリア開発プログラム）」，また，学びや成長に関わること，自分自身のキャリア開発などを取り上げていきます。

1. キャリア発達（開発）の概要

1-1　キャリアとは

　「キャリア」という言葉はさまざまな場所で，さまざまな使い方をされていますが，ふだん，あなたはどのような意味合いで使っていますか？

　そもそもの語源は，車の轍（車が通った後に残る車輪の跡）といわれていますが，辞書では，職業，仕事，職務経験，経歴，進路，人生，あるいは，上級試験や一級試験に合格し，採用された国家公務員と示されています。その場に適した使い方をすればよいわけですが，キャリア発達（開発）を考える際には，少なくとも，国家公務員という意味のキャリアは外して考えます。

　そして，本章では，キャリア発達について考えるにあたって，「キャリア」という言葉を，狭義の意味合いではなく，渡辺（2009）が整理したように，「生涯を通じた役割に関する経験の連続」という意味合いで捉えることとします。そして，「キャリア」とは「個人の行動と態度から構成されており，働くこと（職業とは限らない）に関する経験の連続であるので，履歴書のような客観的事実の累積ではなく，経験に対する意味づけ，価値づけの累積の結果」であると考えることとします。

1-2　キャリア発達（開発）に関する主な理論

1）生涯発達に関する理論

　キャリア発達（開発）を考えるうえで，生涯発達に関する理論は押さえておく必要があります。人は生まれてから死ぬまで，生涯にわたり発達すると

考えられており，ある年代で達成しておかねばならない課題（＝発達課題）があるとされています。人の生涯を研究した学者は多くいますが，そのうち，ここでは，エリクソン（E. H. Erikson），レビンソン（D. J. Levinson），ユング（C. G. Jung），ブリッジズ（W. Bridges）が提唱した理論を取り上げます。

a）エリクソンの8つの発達課題

エリクソンは，図7-1のように，人の一生（ライフサイクル）を，「Ⅰ乳児期」「Ⅱ幼児期初期」「Ⅲ遊戯期」「Ⅳ学童期」「Ⅴ青年期」「Ⅵ前成人期」「Ⅶ成人期」「Ⅷ老年期」の8つの段階に分け，それぞれの段階で獲得すべき課題を設定しました。「vs」の上側に記載しているテーマが，それぞれの段階で達成すべき課題であり，それが達成されない場合，その課題が後に残り，次の段階に進むことが難しいとされています。

b）レビンソンの「人生の四季」

レビンソンは，人の一生を，「Ⅰ児童期・青年期」「Ⅱ成人前期」「Ⅲ中年期」「Ⅳ老年期」の4段階に分け，人生の四季としました。また，各段階の境目の5年間に，「成人への過渡期（17〜22歳）」「人生半ばの過渡期（40〜45歳）」「老年への過渡期（60〜65歳）」といった過渡期が現れるとしました。

c）ユングの「人生の正午」

ユングは，人の一生を1日の太陽の動きでなぞらえ，「Ⅰ少年」「Ⅱ成人前期」

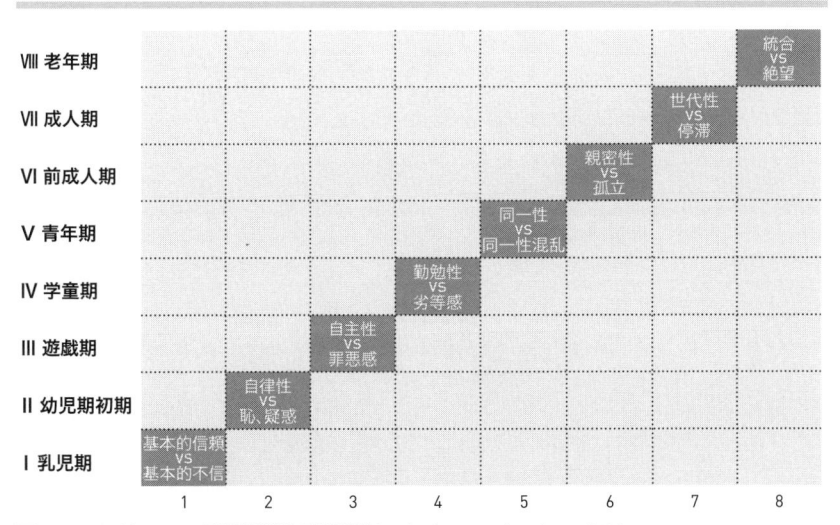

図7-1　エリクソンの発達段階と発達課題　出所：岡田・小玉（2012）より。

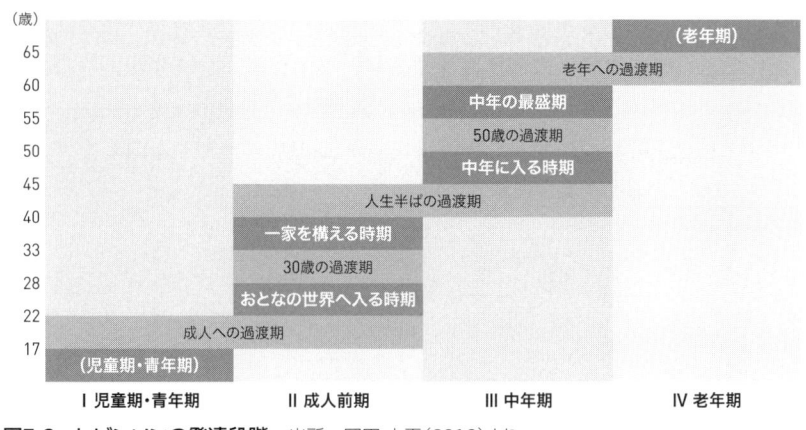

図7-2 レビンソンの発達段階　出所：岡田・小玉（2012）より。

「Ⅲ中年」「Ⅳ老人」の4つの時期に分けました。そして，ちょうど正午にさしかかる40代を「人生の正午」と呼び，転換点であるととらえ，危機の時期としています。

　このように，衰えていくと考えられる時期でも発達の過程ととらえると，今，私たちがおかれている状況や直面する危機をとらえやすくなるでしょう。また，個々の段階を移るとき，少なからず不安定な時期がありますが，この時期は，進学や就職，結婚や出産などといったライフイベントの時期，身体的にも成長（加齢）にともなってホルモンバランスが乱れやすくなる時期，また，日本で古くから言い伝えられている厄年の時期とも似通っています。

d）ブリッジズのトランジション理論

　これらの個々の段階を移るとき，すなわち，移行期・過渡期について研究

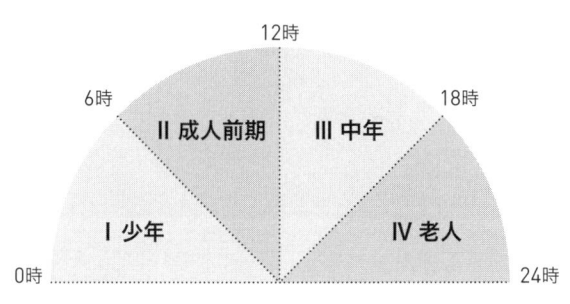

図7-3　ユングの発達段階

したブリッジズは,「トランジション理論」を提唱し,意図する・しないにかかわらず,変化が生じているときには,3つの段階,「Ⅰ何かが終わるとき」,「Ⅱニュートラルゾーン」,「Ⅲ何かが始まるとき」があるとしています。

　私たちは,変化を体験するとき,得てして,「Ⅲ何かが始まるとき」をより重視し,「Ⅰ何かが終わるとき」や「Ⅱニュートラルゾーン」の時期を苦しいもの,ムダなものとして直視しないで済ませようとしがちです。しかし,ブリッジズは,例えば,「何かが終わるとき」には,自分が何者であるかがわからなくなるアイデンティティの喪失や,どちらの方向に進んでよいのかわからなくなる方向感覚の喪失といった感覚を体験しているので,次の「ニュートラルゾーン」でそれらの体験とじっくり向き合い,時間を作って内省を深めることが重要だと言っています。そういった段階を経ることで,何かが始まった後に,より適応的な考え,行動,気持ちを維持しやすくなるといいます。

　ブリッジズの「トランジション理論」の考え方は,生涯発達に関する理論,また,この後で触れる職業的発達課題にも通じますので,覚えておいてください。

　この生涯発達というテーマに関して,多くの大学生が過ごす20代前半の時期を例に考えてみましょう。

　エリクソンの8つの発達課題でみると,20代前半は,「Ⅴ青年期　同一性vs同一性混乱」「Ⅵ前成人期　親密性vs孤立」の段階に位置します。自分とは何者かについて悩みながら,社会とのつながりやこれまでの経験を通して,自分らしさ,自分の役割などの手がかりをつかみ,自分が生活しているコミュニティで人間関係を育んでいくのです。興味深いのは,「Ⅴ青年期」の前の段階「Ⅳ学童期」の発達課題である「勤勉性」,つまり,勉強や部活動,ボランティアなど,一所懸命何かに取り組むといった課題を克服できているかが,今の課題達成の前提になっているということです。「劣等感」があることが問題ではなく,困難な状況で自分なりに精いっぱいやったという納得感をどれくらいもてるかが大事になってくるでしょう。

　また,20代前半は,学生生活という狭い世界から,さまざまな職業,幅広い年代層,価値観が混在する世界に入っていく「移行期」に該当します。すなわち,ブリッジズのいう「トランジション」の3段階,「何かが終わる

とき」、「ニュートラルゾーン」、「何かが始まるとき」を経る時期ですので、不安や葛藤が強まり、複雑化することも予想されます。このように、生涯発達の観点から見ると、20代前半は、状況も気持ちも揺れる時期といえます。揺れるとはいっても、不必要に恐れることはありません。揺れる時期、比較的安定した時期を繰り返し、その時期に課せられた課題を克服しながら、私たちは成長し、最終的には折り合いをつけて「統合」する段階にたどり着くとされています。

このような理論を参考に、自分の今の状況を照らし合わせてみること、過去や将来について展望してみることは意味のあることです。そして、今やるべきことを、地道に、着実に実践していくことが重要です。

2) キャリア発達に関する理論
a) パーソンズ（F. Parsons）の特性因子理論

パーソンズは、職業指導の創始者ともいわれています。パーソンズは、個人の好み・性格・趣味・適性・価値観などを「特性」とし、さまざまな職業や仕事について、それらに求められる資質を始めとする要件を「因子」として、職業選択においては、その両者をマッチングさせることが重要だとしました。そして、そのために、①自己理解、②職業理解、③①と②を合理的に推論しマッチングを行うという3つのステップを踏むことによって行われるとし、普遍的な原則を提唱しました。すなわち、「丸い釘は丸い穴へ」という考え方で、「マッチングの理論」とも呼ばれています。

一方、この理論には、いくつか批判もあります。例えば、釘の形と釘の穴の形をぴったり合わせる（マッチングさせる）ことを重視しすぎていることや、実際に職業選択をするときに必ずしも合理的に推論していないこともあること、といったものです。

しかし、現在、学校やハローワークなどで行われている進路指導・職業指導、職業相談、キャリア・カウンセリングにおいては、①さまざまな視点から行う自己分析を含む自己理解の支援、②情報収集のやり方や体験方法の提案なども含む職業理解の支援、③①や②をふまえた意思決定の支援、④選択した職業・職場への適応に向けた支援が行われています。これらの①〜④の支援のプロセスのベースになっているのが特性因子理論の考え方であり、パーソンズが職業指導の創始者といわれる所以です。

b）スーパー（D. E. Super）の理論

スーパーは，本項1）で確認した生涯発達を全人的な発達とし，職業発達をその1つの側面ととらえ，整理し，理論化しました。職業という視点を通して，人生を大きく次の5つの段階——「Ⅰ成長段階（0～14歳）」「Ⅱ探索段階（15～24歳）」「Ⅲ確立段階（25～44歳）」「Ⅳ維持段階（45～64歳）」「Ⅴ下降段階（65歳～）」——に分け，それぞれの段階で取り組むべき課題があるとしました。

その中核にあるのは，自分とは何かという自己概念の発達であり，職業的発達の過程を，①自己概念を形成する，②自己概念を職業上の用語に翻訳する，③自己概念を実現する，と順次進展する過程としてとらえています。そして，自己概念の実現につながる職業選択を連続的に行うことがキャリア発達だとしています。

スーパーの職業的発達課題の理論でみると，20代前半の時期は，「Ⅱ探索段階」から「Ⅲ確立段階」に位置づけられます。「Ⅱ探索段階」は，興味・関心，価値観，能力などをふまえて職業を吟味し，実際にその職業に就いて，実践を通して自分らしさを探索していく時期であり，「Ⅲ確立段階」は，ある特定の職業を通じて自分らしさを確立していく時期です。そして，これらの「段階」の間には移行期間があるとされ，何かを試み，吟味するといった試行錯誤が行われます。

学生時代に，身近な人の仕事の手伝いをしたり，ボランティアをしたり，アルバイトをしたり，あるいは，所属する組織（クラスやゼミ，部活動・サークル活動，地域での活動など）でなんらかの役割を担ったりすることをお勧めします。これらの活動は，職業場面に近い形で，その職業に就いたり役割を担うといった「試み」を行い，職業や役割を「吟味」したり，自分らしさを「探索」したりするための手がかりを得る貴重な機会になっているといえます。つまり，職業的発達課題の達成，ひいては，自己概念の実現につながる職業選択という点では，大いに意味があるものといえます。

また，スーパーは「キャリアの虹」といわれる考え方を提示しました。すなわち，私たちは，人生上，9つの大きな役割（子ども，学生，余暇人，市民，労働者，配偶者，家庭人，親，年金生活者）を演ずること，その舞台は家庭，地域，学校，職場で，1つないしは複数あるということです。そのときどきに複数の役割を演じるなかで，私たちは自己概念を形成していくといえるで

しょう。

20代前半の時期には，それまでの時期（子ども，学生，余暇人，市民など）の役割から大きく変化し，9つすべての役割を演ずる可能性が出てきます。これまでよりも多くの舞台で多くの人，多様な価値観に接することで，一時的には揺らぎながらも，自己概念を改めて形作っていく時期にいるといえます。

c) シャイン（E. H. Schein）の「キャリア・アンカー」

シャインは，キャリアにおける選択をする際に，どうしても譲れない大切なもの，判断の際の拠りどころがあるとして，それを構成する価値観や欲求，志向性，得意・不得意，好みをどのように認識しているかを表す「キャリア・アンカー」という概念を提唱しました。そして，キャリア・アンカーを次の8つに分類しました（表7-1参照）。①専門・職能別コンピタンス，②全般管理コンピタンス，③自立・独立，④保障・安定，⑤起業家的創造性，⑥奉仕・社会貢献，⑦純粋な挑戦，⑧生活様式です。そして，自分のキャリア・アンカーを把握しておくことで，キャリアにおける選択が容易になるとしています。

表7-1 キャリア・アンカー

①専門・職能別コンピタンス	自分の才能を発揮し，専門家（エキスパート）であることを自覚して満足感を覚える。
②全般管理コンピタンス	経営管理そのものに関心をもち，責任ある立場に立って，組織全体の方針を決定し，自分の努力によって組織の成果を左右してみたいという願望をもつ。
③自立・独立	規則や規範にとらわれず，自分のやり方，自分のペース，自分の納得する仕事の標準を優先させ，それらに照らしてものごとを進めることを好む。
④保障・安定	終身雇用がしっかりしていて，安全で確実と感じられ，将来の出来事を予測することができる組織で，ゆったりとした気持ちで仕事がしたいという欲求を最優先させる。
⑤起業家的創造性	新しい事業を起こし，新しい組織，製品，サービスを創造することを望み，がむしゃらにその夢を追いかける。
⑥奉仕・社会貢献	自分の価値観を仕事のなかで具体化したいという考えを持ち，なんらかのかたちで世の中をもっとよくしたいと考える。
⑦純粋な挑戦	不可能と思えるような障害を克服すること，手ごわい相手に勝つことを自分の成功と考える。
⑧生活様式	自分自身のニーズ，家族のニーズ，職業上のニーズをうまく統合・調和させる方法を見出したいと考える。

出所：シャイン（2003）より一部抜粋。

しかし，人生において，自分がどうしても譲れない大切なものをすべて大切にした判断ができるわけではありません。そのようなときに，どこを譲歩するのかを自分なりに理解しておくことが大切になってくるでしょう。

d) クランボルツ（J. D. Krumboltz）の「プランド・ハプンスタンス（計画された偶然性）」

クランボルツは，予期しない偶然のできごとが私たちのキャリア形成に大きな影響を及ぼすこと，その予期しない偶然のできごとをキャリア形成の機会にできたとき，それを「プランド・ハプンスタンス」と呼ぶという考え方を提唱しました。また，予期しない偶然のできごとをプランド・ハプンスタンスに変えるための5つの行動を示しました。それは，①たえず新しい学習の機会を模索し続ける好奇心，②失敗に屈せず，努力し続ける持続性，③新しい機会が必ず実現する，可能になると考える楽観性，④こだわりを捨て，信念，概念，態度，行動を変える柔軟性，⑤結果が不確実でも，リスクを取って行動を起こすリスク・テイキングです。単に，偶然のできごとがキャリア形成上の機会になるということではなく，偶然のできごとを好機とすべく，日ごろからの取り組みが必要ということです。

2．組織における取り組み

ここまで，キャリアの定義を押さえたうえで，キャリア発達（開発）に関する理論を確認してきました。これらの理論を根拠にしながら，組織においては，従業員のキャリア発達（開発）に向けてさまざまな制度やプログラムが開発・導入されています。

ここでは，CDP（キャリア開発プログラム）や，学び・成長に向けた組織の取り組みを確認していきます。

2-1　CDP（career development program；キャリア開発プログラム）

CDPとは，組織のニーズに応えられる能力をもつ人材の育成と，従業員のキャリア意識やプランの実現の双方を目指して，長期的，計画的に行われるキャリア発達（開発）のしくみ・プログラムのことをいいます。

CDPでは，組織としてやるべきこと，従業員としてやるべきことがあります。組織としては，組織が求める人材像（要件）とそれらにともなう必要

な経験やスキルなどを表すキャリアパスを定義して明示すること，そして，その要件を満たすために，また，キャリアパスを得るために必要な知識やスキルを身につけるための育成施策を準備することです。そして，従業員としては，まず，今，所属する部門で自らのミッションを確実に遂行すること，そして，その過程で，今，また，今後の自分にとって必要な能力を身につけ，発揮していくことです。つまり，組織，そして個（＝従業員）とも，自らがやるべきことをやったうえで，お互いに協力し合いながら，お互いの発達を目指していくしくみ・プログラムといえます。

　CDPを構成する制度としては，目標による管理（management by objectives：MBO），自己申告制度といった制度，また，それらの内容もふまえた配置転換などが挙げられます。

　目標による管理の流れについては，第2章で説明がなされていますが，おおまかにおさらいしておきましょう。

　①所属組織の目標や役割などをふまえながら，従業員が自分の考えや管理監督者と相談した内容をもとに業務面や態度面などに関して目標を設定します。②設定した目標をもとに，当該期間における達成度やできばえ，それらについての考えや振り返り，業務への態度（例えば，積極性や協調性など）について，従業員が自己評価したものを受け，管理監督者が一次的に評価し，さらに上位評価の段階で最終評価が決定されます。③面談などを通して，管理監督者から従業員（部下）に，最終的な評価結果やその理由，よかった点や改善すべき点などをフィードバックします。

　②から③の過程に関して補足しますと，②の後，組織内でのいくつかの手続きを経て，最終的に評価が確定しますので，管理監督者が一次的に出した評価と最終的な評価が一致しない場合も多々見られます。ただし，管理監督者から従業員本人に対し，最終的な評価について説明をし，職場の認識と個人の認識の間にギャップがある場合は，事実の面や気持ちの面など，それぞれに関して話し合い，そのギャップを埋めていくことが重要になります。ギャップが残される大きな要因として制度上，運用上の支障が考えられる場合は，適宜，制度やプログラムの見直しを行っていくことも必要となります。

　次に，自己申告制度です。この制度では，従業員に対して，例えば，異動・配置希望とその理由や根拠，現在の職務とそれに対する評価，能力開発や自己啓発の実績や今後の希望，現在の職務や現在の職場の改善に関する意見・

提案や希望，勤務地に関する希望，キャリアプランに関する意識や今後の希望といったことを定期的に確認します。その内容を，配置転換や担当する業務・役割の変更などの資料として活用したり，各職場が抱える問題点を把握し，職場環境改善や人事施策に反映させたり，また，管理監督者と部下のコミュニケーションツールとして活用したりします。組織は，従業員の意見や考えを丁寧に確認しながら，適正配置や能力開発，意欲の向上につなげようとしているのです。一方で，申告した希望内容がすべて叶うわけではないので，本音を申告しなかったり，かえって意欲低下を招いてしまったりするといった問題も生じています。

このような制度を導入・活用しながら，組織はCDPを推進しようとしています。しかし，組織からすると，世界や日本の社会情勢，経済情勢，事業の拡大や撤退などの組織再編など，また，従業員からすると，個人的な事情や家庭環境などといったさまざまな動きのなかで，組織と個の双方の意識や目標にギャップが生じることもあります。ギャップを埋めるには，コミュニケーションが必須ですが，組織内でコミュニケーションが円滑になされるかどうかが，CDPの実効性を左右するともいえるでしょう。

2-2　学び・成長に向けて

CDPにおいて明示された組織が求める人材像や，それにともなう必要な経験やスキルなどが表されたキャリアパスを得るために，私たち個々の従業員としても，学び・成長に向けて努力をしていく必要があります。学び・成長に向けては，第2章で確認したOJT（on the job training），Off-JT（off the job training），そして，SDS（self development system）を組み合わせ，組織が準備する場，個人的に準備し臨んでいく場など，さまざまな機会をとらえて取り組んでいきます。

ちなみに，SDSとは，職場の内外を問わず，従業員の自己啓発活動を職場として認め，支援を行うものをいいます。なんらかのセミナーの受講料を援助するといった経済的支援，なんらかの学びのために就業時間を調整するといった時間的支援，なんらかのスキル習得のために社内施設・設備を提供するといった物理的支援，そして，社外での教育研修の機会や社内のさまざまな支援に関する情報を提供するといった情報提供などがあります。与えられるものだけではなく，自らの問題意識に基づいて主体的に取り組むことで，

より効果的な学び・成長が得られるでしょう。

まず,組織において,働く人の学び・成長に向けて,どのような形で準備されているのかを確認していきましょう。

1) さまざまな教育研修のスタイル

教育研修はさまざまなスタイルで行われており,その目的に応じて,複数のスタイルを組み合わせた形で実施されています。

学生時代の授業や講義のスタイルをイメージするとわかりやすいでしょう。

a) 講義形式

講師がテーマに沿って知識や情報を提供し,参加者がそれを学びます。講師は,多くの情報を大勢の参加者に伝えることができ,参加者は,難しいテキストや参考書を読んだり,実際に体験したりしなくても,体系的にかつ理論的に情報収集をすることができます。

b) 参加型・対話型

参加者が数名に分かれたチームごとに課題に取り組むワークショップ(共同作業)の形式で進められます。ある事象をモデル化,単純化したツール(事例,作業工程など)を使い,それらの体験を通して,参加者同士で意見を出し,共有しながら課題達成・問題解決に取り組みます。講師は,ファシリテーター(促進・進行役)という位置づけで,チームの対話やワークへの介入やワーク後の振り返りなどを通して,参加者の学び・成長を促していきます。

最近では,小中高,大学・大学院の授業や講義で,グループワークの形をとることも増えてきたようです。すべてのグループが1つのテーマを課されること,あるいは,個々のグループがそれぞれテーマを振り分けられることもあります。いずれにしても,課されたテーマについて,定められた期間内にグループのメンバーと意見交換をし,その過程・結果を説明する資料を作成し,講師や参加者全員がいる場でプレゼンテーションをするという形をとることが多いようです。

個々の参加者は,所属するグループのなかで役割を担い,グループの成果物に対して,多かれ少なかれ,何らかの働きをします。その過程で,課されたテーマに関する知識やスキルを身につけ,メンバーとの協力関係のもち方なども学ぶことができます。そして,グループ,ないしは,参加者全体で,自分が実践できたことやできなかったこと,さらに改善できることなどについて振り返りを行うことで,なんらかの気づきを得ることができ,成果物の

できばえの度合いにかかわらず，参加者それぞれの学びや成長につながるのです。

c) 体験型

参加者が体を使って実際に体験する形で進められます。参加者は，それらの体験を通して新たな概念を得たり，これまでと違った実感をもったり，何かを成し遂げる自信をもてるようになったり，視野を広げたり，人脈を作ったり，自分自身について深く考えたりすることができます。

例えば，農業や林業といった自然のなかでの作業を体験する，無人島や山でのサバイバル体験をする，自衛隊に体験入隊をする，地域貢献や被災地支援などのボランティア活動をするといったプログラムがあるようです。

中学校や高校での修学旅行，大学・大学院でのフィールドワークなどで，数名単位のグループに分かれ，計画を立てるところから当日までを体験することも，一種の体験型教育研修といえるのかもしれません。

d) アクションラーニング

組織が直面している実際の課題について，参加者が具体的に検討し，仮説を立て，対策を立て，実践します。そして，定期的に，一連の取り組みについて検証を行い，さらに新たな解決策を立て，実践し，問題解決を図るというプロセスで行われます。

アクションラーニングで，検討，立案，実践，検証を進めるなかで，参加者は，それぞれ内省や気づきを得たり，視野を拡大したりするなど，学び・成長していきます。そして，現場から離れた場所で行う手続き，現場で行う手続きを組み合わせることで現場と教育研修の乖離を埋めること，また，組織の課題を具体的に解決に近づけ，組織そのものの変革を図ることも狙いとしています。さらに，日ごろの業務だけではなかなか知り合うことのできない参加者同士のネットワークづくり，また，問題解決を通した人脈拡大にもつながります。このように言葉でいうと簡単に聞こえるかもしれませんが，かなり難しい取り組みです。

多くの職場では，今，直面している困難な局面を打破するためには何らかの対策を講じることが必要だとわかっているけれど，その方法がわからなかったり，手がかりがあってもその費用が出せないなど，何らかの制約があったり，また，日々の業務に追われ，何かを新たに考える時間を捻出することも難しかったりして，手を打ちづらい状況であることも少なくありませ

ん。ときには，そのような組織の経営に大きな影響を与える課題をテーマとして扱うため，教育研修とはいえ，かなり実戦に近いものといえます。

例えば，今，多くの組織は「多様性（ダイバーシティ）の推進」という課題に直面しています。女性に十分に力を発揮してもらう，シニアに活躍してもらうといった取り組みがなされていることはご存じでしょうか。さらに，最近は，雇用形態や国籍の異なる方々も増えていて，さまざまな背景をもった従業員が同じ職場で働いている状況になっています。

そこで，これまで以上に「多様性（ダイバーシティ）」を推進していくために，専門の部門を立ち上げたり，専任の担当者を立てたりして対策を進めようとした組織もありますが，頓挫してしまうこともあるようです。良くも悪くも，日本の組織の多くは日本人男性中心の制度やシステムで形作られてきており，それで成功・発展してきた歴史をもつ組織もありますから，多様化の波にスムーズに対応することができなくても致し方ない面もあるのかもしれません。しかし，そうも言っていられません。このようななかで，組織は，適任と思われる人を参加者として選定し，また，必要に応じて，外部の専門家をファシリテーターとして招き，アクションラーニングを行い，課題解決を図っていきます。

アクションラーニングによって閉塞感を打破しようと考える組織は，組織ぐるみで取り組みます。参加者は，多忙ななかで，日々の業務とは別のこのアクションラーニングのための時間を捻出します。そのなかで，示された経営課題に対してアイディアを出し合い，また，身近でできるところから実践してその結果を出し合い，それらを集約して，経営層に対して提案をしていきます。

経営層は，参加者の提案の場を設け，出された提案に対して真摯に検討し，具体的な実践に向けて参加者にフィードバックをしていきます。そのようなコミュニケーションを重ね，実際に，組織的な施策として挙がることもあれば，再検討を余儀なくされることもあります。組織の出す結果が，そのアクションラーニングの参加者に大きな影響を及ぼすことは，容易に想像できます。ポジティブな結果であるに越したことはありませんが，仮にネガティブな結果であっても，参加者にとっては，一連のプロセスのなかで少なからず得るものもあり，学び・成長を期待することができます。また，一連のプロセスを組織ぐるみで検証することで，組織そのものの学び・成長につながる

ことも期待されます。

e) e-learning

　組織が従業員に，組織内に構築されたインターネット環境（イントラネット）を通じて教材を提供し，従業員が個別にパソコンやスマートフォンなどの端末を使って学習します。自分のレベルに合わせて学習メニューを選択することもでき，また，教材が提供される一定の期間内であれば，いつでもどこでも，自分の都合やペースに合わせて学ぶことができます。最近は，テキストだけでなく，音声や映像などを駆使した学びやすい教材が数多く開発されています。

　以上，教育研修のそれぞれのスタイルについて，特徴とメリットと考えられるものを挙げましたが，もちろんそれぞれのデメリットもあります。組織，個人の双方が，時間や費用など，学び・成長に向けて必要な資源を投下し，意欲をもって取り組み，学んだことを実践していくことが教育研修の効果を最大にする必須の条件だといえます。

2) メンタリング

　メンタリングとは人材育成の手法の1つです。経験豊かな年長者・指導者をメンター，若年者・被支援者をメンティないしはプロテジェと呼び，両者が継続的に交流しながら，メンターが，対話や助言によって，メンティないしはプロテジェの気づきを促し，自発的な学び・成長を支援します。なお，メンターの語源は，古代ギリシアの長編叙事詩『オデュッセイア』に登場する老賢者メントールの名前です。メントールが，オデュッセウス王が遠征で不在の間に息子テレマコスの教育を任され，テレマコスのよき指導者，理解者となって立派に育てあげたこと，また，オデュッセウス王のよき支援者でもあり，王が戦闘の危機に陥った際に有効な助言をしたことに由来しているといわれています。つまり，メンタリングは，年長者・指導者と若年者・被支援者の両者の信頼関係を土台にして，若年者・被支援者の成長を支援していく人材育成手法といえます。

　すでに，メンター制度，チューター制度，ブラザー・シスター制度といった呼び方でメンタリングの考え方を導入し，新入社員や若手社員の育成に活用している組織もあります。本来の意味合いで，他部門の先輩社員をメンターとして選定し，業務と直接関わらない内容も含めて対話や助言をしやすい・

受けやすい関係を作っているケースもあります。また，OJT の一環として，本来の意味合いをアレンジし，同じ部門内の先輩社員をメンターとして，業務に関することも含めて，職業生活のさまざまな話題に関して対話や助言をしやすい・受けやすい関係を作っているケースもあります。

　わざわざ制度化しなくても，もともと日本の組織には，面倒見のよい先輩社員がおり，愚痴をこぼしたり，公私の多岐にわたって困ったことを相談したりする関係が作られていました。しかし，職場の環境が激変するなかで，人と人のつながりが希薄になり，孤立化する従業員や，適応困難な新入社員・若手社員が多く見られるようになった，という問題を抱える組織も出てきました。そのような問題に対応するための1つの方法として，このメンタリングの考え方がより注目されるようになってきたのです。

　一方で，周囲のサポートがなければ，メンターの負担が過度になってしまいやすいこと，また，OJT の要素が色濃くなりすぎると，支援の土台となる信頼関係を構築しにくくなることといった制度における困難さも指摘されています。

　働く人にとって，年齢にかかわらず，公私にわたって，指導を仰げる人，支援を受けられる人をもつということは，具体的な問題解決だけでなく，精神的な安定を図るうえでも有効なことといえ，さらに充実した学び・成長につながります。所属する組織で，あるいは，自らの人脈のなかで，制度上のメンターの他に，自分のよき支援者（＝メンター）を探してみるのもよいでしょう。

2-3　その他のさまざまな施策

　CDP や CDP を構成する制度，そして，学び・成長に向けた教育研修や制度を確認してきました。それ以外にも，キャリア発達（開発）を支えるさまざまな施策が導入されていますので，主なものを紹介します。

1）業務・配置の面から

　第1項で確認した自己申告制度は，業務・配置の面から，従業員のキャリア発達（開発）を支える制度の1つです。これは，本人の異動希望を人事労務部門に申告するもので，人事労務部門としては，経営方針や組織の状況などをふまえ，自己申告制度で上がってきた本人の異動希望を参考情報として配置を決めていくことになります。つまり，人事労務部門の判断材料に占

める本人の異動希望の割合は小さいものになるということです。その点からすると，次の3つは，配置に関する人事労務部門の影響度が低いものになっています。①社内公募制度，②社内FA（フリーエージェント）制度の2つは，部門や従業員が業務の内容を選択しやすい環境を作り，意欲の向上につながりやすいといわれています。③社内起業制度・社内ベンチャー制度は，自己申告制度や社内公募制度，社内FA（フリーエージェント）制度とは趣が異なります。1つずつ見ていきましょう。

①社内公募制度：プロジェクトメンバーや新規事業の要員，ある部門の空きポストなど，会社が必要としているポストや職種の要件について予め社内に公開し，応募者のなかから選抜するしくみのことをいいます。求人をかけている部門と応募した従業員の双方が合意に至れば，異動が成立します。応募する際に，従業員が管理監督者の承認を得なくてもよいとされることが多いので，自らの希望に基づいて行動することができます。

②社内FA（フリーエージェント）制度：一定のFA資格をもった従業員がFA宣言を行い，自らの経歴や能力，希望職種や職務を登録し，売り込みをかけます。それを受け，受け入れを希望する部門が本人と直接やりとりをし，選抜するしくみのことをいいます。上記で示した社内公募制度と組み合わせて導入する企業もありますが，従業員がより能動的に行動に結び付けられる制度といえます。

③社内起業制度・社内ベンチャー制度：新規事業開発の手法の1つです。おおまかにいうと，組織内の所定の審査を通過した従業員の新規事業の提案に対し，組織が経営資源を投下し，独立した組織（事業部門，子会社化など）とするしくみのことをいいます。被雇用者である従業員が，自らのアイディアや能力を武器に，いずれ経営者になることもありうるとすれば，その意思のある従業員にとっては大いに励みとなるでしょう。また，組織にとっても，新規事業開発はもとより，組織の活性化，人材育成につながる取り組みといえます。

2）福利厚生の面から

次の2つの制度は，第2項の冒頭で確認したSDS（self development system）の一環として取り入れている企業も多くあります。

①資格取得に関する金銭的援助：受験料や受験のための学習費用など資格取得にかかる費用の全額または一部を援助したり，資格取得時の奨励金・祝

金を支給したりする制度のことをいいます。

　②海外留学，学位取得などのための休業制度：条件を設けながらも，海外留学や学位取得などのために，一定期間の休業を認める制度のことをいいます。その間の給与は支払われないことがほとんどですが，身分は保証されていて，留学や修学に要する期間が終了すれば，職場復帰をすることができます。なお，異動を含めて職場復帰時の配置については，所属組織の規程などによります。

3. 主体的に歩む自らのキャリア

　さて，ここで，あなた自身のキャリア発達（開発）について考えてみましょう。

　第1節でキャリア発達（開発）に関する理論をいくつか紹介してきましたが，そのときどきの「自分」を正しく知ること，理解することが，キャリア発達（開発）のベースにあることがわかったと思います。自分のことは自分がよくわかっている，とよく聞きますが，そうとは限りません。自分のことであっても，いえ，むしろ自分のことであるからこそ，思い込みや勘違いもあるものです。折に触れて，「自分」の好み，興味・関心，得意・不得意，能力，価値観，やる気の源になるものなどにおいて，変わらない部分や変わってきた部分を率直に点検し，理解するように努めましょう。そして，働くこと（職業とは限らない）や役割を担うことを通してさまざまな経験を重ねながら，気づきや学び，経験に対する意味づけや価値づけを重ねていきます。それが，キャリア発達（開発）ということになります。

　まずは，今，みなさんのこれまでの生活，今の生活―学校生活，友人や家族との関係，クラブや部活，習い事，趣味，友人や家族と話していることなど―を振り返ってみてください。次の問いかけも参考に，あなた自身を点検してみましょう。

◆好きなこと（もの，場所）・嫌いなこと（もの，場所）はなんですか？
◆得意なこと・不得意なことはなんですか？
◆長所・短所は？
◆自分をどういう性格だと思いますか？
◆大切にしているものはなんですか？

- ◆自分が楽しんでいると思えるのはどういうときですか？
- ◆これまで，自分が頑張ったと思えたのはいつごろですか？　その理由は？
- ◆これまで，自分が成長したと思えたのはいつごろですか？　その理由は？
- ◆自分が困っているときに，助けてくれそうな人はだれですか？
- ◆今の生活で，充実していると感じるのはどういうときですか？　その理由は？
- ◆この先も伸ばしていきたいと思える自分の強みはなんですか？
- ◆今（これまで），気になる（気になっていた）けれど，躊躇していたことがありますか？　それはなんですか？

　　　　　　　　　　　　　　　　　　　　　　　　　　　　　など

　そして，今後のキャリア発達（開発）に向けて，まずは，今のあなた自身の生活を充実させることが大事になります。それが，第1節2項で確認した人生上の発達課題，また，キャリア発達上の課題の達成につながっていくでしょう。

　さきほど振り返ってみた「自分」をふまえたとき，今の生活をより充実させるために，あなたが今から取り組めることなんでしょうか？　1つでも，2つでも，まずは取りかかってみていただきたいと思います。

学習した内容を活かすために

1. 自分の興味・関心（好き・嫌い），価値観（大事にしていること），能力（できること・できないこと），自分の役割（求められていること）を洗い出してみましょう。
2. 生涯発達，キャリア発達の観点から見て，自分がどの段階にいて，どのような課題を克服すべきか，整理してみましょう。
3. 身近な組織（アルバイト先など）で，どのような教育研修が行われているのか，身近にいる従業員がそれらをどのように受け止め，参加して（取り組んで）いるのか調べてみましょう。
4. 興味のある分野の職業や企業・組織に関する情報を調べてみましょう。
5. これらの内容を総合して，興味のある職業や企業・団体で，自分が先輩社員とどのように関係を築いていくか，どのように働いていくか，どうすれば自分がもっている力を発揮していけるか，最初の1年をどう過ごすかなどについて，想像したり考えたりしてみましょう。

参考文献・引用文献

E.H.シャイン(著)金井壽宏(訳)(2003)．キャリア・アンカー—自分のほんとうの価値を発見しよう　白桃書房

W.ブリッジズ(著)倉光修・小林哲郎(訳)(1994)．トランジション—人生の転機　創元社

岡田昌毅・小玉正博(編)(2012)．生涯発達の中のカウンセリングⅢ—個人と組織が成長するカウンセリング　サイエンス社

木村周(2010)．キャリア・コンサルティング—理論と実際　雇用問題研究会

二村英幸(2009)．個と組織を生かすキャリア発達の心理学—自立支援の人材マネジメント論　金子書房

渡辺三枝子(2009)．女性のキャリア形成支援のあり方—「ロールモデルに関する調査研究」の結果から　国立女性教育会館研究ジャーナル　13, 16-26.

渡辺三枝子(編)(2013)．キャリアカウンセリング再考—実践に役立つQ&A　ナカニシヤ出版

渡辺三枝子・平田史昭(2006)．メンタリング入門　日本経済新聞社

渡辺三枝子・五十嵐浩也・田中勝男・高野澤勝美(2011)．大学生のためのデザイニング・キャリア　ナカニシヤ出版

第8章 メンタルヘルス

この章を学習することの意義

1. 関心が高いもののまだ誤解の多い「メンタルヘルス」に関して，正しい知識を獲得し，自らのメンタルヘルスケアの手掛かりを得ること。
2. 20代から自分のメンタルヘルスケアに取り組み，充実した30～40代につなげることができるようになること。

第2章でも確認しましたが，組織にとって，ヒトは資源であり，財産です。組織が価値を生み出すためには，資源であり財産である私たちが心身ともに健康でいることが不可欠です。

　その「健康でいる」とはどういう状態でしょうか？　WHO憲章では，"Health is a state of complete physical, mental and social well-being and not merely the absence of disease or infirmity."（健康とは，病気でないとか，弱っていないということではなく，肉体的にも，精神的にも，そして社会的にも，すべてが満たされた状態にあることをいいます；日本WHO協会訳）と定義されています。健康観は個々の置かれた状況や考え方で異なるかもしれませんが，本章では，「自分がもっている知識やスキル，知恵といった『力』をある程度発揮できる程度の体調や気分であること」ととらえて，職場におけるメンタルヘルスについて確認していきたいと思います。

1. ストレスとメンタルヘルス

　「ストレス」や「メンタルヘルス」と聞いて，どういうことを想像しますか？　そう尋ねると，「うつ病」，「つらいことや苦しいこと」，「気合や精神力」といった，どちらかというとネガティブな印象をもつ言葉で答える方が多くいます。確かに，「ストレス」や「メンタルヘルス」は，それらの言葉も含めて考えていく領域ですが，それだけではありません。よく話題になるようになってきましたが，実はまだまだ誤解や先入観の多い領域ですので，まずは正しく理解するところから始めましょう。

1-1　ストレスとは

　ストレスとは，もともと物理学の領域で使われていた言葉で，金属に外部から力を加えて変形させたときに生じる歪みを元に戻そうとして，その金属の内部に生じる力（応力）のことをいいます。それを生理学者セリエ（H. Selye）が「生体」に応用して，ストレス学説を提唱しました。

1）ストレッサーとストレス反応

　セリエは，生体に歪みを生じさせる何らかの刺激をストレッサー（ストレス源／ストレス要因）と呼び，ストレッサーが作用した際，刺激の種類とは無関係に生体に引き起こされた一連の非特異的な反応をストレス反応（ストレイン）と呼びました。

図8-1 ストレッサーとストレス反応

　ストレッサー，ストレス反応について，風船を生体とみなして確認しましょう。

　適度に膨らんでいる風船（左図）を指で押すと，押した部分がへこみます（右図）。このとき，風船を押している指がストレッサーで，へこんだ状態ないしはへこみがストレス反応ということになります。いわば，刺激と反応の関係です。

　ふだん私たちが「ストレス」という言葉を使うときは，これらを使い分けていないことが多いですが，「ストレスがかかる」というときはストレッサーを，「ストレスがたまる」というときはストレス反応を示しています。

　本章では，「ストレッサー」「ストレス反応」と言葉を使い分けていきますが，実生活では厳密に使い分ける必要はありませんので，いずれも同じように「ストレス」と呼んでもかまいません。呼びやすいほうを使って，この後の内容を確認していってください。

　まず，ストレッサーについて見ていきます。

　ストレッサーとして「つらいことや苦しいこと」といったネガティブなものをイメージしやすい人が多いのですが，ストレッサーにはよしあしのないものもあるのです。次の表 8-1 を見てください。

　このようにストレッサーはさまざまなものがあります。「つらいことや苦しいこと」は「心理・社会的なもの」の一種です。しかも，一般的に喜ばしいと思われることの多いライフイベントもストレッサーになります。それらを含め，私たちに刺激を与えるもの，さらにいえば，変化するもの，私たちを変化させるものはすべてストレッサーだということができるのです。ストレスを考えるときに，ストレッサー＝刺激，変化ということは大事ですので，覚えておいてください。

表8-1 さまざまなストレッサー

物理的なもの	気温, 湿度, 明暗, 匂い, 騒音, 紫外線　など
化学的なもの	薬物, 食品添加物, 排煙・排気ガス, ほこり　など
生物学的なもの	ウイルス, 病原菌, 疲労, 睡眠時間の不足, 飢餓　など
構造的なもの	骨盤をはじめとする骨格の歪み, ケガした部位をかばう姿勢　など
心理・社会的なもの	人間関係, 葛藤, 不安, 緊張, 喜怒哀楽, 社会的な立場, ライフイベント(進学・進級, 入学・卒業, 就職, 受験, 結婚・離婚, 子供の誕生, 身近な人の死, 転居, 転職, 借金など), 自然災害, 事件・事故　など

表8-2 ストレス反応の現れ方

身体面	血圧・血糖値・心拍数の変化, 筋肉の弛緩・緊張, 食欲の増進・減退, 腹部の不快感, 吐き気, 便秘・下痢, 睡眠のリズム(寝つきにかかる時間, 目が覚める頻度など)の変化, 昼間の眠気, 味覚の変化, めまい, こり, しびれ感, 胸部圧迫感, 体重の増減　など
気分・意欲の面	高揚感, 喜怒哀楽の増減, 気力の増減, 緊張, ゆううつ感, 不安, イライラ感, 焦燥, 自責の念, 罪悪感, 不全感, おっくう感　など
思考の面	思考力・集中力の増減, 興味・関心の増減, 考えが飛ぶ・まとまらない感じ, もの忘れ　など
行動面	アイデアが次々にわく, ケアレスミス, 自分らしくないミスをする, 注意力散漫, ケガ, 軽微な事故, 八つ当たりをしてしまう　など

　では，ストレス反応はどのように現れてくるのでしょうか。

　ストレス反応として，人によって現れ方の程度や現れ方（現れやすいところ）が異なりますが，表8-2のように私たちの心身や行動のさまざまな面にストレッサーの影響が現れます。刺激が加わると必ず反応が起きますから，ストレス反応がゼロの人はいません。

　例えば，自分が大勢の前で発表するというような場面を想像してください。いつもと違う場に臨みますから，刺激であり，ストレッサーです。緊張，高揚感，手や足がふるえていること，ドキドキしていることを自覚するかもしれません。顔面が紅潮したり，ふだん以上に口ごもったり，あるいは，周囲の人が励ましてくれることを面倒くさく感じたり，イラついたりするかもしれません。また，当日の朝，少し早く目が覚めてしまったかもしれません。それほど自覚はしていなくても，多少，呼吸が浅くなったり，のどが渇きやすかったりするかもしれません。いつもと違う状況に直面して，身体面，気分・意欲の面，思考の面，行動面になんらかの反応が現れることは「自然の

こと」であり，反応が現れるから自分は弱い，ということではありませんので安心してください。

自分のストレッサーがどういうものか（いつごろ，どれくらいの間，どのような刺激を受けているのか），自分のストレス反応の出方がどうか（反応の程度や現れ方）について，目を向けてみてください。

なお，いつもと違う場や状況が終了した後でも，2〜3週間以上，なんらかの反応が持続しているときには，「自然のこと」とはいえませんので，なんらかの対処が必要となります。また，いつもと違う場や状況が続きすぎていたり，重なっていたりして，結果として，ストレス反応が持続しているときやいつも以上に現れているときは，「自然のこと」とすませることはできません。いつもと違う状態になっているということで，なんらかの対処が必要です。こういうときの対処のしかたについては，後で確認します。

2）ストレッサーは悪者？

刺激や変化がストレッサーだとすると，生活上，私たちはかなり多くのストレッサーに囲まれているということになります。そのために，私たちは，ついストレッサーを悪者のように扱ってしまうことが多くなります。本当にストレッサーは悪者なのでしょうか？

ここで，ストレッサーの強度とパフォーマンスの程度を示したグラフを見てみましょう（図8-2）。

横軸がストレッサーの強度，縦軸がパフォーマンスの程度です。ストレッサーの強度は，右側にいくほど，ストレッサーが重なっていて強度が強いか，重なっていなくても個々の強度が強くなり，パフォーマンスの程度は，上に

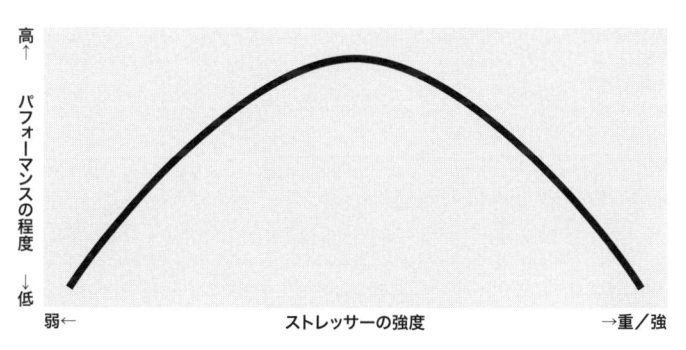

図8-2　ストレッサーの強度とパフォーマンスの程度

いくほど高くなります。

　一目でわかりますが、グラフは逆U字です。ストレッサーの強度が弱すぎるとき、強すぎるときほどパフォーマンスが低くなり、適度な強度のときにパフォーマンスが高くなることを示しています。

　計算ドリルの課題をしている自分を思い出してください。計算ミスをするときはどういうときでしょう？　自分にとって難易度の高すぎる計算に取り組んでいるときに間違えてしまうこともあるでしょうけれど、難易度の低い計算を繰り返しやっているときにも、間違えようもないごく簡単なところで間違えてしまうということはなかったでしょうか。難易度が低いものを繰り返しやっている状況は、すなわち、ストレッサーの強度が低いときであり、こういうときはマンネリになって、注意力散漫になりやすいため、パフォーマンスも落ちやすい状況なのです。自分のもっている力を十分に出しにくい状況といえます。

　自分のもっている力の少し上くらいの課題に取り組むとき、緊張感や不安がありながらもなんとかやり切ったときなど、成功していれば達成感や成長した実感を得られるでしょうし、仮に失敗しても充実感やさらにやってみようという意欲につながることもあるでしょう。それが逆U字のグラフの頂点付近の状態だといえます。

　セリエは、「ストレスは人生のスパイスである」といっています。ストレッサーは悪者なのではなく、適度な強度にコントロールすることで、私たちの生活をより充実したものにしてくれるものなのです。自分にとって適度な強度にするための対処については、後で確認します。

3）ストレスに慣れることができるのか？

　次の図8-3を見てください。

　縦軸は私たちの身体に備わっている抵抗力の程度、横軸は時間の経過を示し、曲線が時間経過に応じた抵抗力の推移を示しています。なお、抵抗力の曲線の始点から、右方向に点線が引いてありますが、このラインがそもそも私たちに備わっている抵抗力の程度、ベースラインを示しています（ふだん、体調などにより、波を描くように若干増減していますが、便宜的に直線にしています）。

　★印のある時点が、ストレッサーが生じた（生じ始めた）ときです。ストレッサー、つまり私たちの身や環境に刺激や変化が生じた直後、抵抗力は一

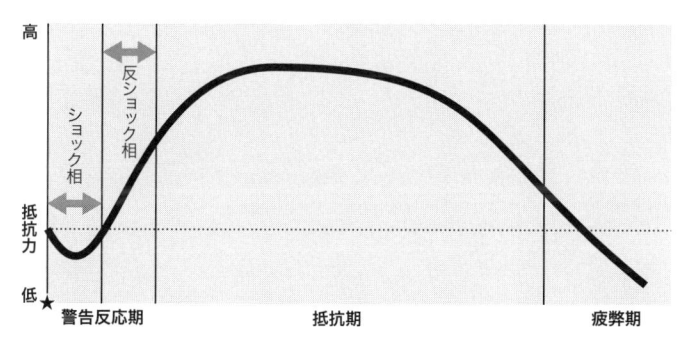

図8-3 汎適応症候群

時的に減少します（警告反応期；ショック相）が，その後，抵抗力を増加させ，変化した状況に身体を適応させようと身体のさまざまな機能を活性化させます（警告反応期；反ショック相）。

　私たちの身体のなかで何が起きているのでしょう。外部からの強い刺激を受けると，視床下部から分泌された副腎皮質刺激ホルモン放出因子の働きにより下垂体から副腎皮質刺激ホルモンとベータ・エンドルフィンの分泌が促進され，副腎皮質からコルチゾール（糖質コルチコイド）が，副腎髄質からアドレナリン（エピネフリン）やノルアドレナリンが分泌されます。大まかにいうと，コルチゾールは代謝や免疫作用を活性化させ，アドレナリンは体温上昇，筋肉緊張などによって外敵から身を守る準備を整えます。私たちの身体は，このような生体ホルモンの分泌の働きにより「抵抗力」を高め，いわば心身の有事に対応できるようにしているのです。細かく説明しましたが，本項1）で確認した刺激と反応の関係で説明される自然な反応が，このようなプロセスで生じているということです。

　その後，発揮されていた抵抗力は，ストレッサーが収束するとベースライン付近に落ち着いていきます。しかし，ストレッサーが収束せず続いた場合，あるいは，さらなるストレッサーが生じた場合，抵抗力はさらに高まるなり，持続するなりして，私たち自身の身体が置かれた状況に適応できるようにしていきます。その結果，大変な状況が続いていても，なんとか対応でき，かつ，そこで望まれた成果を出すこともできていく（抵抗期）と，その大変な状況に慣れてきた，あるいは，大変な状況でもやっていくうちに慣れることができるという考えになり，そのうち，とにかくやらざるをえないからやる，

という考えになっていきます。

　ただ，それは，私たちの身体に備わっている抵抗力を発揮できているおかげであり，強度なストレッサーに慣れたわけではないのです。生体のエネルギー量には限りがありますので，ストレッサーの強度の強い状況が長く続くと，次第に疲弊していきます（抵抗期→疲弊期）。そうなると，それまでにできていたこともできなくなり，ストレス反応が，身体面，気分・意欲の面，思考の面，行動面にさまざまな形で現れ，それまでにも感じていたであろう体調不良をより強く実感することになります。途中で，適切にストレスへの対処を実践することができると，抵抗力の持続期間を延ばせるかもしれませんが，それでも限界はあると考えてください。そして，疲弊期に入っても適切な対処をしないまま，放置して過ごしていると，体調不良が重症化し，そこから回復するときに時間がかかってしまうこともあるかもしれません。

　私たちはストレスに慣れることができるかというと，難しいといわざるをえません。ただし，経験を積むことによって，知識やスキル，知恵が身につき，課題への対応の幅が広がることはあります。対応できる範囲が増えていることについて，経験によるものなのか，抵抗力によるものなのか，また，他の要因からくるものなのか，きっちりと線を引くことはできません。ここでは身体のメカニズムをもとに説明していますが，まだまだ解明されていないことも多く，私たちにはいろいろな可能性があるということもいえます。

　警告反応期，抵抗期の長さは，一律ではなく，人それぞれです。自分のそれらを把握するには，自らのストレッサーの状況がどうか，ストレス反応の状態がどうか，ということがヒントとなるでしょう。いずれにしても，ここで説明した抵抗力には限界があるということは覚えておいてください。

1-2　働く人のストレス

1）NIOSH（アメリカ国立労働安全衛生研究所）の職業性ストレスモデル

　ここまで説明したものが基礎になりますが，NIOSH（National Institute for Occupational Safety and Health；アメリカ国立労働安全衛生研究所）が，職業性ストレスモデルとして，働く人におけるストレスと身体のメカニズムの関係，さらには疾病につながるしくみを示しています（図8-4参照）。

　「仕事のストレス要因」には，温度や湿度，臭いや騒音，広さといった職場の環境，人間関係，責任の度合い，裁量の度合い，役割上の不明確さや葛

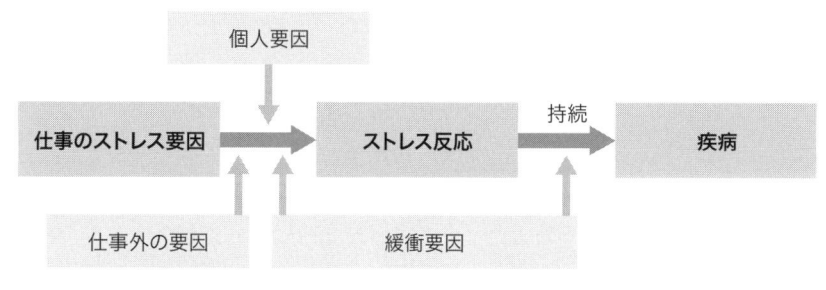

図8-4　NIOSHの職業性ストレスモデル(一部改編)

藤，ハラスメント，将来性に関する不安，自分の知識やスキルの活用度合い，勤務のシフト，勤務時間などが含まれます。これらは，比較的わかりやすいかもしれません。「仕事外の要因」には家庭でのできごとなどが含まれます。例えば，出勤前に家族とけんかした，家族が高い熱を出しているといった状況で，仕事に集中しないといけないとわかっていても，仕事が手につかなかったり，上の空になったりすることもあるでしょう。そのことで，ミスをしてしまう，上司に注意されるといったことにつながれば，複合的にストレス要因となってきます。

　また，「個人要因」には，性別，年齢，性格などが含まれます。年齢で考えてみます。私たちは，毎年1歳ずつ年を取っていきます。日ごろから体力づくりに努めている方でも，年を取ると，少なからず体力が低下し，疲労蓄積が速まり，疲労回復が遅くなっていきます。20代のころには，徹夜しても翌日なんとか踏ん張れたとしても，40～50代では徹夜すると，翌日，場合によっては翌々日まで影響が残るということもあります。40～50代で，職場で大きな役割や責任を担っているといった場合は，複合的なストレス要因となってくるでしょう。

　次に，「緩衝要因」です。複数のものが存在するとき，衝突・対立が生じ，それにより衝撃が生じることがありますが，緩衝要因とはその衝撃を和らげる働きをするもの，クッション材のようなものです。そして，職業性ストレスモデルにおける緩衝要因とは，ストレスの影響を和らげる役割をするもののことをいい，上司や同僚や部下，そして家族や友人からのサポート，規則正しい生活をしていること，気晴らしの方法や趣味があることなどが含まれます。悩んでいることについて身近な人に相談することで，自分の考えが整

理されたり，具体的な助言がもらえたりして，解決につながることもあるでしょう。仮に，自分が直面している問題が直接的に解決しなくても，話すだけで気持ちが楽になったり，安心感を得たりすることもあります。すなわち，人間関係は，ストレス要因にもなり，緩衝要因にもなりうるのです。

　「ストレス反応」は，第1項の1）でも説明したように，身体面，気分・意欲の面や思考の面，行動面など，さまざまな面に現れてきます。ただ，刺激となるストレス要因があれば，「ストレス反応」が現れることは自然なことですので，必要以上に恐れることはありません。

　「疾病」とは，文字通り，病気の状態であり，医師により何らかの診断がなされた状態を表しています。長引く風邪やぜんそくなど呼吸器領域，胃潰瘍や過敏性腸症候群などの消化器領域，高血圧症や不整脈などの循環器領域，月経不順などの婦人科系領域，顎関節症などの口腔外科系領域，そして，うつ病や適応障害や燃え尽き症候群（バーンアウト）などの精神科領域など，疾病の現れ方は心身のあらゆる面にわたります。

　この図8-4のポイントは3つです。

　1つ目は，「職業性ストレスモデル」として示されたモデル図ですので，ストレッサーとしては，「仕事」に関するものが大きく着目されますが，それだけではなく，「仕事外」のもの，そして，そもそもの「個人要因」が大きく関わっているということです。したがって，自分のストレス要因を点検しようというときには，直面している仕事に関することはもちろん，仕事外のこと，自分自身のことも含めて，広くみてみることが必要です。

　2つ目としては，「緩衝要因」が示されていることからわかるように，ストレス度は，足し算だけでなく，足し算・引き算された結果だということです。自分にとって「緩衝要因」となりうる具体的な方法をたくさん身につけ，実践することで対処し，ストレス要因の影響をコントロールしていくことが必要です。このストレスへの対処については，後で確認します。

　3つ目は，「ストレス反応」から「疾病」の間に示している「持続」というプロセス，期間があるということです。「ストレス反応」が現れるのは自然なことなのですが，その違和感が，要因となっている状況が落ち着いても持続していたり，要因の内容を問わず2〜3週間以上持続していたりするのに，適切な対処もせず放置していると，どんどん「疾病」の状態に近づき，いずれ「疾病」の状態になってしまいます。これは，第1項の1）で説明し

たとおりです。

2）労働安全衛生調査（2020年）から

それでは，働いている人たちが実際にどのようなことを不安に思い，悩み，ストレスに感じているかを見てみましょう。厚生労働省が実施している「労働安全衛生調査」の一部を表 8-3 に示します。

現在の仕事や職業生活に関してストレスとなっていると感じる事柄がある労働者の割合は 54.2%（前回調査比 3.8 ポイント減）となっています。

また，ストレスの内容（主なもの3つ以内）をみると，最多が「仕事の質・量」で 56.7%（前回調査比 2.7 ポイント減）となっており，続いて，「仕事の失敗，責任の発生等」が 35.0%（前回調査比 0.2 ポイント増），「対人関係（セクハラ・パワハラを含む。）」が 27.0%（前回調査比 3.6 ポイント減）となってい

表8-3　仕事や職業生活に関するストレスの有無及び内容別労働者割合　　（単位：%）

区分	ストレスとなっていると感じる事柄がある	仕事の量・質	仕事の量	仕事の質	対人関係（セクハラ・パワハラを含む。）	役割・地位の変化等（昇進，昇格・配置転換等）	仕事の失敗・責任の発生等	顧客・取引先等からのクレーム	事故や災害の体験	雇用の安定性	会社の将来性	その他	ストレスとなっていると感じる事柄がない
2022年	54.2	(56.7)	(42.5)	(30.9)	(27.0)	(17.7)	(35.0)	(18.9)	(2.7)	(15.0)	(20.9)	(11.5)	45.3
（年齢階級）													
20歳未満	14.7	(28.2)	(16.8)	(26.0)	(17.7)	(1.4)	(47.1)	(28.2)	(0.7)	(4.4)	(0.7)	(30.9)	85.1
20〜29歳	53.1	(51.4)	(38.3)	(26.6)	(31.2)	(15.2)	(43.8)	(18.4)	(1.5)	(6.6)	(21.3)	(13.5)	46.4
30〜39歳	55.6	(57.8)	(40.8)	(31.6)	(26.6)	(21.5)	(33.3)	(19.7)	(1.2)	(13.9)	(25.7)	(9.3)	43.9
40〜49歳	57.2	(55.0)	(43.5)	(31.3)	(29.5)	(16.3)	(37.1)	(15.2)	(3.6)	(18.7)	(22.3)	(11.5)	42.0
50〜59歳	58.3	(62.9)	(47.6)	(32.8)	(24.6)	(18.6)	(30.3)	(22.1)	(2.8)	(14.2)	(14.2)	(12.5)	41.5
60歳以上	34.4	(47.8)	(32.2)	(28.0)	(16.9)	(13.8)	(29.3)	(22.6)	(6.0)	(22.4)	(25.2)	(9.5)	65.1
（性別）													
男	58.4	(60.2)	(44.4)	(34.7)	(24.7)	(19.6)	(36.1)	(21.1)	(3.5)	(12.5)	(24.9)	(8.4)	41.1
女	49.0	(51.6)	(39.8)	(25.3)	(30.5)	(15.0)	(33.4)	(15.6)	(1.5)	(18.7)	(15.1)	(16.0)	50.4
2018年	58.0	(59.4)	(…)	(…)	(31.3)	(22.9)	(34.0)	(13.1)	(3.0)	(13.9)	(22.2)	(11.2)	41.7

注：(　) は，ストレスとなっていると感じる事柄がある労働者のうち，ストレスの内容（主なもの3つ以内）別にみた割合。
「仕事の量・質」は，2022年調査では「仕事の量」と「仕事の質」として調査を行った。
出所：労働安全衛生調査（2020）より。

ます。多少の増減はあるものの、トップ3は最近変わっていません。

3）脳・心臓疾患と精神障害の労災補償状況（2020年）から

先述の職業性ストレスモデルの説明の際に「疾病」について触れました。この「疾病」に関する取扱いは、業務が理由となっているか否かで、大きく2つに分けられます。例えば、所定の手続きを経て、労働者が、長時間労働など過重な仕事が原因で脳・心臓疾患を発症したと認定されたとき、あるいは、仕事上の強いストレスなどが原因で精神障害を発病したと認定されたときには、「業務上の疾病」として、労災保険からの給付を受けることができます。業務上の疾病と認定されなければ、あくまで個人的な「私傷病」ということになります。

厚生労働省は、毎年、脳・心臓疾患と精神障害について、労災請求件数や、「業務上疾病」と認定し労災保険給付を決定した支給決定件数などを取りまとめ、公表しています。

2020年度の脳・心臓疾患と精神障害の労災補償状況は表8-4、8-5のとおりです。

数値の推移については、全体的には、厳しい社会情勢、経済状況を反映していると見ることができるでしょう。ただし、そのときどきの国の問題意識を反映させた法改正、指針や基準の策定、厚生労働省から各所管への通達などが行われたり、労働問題に関する裁判の判決が下されたり、ときには痛ましい事件が発生したりするといったことの影響も受けていることも念頭において、推移を見ていくとよいでしょう。

1-3 ストレスに対処するために？

ストレスについて、すなわち、ストレッサー、ストレス反応について正しく理解したうえで、ここまで後回しにしてきたストレスへの対処について確認していきます。

ストレスの影響について、また、実際の労働者のストレスや疾病の状況について見てきましたので、不安に思われている方もいるかもしれませんが、不必要に恐れることはありません。日々、あるいは、「ストレス反応」の違和感に気づいたときに、適切に対処することで、ある程度の心身の状態を維持することができ、また、仮に何かしらの不調を呈したとしてもそれが重症化・長期化することを防ぐことができます。

表8-4　最近5か年の脳・心臓疾患の労災補償状況

		2016年度	2017年度	2018年度	2019年度	2020年度
脳・心臓疾患	請求件数	825	840	877	936	784
	決定件数	680	664	689	684	665
	うち支給決定件数	260	253	238	216	194
	（認定率）	(38.2%)	(38.1%)	(34.5%)	(31.6%)	(29.2%)
うち死亡	請求件数	261	241	254	253	205
	決定件数	253	236	217	238	211
	うち支給決定件数	107	92	82	86	67
	（認定率）	(42.3%)	(39.0%)	(37.8%)	(36.1%)	(31.8%)

（審査請求事案の取消決定等による支給決定状況）

		2016年度	2017年度	2018年度	2019年度	2020年度
脳・心臓疾患	支給決定件数	16	6	8	8	6
	うち死亡	8	4	2	6	3

表8-5　最近5か年の精神障害の労災補償状況

		2016年度	2017年度	2018年度	2019年度	2020年度
精神障害	請求件数	1586	1732	1820	2060	2051
	決定件数	1355	1545	1461	1586	1906
	うち支給決定件数	498	506	465	509	608
	（認定率）	(36.8%)	(32.8%)	(31.8%)	(32.1%)	(31.9%)
うち自殺	請求件数	198	221	200	202	155
	決定件数	176	208	199	185	179
	うち支給決定件数	84	98	76	88	81
	（認定率）	(47.7%)	(47.1%)	(38.2%)	(47.6%)	(45.3%)

（審査請求事案の取消決定等による支給決定状況）

		2016年度	2017年度	2018年度	2019年度	2020年度
精神障害	支給決定件数	13	7	21	8	25
	うち自殺（未遂を含む）	7	4	5	2	12

注：表8-4・5内の用語について
　・決定件数…当該年度内に業務上または業務外の決定を行った件数（当該年度以前に請求があったものを含む）
　・支給決定件数…決定件数のうち「業務上」と認定した件数
　・認定率…支給決定件数を決定件数で除した数
　・審査請求事案の取消決定等…審査請求,再審査請求,訴訟により処分取消となったことに伴い新たに支給決定した事案
　・審査請求事案の取消決定等による支給決定件数…上表における支給決定件数の外数

出所：「脳・心臓疾患と精神障害の労災補償状況」厚生労働省, 2020より。

1）日々できること
 ストレスに対処するために、日々できることから確認していきましょう。
a）リズム・バランスを保つ
 リズムやバランスは心身の土台です。その土台を強くすることで心身の自然治癒力を高めることにつながります。
①睡眠：就寝・起床時間／睡眠時間
　　就寝や起床の時間、睡眠時間がバラバラでは、心身に「変化」、すなわちストレスを与えているのと同じですので、これらの時間をある程度一定にすることを心がけましょう。交替勤務などでリズムを整えにくい場合は、勤務と勤務の間の過ごし方などを工夫していきます。
②食事：栄養のバランス
　　食事の回数や時間、摂取カロリーに加えて、栄養のバランスも大事です。ビタミンDはカルシウムが体内に吸収されるのを助ける働きをする、といったように、栄養の吸収率を高める食事（栄養）の組み合わせがあり、また、栄養の偏りや欠乏、アンバランスが、さまざまな病気の原因になるということもいわれています。
③運動：加齢による体力低下への対応
　　体力低下により、疲れやすくなるうえに、疲労回復のスピードが遅くなり、結果として、心身に疲れがたまり、ストレスの影響を受けやすくなります。
　　人間の体のさまざまな機能や体力が20代をピークに衰え始めるのは自然の摂理ですので致し方ありませんが、適度な運動によって衰えのスピードを緩めることができます。また、適度な運動が脳の活性化につながるということもいわれています。何歳から運動を始めてもその効果は出ますが、善は急げ、今から始めましょう。
b）コントロールする
①緩める（リラクセーション）：五感の活用／緊張から弛緩へ
　　ストレス度が高まると身体がこわばりやすくなりますが、私たち自身の感覚——視覚、聴覚、味覚、嗅覚、触覚——を刺激することで、気持ちが和らぎ、こわばりがほぐれることがあります。例えば、気持ちがよい音やメロディを聞くこと（聴覚）で、あるいは、おいしいと思う食べ物や飲み物を味わうこと（味覚）で、気持ちが和らぎ、気がつくと、身体のこわばりがほぐれていた、ということがありませんか。

また，いったん身体の部位に力を込めてからその力を抜くことでこわばりを緩めることもできます。例えば，まず，肩や首のあたりにギューっと力を込めて10秒ほど数え，その後，一気に息を吐きながら，肩や首の力を抜くと，上半身がだらっとなるような状態（＝弛緩）になります。実際に身体が緩むという点では有効です。

②出す：話す／笑い／泣く

　日ごろのネガティブな気持ちを抑え込んだままにしておくと，いつか満杯になってしまいますので，あふれる前に「出す」ようにします。自分の状態や気持ちを言葉に表し，「話す」ことが有効です。仮に，直面している問題が解決に至らなくても，話すだけですっきりした気持ちや安心感を感じることもある（＝「カタルシス（心の浄化作用）」）でしょう。さらに，楽器を演奏したり，歌を歌ったり，身体を動かして汗を流したり，絵を描いたりするなど，何かを表現することも「出す」ことにつながります。また，「笑う」こと，「泣く」ことも，自律神経や脳の働きに作用し，リラックスしたり，眠りやすくなったりする効果があるといわれています。

　一方，相手に悪いなどと考え，自分の気持ちを「話す」のを躊躇する人もいます。そういうときは，今は自分が相手に悩みを聞いてもらうけれど，相手が悩みを打ち明けたいときはあなたが聞くというように，「助け，助けられ」の関係をつくる，と考えてみませんか。

③かえる：気分／ものの考え方

　緊張感を落ち着かせる，悲しい気分を和らげるなど，気分をかえたいとき，例えば，場所をかえるという方法があります。喫茶店や映画館，◇◇の景色の見られるところといった，気分が落ち着く場所に行くのです。あるいは，いったん寝る，別のことをするなど，時間をやり過ごすことも有効です。

　また，「〜ねばならない」を「〜であるに越したことはない」という考え方にするなど，ものの考え方をかえるという方法があります。1つの考え方にこだわると，そうでない場合に苛立ったり，自分にダメ出ししたり，ふだんできることができなくなったりすることがあります。ですが，他に複数の見方もある，自分のとらえ方がすべてではないと考えることで，さまざまな状況を受け入れやすく，気持ちを落ち着かせやすくなります。

2)「いつもと違う状態」に気づいたとき

　ここまでは，ストレス対処のためにふだんからできることについて確認してきました。しかし，ふだんから気をつけていても，調子を崩してしまうことがあります。このことはメンタルヘルスの問題に限らず，心身両面についていえることです。

　生活上，なんらかの「ストレス反応」が生じるのは自然のことではありますが，それらの程度や頻度，内容によっては，早めに適切な対応をする必要が出てきます。ここでは，「いつもと違う状態」，すなわち，いつもの「ストレス反応」の出方と違うと気づいたときにどのように対応していけばよいか，確認します。

　では，「いつもと違う状態」とはどういう点からわかるでしょうか？　それは，持続期間で見ます。

　生じている「ストレス反応」が，数日でおさまったり，要因になっていると思われる事象が落ち着けばおさまったりすれば，自然な反応（＝いつもの状態）ととらえることができます。ただ，それ以上続いている場合，目安でいうと2〜3週間続いている場合は，「いつもと違う状態」ととらえ，適切に対応する必要があります。第2項の1）で職業性ストレスモデルの図を示し，ポイントの3つ目で「ストレス反応」から「疾病」の間に示している「持続」というプロセス・期間について説明しましたが，まさに，そのことです。

　「いつもと違う状態」に気づいたときに，まず大事なのは，気のせいにしないこと，見て見ぬふりをしないこと，です。そして，早めに気づいたとき，あるいは，まだ軽い状態のときには，自分でできる対処があります。①睡眠や食事を中心に，生活のリズムを見直す・整える，②適宜，休憩や休養を取り，ペースを見直す・整える，③身近な人に話したり，受診したりするなどして，独りで抱え込まないようにする，ということです。

　とにかく，早期発見・早期対応を心がけることが重要です。早めに適切な対処をすることで，早く良くなります。持続期間の目安は2〜3週間といいましたが，期間としては長いようで短いですので，注意してください。

3)「発信」することのすすめ：ソーシャルサポートの活用

　今，インターネットやスマートフォンが普及し，メールやソーシャルネットワーキングサービスを利用したやりとりが手軽に行われるようになってきています。その功罪はさまざまですが，一方で，自分が困っていること，悩

んでいることなどを身近な人に打ち明けて，相談しやすくなっているかというと，必ずしもそうではないようです。

労働安全衛生調査（2020年）によると，ストレスを相談できる人がいると答えた労働者の割合は90.8%（男性89.5%，女性92.5%）ですが，ストレスを実際に相談した労働者の割合は74.1%（男性71.5%，女性77.1%）となっています。相談相手はいるけれど，具体的に相談するという行動まで結びついていない人も多くいることがわかります。

仮にメンタルヘルスの状態が悪くなっているとき，私たちは，いつも以上に，視野が狭まって考え方が偏りがちになり，どちらかというとネガティブな考えに陥りやすくなります。そういう状態では，ふだんならできることもできなくなるので，自力でよりよい解決法を導き出すことは困難でしょう。独りで抱え込まず，身近にいる信頼できる人に助けを求めてほしい，すなわち「発信」してほしいと思います。

相談するということが話題になるとき，ソーシャルサポートという概念がよく取り上げられます。これまでも，メンタルヘルスの保持増進におけるソーシャルサポートの有効性が指摘されており，多くの研究がなされてきています。ソーシャルサポートには，①愛情や共感，安心などを提供する情緒的サポート，②問題解決につながる技術や情報を提供する情報的サポート，③日常生活での直接な行為を提供する道具的サポート，④考えや行為などに関してフィードバックし，適切な自己評価につなげる評価的サポートがあるといわれています。職業性ストレスモデルにおける「仕事のストレス要因」や「仕事外の要因」，あるいは「緩衝要因」にもなりうる人間関係ですが，その両面があることをふまえたうえで，適宜「発信」しながら，ストレス対処法の1つとしてソーシャルサポートを効果的に活用することが望まれます。

2. 働く人のメンタルヘルスの維持増進に向けて

2-1　国の取り組み－主な法令や指針の策定・改正・改訂などから－

国の問題意識や取り組みは，そのときどきの法令や指針の策定・改正・改定などからうかがい知ることができます。仕事や職業生活に関する不安，悩み，ストレスを抱えている労働者が5割以上いる状況が続いていること，そして，

近年，メンタルヘルス不調で休業する労働者が増えている状況，過労死や過労自殺の事案が起きている状況があることなどをふまえ，最近 20 年ほどの間でも，多くの法令や指針が策定・改正・改定されています。

1）「労働安全衛生法」

1972 年，職場における労働者の安全と健康を確保するとともに，快適な職場環境の形成を促進することを目的に定められました。働く人のメンタルヘルス対策に関しても，何度も改正が行われてきています。

2005 年 11 月 2 日に出されたもの（2006 年 4 月 1 日一部を除き施行）では，長時間労働者に対し医師による面接指導を実施すること，安全衛生管理体制を強化することなどが，2014 年 6 月 25 日に出されたもの（2014 年中から 2016 年 6 月までの間に順次施行）では，ストレスチェック実施等を義務づけることなどが盛り込まれました。そして，働き方改革の一環として 2018 年 9 月 7 日に出されたもの（2019 年 4 月 1 日施行）では，長時間労働やメンタルヘルス不調による健康リスクの低減に向けて，産業医・産業保健の機能を強化することなどが盛り込まれました。

2）「労働契約法」（2007 年 12 月 5 日制定，2008 年 3 月 1 日施行）

働き方が多様化するなかで，労使間のトラブルが急増していることをふまえ，従来からの判例をとりまとめた労働契約に関する基本的なルールが定められました。この法令のなかで，「安全配慮義務」について，「（第 5 条）使用者は，労働契約に伴い，労働者がその生命，身体等の安全を確保しつつ労働することができるよう，必要な配慮をするものとする」と明文化されました。

3）「労働者の心の健康の保持増進のための指針」（2006 年 3 月 31 日）

労働安全衛生法に基づき，1988 年 9 月 1 日に本指針第 1 号が出されました。その後，2000 年 8 月 9 日に出された「事業場における労働者の心の健康づくりのための指針」をふまえて見直しが行われ，2006 年に本指針第 3 号として出され，事業場におけるメンタルヘルスケアの原則的な実施方法が定められました。いわゆる，「メンタルヘルス指針」です。

指針では，①事業者は，自らが事業場におけるメンタルヘルスケアを積極的に推進することを表明するとともに，衛生委員会等において十分調査審議を行い，『心の健康づくり計画』を策定する必要があること，②その実施に当たっては「4 つのケア」が継続的かつ計画的に行われるよう関係者に対する教育研修・情報提供を行うこと，③「4 つのケア」を効果的に推進し，職

場環境等の改善，メンタルヘルス不調への対応，休業者の職場復帰のための支援等が円滑に行われるようにする必要があることが示されています。

ここでいう「4つのケア」とは，①セルフケア，②ラインによるケア，③事業場内産業保健スタッフ等によるケア，④事業場外資源によるケアです。これらのケアを通して，事業者は，事業場において，メンタルヘルスケアの一次予防・二次予防・三次予防を行っていきます。

a) 4つのケア

①セルフケア

労働者が各自で，ストレスやメンタルヘルスについて正しく理解し，自らのストレスの状況や程度に気づき，対処します。

②ラインによるケア

管理監督者が自部門の部下のメンタルヘルスケアを行います。具体的には，自部門の職場環境などの状況を把握し，改善すべきところを改善すること，部下からの相談に対応すること，仮に，休業することになった場合は職場復帰支援を行うことなどです。

③事業場内産業保健スタッフ等によるケア

産業医，保健師・看護師，衛生管理者，人事労務管理スタッフといった事業場内産業保健スタッフが，セルフケアやラインによるケアが効果的に実施されるよう，労働者および管理監督者に対する支援を行うとともに，「心の健康づくり計画」の実施にあたり，中心的な役割を担います。

④事業場外資源によるケア

事業場内のスタッフにとどまらず，事業場外のさまざまな機関や専門家の支援を得ながら，メンタルヘルスケアを推進します。

事業場外資源はさまざまですが，公的な機関としては，都道府県ごとに設置されている産業保健総合支援センターや精神保健福祉センターや地域障害者職業センター，おおむね監督署管轄区域に設置されている地域窓口（地域産業保健センター），全国で30以上設置されている労災病院などが挙げられます。また，地域の医療機関，そして，EAP（Employee Assistance Program；従業員支援システム）サービスを提供している民間企業・団体なども挙げられます。

b) メンタルヘルスケアの一次予防・二次予防・三次予防

①一次予防

職場環境等の把握・改善や，労働者への教育研修実施などにより，心の健康に関して，「積極的な健康の保持増進＝ヘルス・プロモーション」および「仕事による健康障害の防止＝ヘルス・プロテクション」を行います。

②二次予防

メンタルヘルス不調の早期発見に努め，適切な対応をしていきます。

③三次予防

一次予防，二次予防に努めていても，どうしても，メンタルヘルス不調が重症化・長期化してしまい，労働者が休業することがあります。その場合に，円滑な職場復帰に向けて支援をしていきます。

これらの他に，労働災害に関しては，2001年に「脳血管疾患及び虚血性心疾患等（負傷に起因するものを除く。）の認定基準」が改正され，2011年に「心理的負荷による精神障害の認定基準について」が定められました。また，2004年に示された「心の健康問題により休業した労働者の職場復帰支援の手引き」が，より現状に即す形で2012年に改訂され，2014年に「過労死等防止対策推進法」が定められました。

労働安全衛生法の改正を含め，労働者のメンタルヘルス対策により力を入れようとしている国の姿勢がうかがえます。

2-2 企業・団体の取り組み

企業・団体は，自発的に，また，国の取り組みを受けて，事業場におけるメンタルヘルスケアを推進しようとしていますが，まだ十分とはいえません。

1) 労働安全衛生調査（2020年）から

「メンタルヘルスケアの取組の有無及び取組内容別事業所割合」は表8-6のとおりです。

メンタルヘルスケアに取り組んでいる事業所の割合は61.4%となっています。事業所規模別に見ると，100人以上の規模では90%を超え，1000人以上の規模ではほぼ100%に近い事業所が何らかの取り組みを行っていることがわかります。取組内容（複数回答）を見ると，「ストレスチェック」(62.7%)，「職場環境等の評価及び改善（ストレスチェック後の集団（部，課など）ごとの分析を含む）」(55.5%)，続いて「メンタルヘルス不調の労働者に対する必要な配慮の実施」(53.8%)となっています。

表8-6　メンタルヘルス対策の取組内容別事業所割合　　　　　　　　　　（単位：％）

区分	メンタルヘルス対策に取り組んでいる事業所	メンタルヘルス対策について、衛生委員会又は安全衛生委員会での調査審議	メンタルヘルス対策に関する問題点を解決するための計画の策定と実施	選任 メンタルヘルス対策の実務を行う担当者の選任	教育研修・情報提供 労働者への教育研修・情報提供	教育研修・情報提供 管理監督者への教育研修・情報提供	教育研修・情報提供 事業所内の産業保健スタッフへの教育研修・情報提供	職場環境等の評価及び改善（部、課などごとの分析を含む）	メンタルヘルス対策に関する事業所内での相談体制の整備	健康診断後の保健指導等を通じた産業保健スタッフによるメンタルヘルス対策の実施	労働者のストレスの状況などについて調査票を用いて調査（ストレスチェック）	職場復帰における支援（職場復帰支援プログラムの策定を含む）	外部機関を活用したメンタルヘルス対策の実施 地域産業保健センター（地域窓口）を活用	産業保健総合支援センターを活用	医療機関を活用	他の外部機関を活用（注）	メンタルヘルス不調の労働者に対する必要な配慮の実施	その他
2020年	61.4	35.9	20.7	37.0	33.0	30.9	14.4	55.5	36.0	62.7	24.8	50.7	4.3	3.9	11.3	15.8	53.8	2.8
（事業所規模）																		
1,000人以上	98.2	79.6	66.9	77.8	81.2	79.7	57.6	96.5	72.9	99.1	82.0	91.8	6.6	10.5	26.3	46.7	85.2	1.6
500～999人	98.6	77.7	51.6	68.7	69.0	63.8	45.9	88.9	61.3	97.7	65.8	86.0	3.1	5.7	24.2	37.0	79.5	2.4
300～499人	96.6	74.0	45.4	63.8	58.4	54.6	35.0	88.7	54.1	98.0	57.8	76.2	2.2	4.7	24.2	28.8	77.4	1.2
100～299人	97.6	64.8	36.5	55.6	46.4	40.9	28.5	82.2	53.6	95.0	39.1	61.3	3.9	5.2	20.1	19.2	60.9	1.7
50～99人	89.8	61.1	27.9	49.2	37.5	35.3	19.4	76.8	47.7	88.6	27.4	55.2	2.8	5.1	19.1	13.6	55.1	3.7
30～49人	69.1	36.2	21.7	40.2	38.8	33.2	14.8	53.0	30.0	62.4	25.6	44.0	6.6	3.6	12.2	15.5	57.9	2.1
10～29人	53.5	26.9	16.2	30.6	28.2	27.4	10.9	47.7	32.3	52.7	21.2	49.4	4.1	3.5	8.1	15.4	51.0	2.9
2018年	59.2	29.6	19.8	36.2	56.3	31.9	13.0	32.4	36.3	62.9	22.5	42.5	5.1	4.4	16.6	15.4	…	3.4

(注)「他の外部機関」とは，精神保健福祉センター，（一社）日本産業カウンセラー協会などの心の健康づくり対策を支援する活動を行っている機関，メンタルヘルス支援機関などをいう。
出所：「労働安全衛生調査」厚生労働省（2020）より。

　なお，ストレスチェックを実施した事業所のうち，結果の集団（部，課など）ごとの分析を実施した事業所の割合は78.6％（前回調査比5.3ポイント増）です。そのうち約8割の事業所が分析結果をふまえ，「残業時間削減，休暇取得に向けた取組」（53.6％，前回調査比7.1ポイント増），「相談窓口の設置」（48.1％，同15.5ポイント増）などの取り組みに活かしています（複数回答）。

2）外部EAP機関の活用

　EAP（employee assistance program；従業員支援プログラム）とは，事業場において，労働者に提供されるメンタルヘルスケア施策の総称です。具体的には，表8-6の個々の項目を参照してください。すべての施策を導入できるところは多くありませんが，事業場の規模や現状，経営層の考え方などを受け，導入できる施策に取り組んでいます。

　また，今，外部EAP機関（外部EAPプロバイダ）と呼ばれる，専門的にEAPサービスを提供する公的機関や企業が増えています。外部EAP機関は，組織の生産性向上や活性化と個人のメンタルヘルスマネジメント，つまり，組織と個人の両方に着目しながら，カウンセリング（対面，電話，ビ

デオチャット，メールなど），教育研修，ストレスチェック・組織診断，人事労務担当者や管理監督者へのコンサルテーション，職場復帰支援などのサービスを提供しています。外部 EAP 機関を事業場外資源として活用する企業・団体も増えており，労働者の心身の健康，さらには生活全体の質の向上を図るために，企業・団体が試行錯誤をしている様子がうかがえます。

3）QWL とワークライフバランス

　近代産業が発展を遂げ，生産性や効率性の向上，成長や利益追求といった価値観が大勢を占めるなかで，さまざまな犠牲が生じ，労働者の生活や健康などに関する多くの問題が浮き彫りになってきました。そのような状況のなかで，1970 年代から，QWL（quality of working life；労働者の労働生活の質的向上，労働の人間化）運動，すなわち，人間性の回復，働き方の見直し，生活の質の向上に取り組む運動が本格化し，今の職場のメンタルヘルスケアにおける国や企業・団体の取り組みにつながってきていることがわかります。国や企業・団体が，働く人の心身の健康，生きがいややりがい，職務満足，ワークライフバランス（仕事と生活の調和；職業生活，家庭や地域生活などにおいても，人生の各段階で多様な生き方が選択・実現できること）などを含む，生活全体の質を向上させていくという認識を充実させてきていることは喜ばしいことではありますが，残念ながら，取り組みそのものは後手に回っている印象が否めません。

　本章の冒頭で，「健康」であることを「自分がもっている知識やスキル，知恵といった『力』をある程度発揮できる程度の体調や気分であること」としました。私たちは，国や企業・団体など，所属する組織の取り組みを待つことなく，自らの心身が健康であるよう，当事者意識をもって，自ら積極的に「セルフケア」に取り組むことが必要なのです。

3. 自分のメンタルヘルスケアへの取り組みは今から

　さて，ここまで，職場におけるメンタルヘルスに関して，基本的な考え方と現状を確認してきました。メディアでも取り上げられることが増えてきましたので，どこかで見聞きした内容もあるでしょうか。

　それらも含め，本章で確認してきたことを，自分の身に置き換えてとらえなおしてみてください。学生の立場からすれば，職場というと，やや遠い場

所のような印象を受けるかもしれません。また，健康に関するトピックスについても，現時点で，健康上，何の問題も感じていない状況であれば，遠い将来の話のように感じるかもしれません。

しかし，職場に関していうと，アルバイトをしていればそこが職場であり，また，直接的な仕事場面でなくても，例えば，部活動・サークル活動，ゼミやクラス，委員会などで活動していれば，疑似職場として捉えることもできます。数年先には，何らかの形で仕事をする生活をスタートさせる人がほとんどでしょう。職場は目の前にあるといえます。

また，健康面でいうと，実感はなくても，人間の体の機能は20代をピークに衰え始めますので，まさに今，20代から自分のメンタルヘルスケアにスタートさせることが望まれます。そうすることで，心身の土台をより強く，かつ，しなやかにすることができ，その後の30～40代での充実した生活

表8-7 確認項目例

体調	◇最近の体調や気分は？ ◇定期的に健康診断を受けていますか？　その結果は？ ◇睡眠時間は？ ◇食事の頻度, 時間帯, 内容は？ ◇痛みやしびれは？　その様子, 程度, 頻度は？　受診は？ 　　　　　　　　　　　　　　　　　　　　　　　　　　など
ストレッサー	◇自分が置かれている状況・環境は？ ◇最近, 自分の身に起きた変化は？ ◇近々, 自分の身に起りそうな変化は？ ◇困っていることは？ ◇自分にとっての調子のよしあしを知るバロメーターは？ 　　　　　　　　　　　　　　　　　　　　　　　　　　など
ストレス反応	◇身体面に現れていることは？ ◇気分・意欲の面に現れていることは？ ◇思考の面に現れていることは？ ◇行動面に現れていることは？ ⇒いつもと違う状態か？ 　［だいたい同じ／いつもと違う］ ⇒いつもと違う状態の場合, その持続期間はどれくらいか？ 　［数日／2～3週間以上］
ストレス対処の方法 （緩衝要因）	※1人でやること／誰かと一緒にやること ◇気持ちが落ち着く, 楽しい気分になれることは？ ◇気晴らし・趣味は？　その時間の捻出のしかたは？ ◇疲労回復の方法は？ ◇困ったときに助けてくれる人は？ ◇ストレス対処のために, ふだんからできそうなことは？ 　　　　　　　　　　　　　　　　　　　　　　　　　　など

につなげることができるのです。

表8-7に確認項目例を挙げましたので，自分の状況を点検する際の参考にしてください。

以上の点検を通して，自分のメンタルヘルスケアにおいて実践することを2～3つ挙げ，今日からそれらを実践してください。最初は，1週間に1回やる，というレベルからスタートしてもよいでしょう。少しずつ頻度を増やし，継続することで，いずれ習慣として身についてくると，より負担感なく，メンタルヘルスケアを実践できるようになるでしょう。

> **学習した内容を活かすために**
>
> 1. 自分のストレッサーとストレス反応について振り返ってみましょう。
> 2. 自分がふだんからできるストレス対処の方法を，できるだけたくさん列挙してみましょう。また，その内容を，引き続き，実践しましょう。
> 3. 困ったときに助けてくれる人，相談できる人を列挙しておきましょう。
> 4. 身近な組織（アルバイト先など）で，どのようなメンタルヘルス施策が行われているのか，身近にいる社員がそれらをどのように受け止め，参加して（取り組んで）いるのか調べてみましょう。

参考文献・引用文献

奥林康司（2011）．QWL―QWLへの関心とその基本問題　日本労働研究雑誌　No. 609　pp.26-29

菊野一雄（2009）．「労働の人間化（QWL）運動」再考―その歴史的位置と意味の再検討　三田商学研究　第51巻第6号　pp.13-24

厚生労働省ホームページ　こころの耳　働く人のメンタルヘルス・ポータルサイト―心の健康確保と自殺や過労死の予防など　メンタルヘルス対策（心の健康確保対策）に関する施策の概要

厚生労働省（2020）．脳・心臓疾患と精神障害の労災補償状況

厚生労働省（2020）．労働安全衛生調査

東京都ホームページ　東京都労働相談情報センター　働くあなたのメンタルヘルス

内閣府（2007）．仕事と生活の調和（ワーク・ライフ・バランス）憲章

第9章
作業管理・安全管理

この章を学習することの意義

1. 仕事の能率や生産性を向上するための作業管理の方法論を知ることで,「無理・無駄・ムラ」を省いた,効率的な仕事の仕方を考える視点を得ることができます。
2. 労働災害や産業事故に関わる人間の特性,及びそれを防止するための方策を理解することで,自分や他の人たちが危険を回避するための備えを考える手掛かりが得られます。

企業が高い競争力を備えるには,市場や顧客のニーズにあわせて,タイムリーに製品・サービスを供給できなければなりません。そのためには,個々の作業者の仕事の能率を高め,高い生産性と品質を安定して維持することが必要です。また一方で,企業には,生産活動における作業者の安全を確保する責務もあります。人命を脅かす労働災害,あるいは広範囲に被害の及ぶ産業事故が起きれば,その企業の社会的信用は失墜し,大きな打撃を受けることもあります。

　本章の前半では,作業の能率,生産性と品質の維持・向上に関する「**作業管理**」,後半では労働災害や産業事故の防止対策に関する「**安全管理**」について,その理論と実践方法を説明します。

1. 作業管理

　製品の製造やサービスの提供など,現場第一線で働く作業者の仕事の能率は,企業の生産性を支える重要な基盤です。仕事の能率の向上を図るには,作業時の動作,手順や方法,作業者の人数と役割分担,1人当たり／1日当たりの作業量と作業時間,そして使用する道具や設備の配置などを適切に設計し,管理・運営していく必要があります。仕事における無理,無駄,ムラ（3ム）を可能な限り省き,生産性向上のための改善と標準化を行うことが,作業管理の重要な目的です。

1-1 作業研究

　作業の改善や標準化を行うには,まず実際の作業内容に関する実態を把握・分析する必要があります。この現状分析のための技法は,総称して作業研究（work study）と呼ばれます（向井,1999）。以下に述べる時間研究（time study）と動作研究（motion study）が,この技法の基礎となっています。

1）時間研究

　20世紀の初頭,大量生産の時代を迎えたアメリカの製造業では,労使の対立が深刻化し,工場の生産性が伸び悩んでいました。製鋼会社の機械技師であったテイラー（Taylor, F. W.）は,作業者に課す「1日当たりの公正な作業量」を科学的な方法によって解明することに尽力しました。そのために考案された手法が時間研究です。

　時間研究では,対象とする作業を細かい要素に分解したうえで,個々の要

素の遂行にかかる時間をストップウォッチで計測します。例えば，「椅子から立ち上がって，黒板へ行き，チョークを取って字を書き，チョークを置いてもどり，椅子に腰掛けて休む」（藤田，1978）という単純な作業を繰り返す場合を考えてみます。この作業を細かな要素に分解すると，「歩く（立って黒板まで歩く）」，「書く（チョークを取って字を書きチョークを置く）」，「歩く（もどって座る）」，「休む（休む）」となります。この一連の要素について観察を行い，それぞれの要素の遂行にかかる時間を計測します。

こうして計測した作業時間を分析することで，無駄な部分を排除し，作業を標準化するための資料が得られます。例えば，熟練者の作業時間の計測結果から，最も能率の高い作業方法を明らかにし，それを基準にして他の作業者に課す標準作業量（課業）を公正に設定できます。また，作業の要素のうち，最も時間のかかる部分や，人によって時間にバラツキのある部分に着目し，作業条件の改善や作業者への重点的な訓練を行うことも可能です。

実際に，テイラーは金属の切削作業やシャベルでの採掘作業など，さまざまな作業の改善に成功しています。また，標準作業量に基づく賃金の差別出来高制（課業を達成した場合に高い賃率，達成できなかった場合に低い賃率を適用する）も導入し，労使の対立の緩和と生産性の向上に貢献しました。テイラーの功績は「科学的管理法の原理」（Taylor, 1911）として，広く知られています。

2）動作研究

動作研究は，テイラーと同時期に活躍したギルブレス夫妻（Gilbreth, F. B., & Gilbreth, L. M.）が考案しました。建築技師であった夫のフランクは，レンガ積み職人たちがそれぞれ異なる作業方法を用いており，またいつも同じ順序で作業の動作を行うのではなく，急ぎの場合など状況に応じて動作の組み合わせを変えていることに気づきました。そこで，彼らは作業者の微細な動作に着目し，最善の作業方法の探索を開始したのです。

彼らは作業者の作業中の動作を写真に連続して撮影し，動作の流れや所要時間を把握するフィルム分析の方法を確立しました。そして詳細な観察を重ねた結果，どの作業にも共通して17個の基本的な動作（要素動作）が含まれており，これらを組み合わせて一連の作業が行われていることを明らかにしました。

作業者の要素動作は，表9-1のサーブリッグ記号を用いて記録されます

表9-1 サーブリッグ記号

番号	名称	サーブリッグ記号		説明	具体例 "机上の鉛筆を手に取り字を書く"
1	探す	Sh	⌒	物を探している眼	鉛筆がどこにあるか探す
2	見出す	F	⌒	物を探しあてた眼	鉛筆を見つける
3	選ぶ	St	→	対象に向かう	数本の中から使う鉛筆を選ぶ
4	空手	TE	∪	空の皿	鉛筆の置かれた所へ手を出す
5	つかむ	G	∩	物をつかむ手	鉛筆をつかむ
6	運ぶ	TL	⌒	物をのせた皿	鉛筆を持ってくる
7	位置決め	P	9	物を置いた指	鉛筆の先を書く位置につける
8	組み合わせ	A	#	組み合わせた形	鉛筆にキャップをかぶせる
9	使用	U	∪	上向きのコップ(Useの頭文字)	字を書く(鉛筆を使う)
10	分解	DA	++	組み合わせから1本抜いた形	鉛筆のキャップをはずす
11	はなす	RL	⌒	逆さにした皿	鉛筆をはなす
12	調べる	I	○	レンズの形	字の出来映えを調べる
13	前置き	PP	8	ボーリングの棒を立てた形	鉛筆を持ち直す
14	保持	H	∩	磁石に物をつけた形	鉛筆を持ったままでいる
15	避けられない遅れ	UD	⌒	倒れた人	停電で字が書けず待つ
16	休息	R	⌐	腰掛けた人	疲れたので休む
17	避けられる遅れ	AD	⌐	寝ている人	よそ見をして字を書かずにいる
18	考える	Pn	⌐	頭に手をあて考えている人	何を書くか考える

出所：通商産業省(1962)を一部改変。

(サーブリッグ（Therblig）とは，ギルブレス（Gilbreth）のスペルを逆に綴ったものです）。当初は17種類の記号が用いられましたが，表9-1には現在日本で使用されている18種類を示しています（「2 見出す」が追加された要素動作です）。

表9-2　必要度に基づく要素動作の分類

第1類		第2類		第3類	
記号	名称	記号	名称	記号	名称
∩	つかむ	◇	探す	⌒	保持
∪	空手	→	選ぶ	⌐○	避けられる遅れ
⌣	選ぶ	9	位置決め	◇	避けられない遅れ
⌒	はなす	8	前置き	ℒ	休息
○	調べる	ℒ	考える		
#	組み合わせ				
‡	分解				
U	使用				

出所：藤田(1978)を一部改変。

　記録の結果から，不要な要素動作を特定し，それを排除することで動作を改善できます。ギルブレス夫妻の研究では，熟練作業者の動作は，比較的少ない要素動作で構成されることが明らかになっています。要素動作は作業での必要性の程度に応じて，表9-2の3群に分類されます（藤田，1978）。第1類は，作業で一般的に必要と考えられる動作です。これらについては，順序を変えたり，短時間で遂行できるように改善を検討します。第2類は，第1類の動作を遅らせる性質をもつため，できるだけ排除することが必要です。第3類は，明らかに作業が行われていない状態を表すため，これらを排除することが，最も効果的な改善につながると考えられます。

3）作業研究

　バーンズ（Barnes, 1980）は，時間研究と動作研究を「動作・時間研究」としてまとめ，その集大成として作業能率の向上や作業者の疲労軽減を図るための「動作経済の原則」を提唱しています。この原則には，①身体の使用（例：手作業をする際に両手を同時かつ対称的に動かせるように工夫する），②作業現場の配置（例：使用する工具や材料は互いに近い位置に置き場所を定め

る)，③道具・設備の設計(例：足で操作するペダルの活用，釘抜き付きハンマーや消しゴム付き鉛筆など複数の用途をもつ道具の使用)の3つの側面についての指針が整理されています。その後，作業研究の技法は，経営工学やインダストリアル・エンジニアリング（industrial engineering：IE）の分野で発展し，現在でも作業を適切に設計するための重要な手法として用いられています。

1-2 生産システム

　技術の高度化とともに，産業界では生産性向上とコストダウンを図り，品質を一定水準に担保する生産システムが構築されてきました。その代表的なものを以下に説明します。

1) テイラーシステム

　テイラーの「科学的管理法」の考え方を実践した生産システムです。「科学的管理法」の下では，経験則に頼るのではなく，科学的な手法に基づき，作業量や作業方法の設定と計画，作業者の訓練が行われました。前節の時間研究によって，標準作業量を設定し，最も効率的な作業方法と道具を定め，作業の標準化を行いました。また，管理者が受け持つ役割を生産計画の立案と作業の監督に分割し，それらを複数の担当者で分担する機能別職長制も重要な特徴です。

2) フォードシステム

　アメリカのフォード社のヘンリー・フォード（Ford, H.）が確立した生産システムです。自動車は車体，車輪，車軸，エンジンの他，多くの部品で構成されています。フォードシステム以前の自動車生産では，部品の形状に違いがあり，組立の段階で手作業のヤスリ掛けなどで調整しなければなりませんでした。フォードシステムでは，部品の加工専用の機械を導入し，製品間で互換できる正確な形状で部品を製作することを可能としました。また，部品の組立にベルトコンベアを使用することで，安定した作業速度で生産を行い，米国における自動車の大量生産を実現しました。

3) トヨタ生産システム

　トヨタ自動車元副社長の大野耐一が確立した生産システムです。製品の在庫や時間の無駄を排除し，「必要なものを，必要なときに，必要なだけ」生産・運搬するジャスト・イン・タイム（just in time：JIT）という仕組みを構築

しています。生産や運搬の指示に「カンバン」というカード（伝票）を用い，自分たちの担当する工程の作業で使う部品・資材を必要な量だけ，前の工程から引き取り（後工程引き取り方式），不要な在庫をもたないように改善を進めます。もう1つの特色は，異常を発見して運転を停止する機械の「自働化」です（単に動くだけの「自動」ではなく，善し悪しを判断させるという意味が込められています）。設備の状況や異常は，「アンドン」と呼ばれる表示装置により，光（ランプ）や音で作業者に知らされます。このしくみにより，発生した問題点を「見える化」し，不良品の発生を抑えています。

1-3　仕事の継続的改善

1）管理のPDCAサイクル

　生産性の向上やコストダウンを図るには，作業や生産システムの継続的改善に取り組んでいくことが不可欠です。この継続的改善に関する管理の基本的な考え方がPDCAサイクルです（図9-1）。PDCAとは，管理の進め方における計画（plan），実行（do），確認（check），処置（action）という各段階の頭文字をとった用語です。つまり，最初に計画を立て，その計画に沿って実施し，実施した結果を確認し，確認した結果が計画と異なっていれば処置（改善や修正）を行います。そして，再び計画を立案することから開始します。こうしたサイクルを「PDCAを回す」といいます。

　もちろん，単に一周するだけでは現状維持にとどまります。そのため，PDCAサイクルを経るごとに，適切な処置を講じ，目標を徐々に高く設定していくことで，結果を改善していかなければなりません。PDCAを

図9-1　管理のPDCAサイクル

継続して回すことは，少しずつでも確実な向上を図っていくことなのです。PDCA は，品質管理の分野で提唱された考え方ですが，作業管理を含め管理業務全般で広く使用されています。

2）小集団活動と KAIZEN

　日本の産業界では，継続的な改善を実施するため，現場で働く作業者による小集団活動が活用されてきました。活動のテーマや名称は様々ですが，「社内で複数の小集団（10 人前後）を形成し，それぞれの小集団の創意工夫によって自らの職場改善や能力開発を行うことを目的とする」という特徴は共通しています（菅沼, 2009）。

　品質改善を目的として活動する QC サークルは，小集団活動の代表的な例です。日本の高度経済成長期に，品質管理の指導者として活躍した化学工学者の石川馨によって考案されました。QC とは，当時，品質管理を表す用語して一般的であった quality control の略称です。QC サークルは，「第一線の職場で働く人々が継続的に製品・サービス仕事などの質の管理・改善を行う小集団と定義されます（QC サークル本部, 1996）。

　QC サークルでは，現場の作業者たちが，まず「現場・現物・現実」をしっかりと観察し，データを収集・分析して現状の問題点を把握します。それをもとに，小集団での討議を通じて，問題解決策を検討し，自分たちの手で実践していきます。そして，前項の PDCA サイクルを回し，作業の進め方や職場環境の改善に取り組みます。

　QC サークルは製造業を中心に導入されていましたが，品質管理以外のテーマにも適用できるため，間接部門（製造作業に従事しない企画，総務，経理など）や，サービス業をはじめとする非製造業にも広がりました。現在では，生産性向上，原価低減，納期短縮，省エネ等の多様なテーマが扱われるとともに，企業の総合的品質管理（total quality management：TQM）の実践に活用されています。

　また 1980 年代以降，こうした現場の作業員たちによる継続的な改善活動は国際的に注目を集め，「KAIZEN（カイゼン）」という語で広く知られるようになりました。「KAIZEN」を進める基本は，作業の 3 ムを排除するための 5S の徹底です。5S とは「整理・整頓・清掃・清潔・習慣」の頭文字です（「習慣」は「躾（しつけ）」と呼ぶこともあります）。例えば，製造工場で資材や工具が乱雑に置かれていれば，その工場の製造品質が高いとは考えにくいで

しょう．乱雑な状況では，何がどこにあるかわからず，必要なものを探す無駄な時間がかかります．5Sの徹底は，単なる美化活動ではなく，効率よく仕事を進めるための職場環境の改善です．これは生産性の向上はもちろん，次節で述べる安全管理においても重要です．

2．安全管理

　安全管理は，事故や災害をもたらす危険を排除し，これらの発生を未然に防止することを目的とします．かつての事故や災害の多くは，機械・設備の故障によって生じていました．しかし，技術の高度化，機械・設備の自動化と信頼性の向上が進み，近年の重大な事故や災害の多くには，人間の不安全行為が関与していることが知られています．そのため，産業現場における安全管理を効果的に実践していくには，人間の行動への深い理解と洞察が不可欠です．

　安全人間工学やヒューマンファクターの分野では，人間のもつさまざまな特性を踏まえて，安全管理の問題を解決するための研究が進められています．なお，人間工学とは，人間の能力や限界に適合するように，製品，作業，環境などの外的条件の改善を目指す学問です（ヨーロッパではエルゴノミクス（ergonomics），アメリカではヒューマンファクター（human factors, human factors engineering）と呼ばれてきました）．

　本節では，まず人間の不安全行為について，安全人間工学とヒューマンファクターの知見を基に解説し，次に産業現場で取り組まれている事故防止のための対策・活動を紹介します．

2-1　不安全行為

　人間の不安全行為には，操作ミスや判断ミスなどのヒューマンエラーと，作業規則や手順書から故意に逸脱する違反があります．以下，それぞれについて説明します．

1）ヒューマンエラー

　高所からの落下，機械へのはさまれ・巻き込まれなど，労働災害は多くの場合，作業している本人または周囲の他者のヒューマンエラーに起因しています．また，航空，鉄道，医療，原子力発電などの産業事故が発生した経緯

を調べると，ヒューマンエラーが事故の進展に関与していることが示されています。

ヒューマンエラーにはさまざまな定義や分類がありますが，ここではとくに人間の認知的な特性や行為を実行する際の心理過程に着目したものを取り上げます。代表的な定義としては，「計画された一連の心理的・身体的過程において，意図した結果が得られなかった場合を意味する用語」（Reason, 1990），「意図した目標を達成することに失敗した，あるいは意図しない負の結果（事故や損失など）をもたらした人間の決定や行動」（芳賀, 2006）などがあります。これらの定義に含まれる「意図した結果」や「意図した目標」とは，本人がある行為や判断を実行することにより，達成しようと考えていた事柄を指します。これを達成できず，望ましくない「意図せざる結果」を招いてしまった行為がヒューマンエラーです。

例えば，作業において「配管の弁を開く」という結果を達成するために，「制御盤で『開』操作のボタンを押す」という行為を実行するとします。もし何らかの理由でスイッチ操作を適切に実行できなければ，「開くべき配管の弁が閉じたまま」という望ましくない結果を招くことになります。この例では，「配管の弁を開く」ことが意図した結果・目標であり，それを達成できなかった「不適切なスイッチ操作」という行為がヒューマンエラーにあたります。

注意力の働かせ方次第で，ヒューマンエラーの起こりやすさは変わってきます。十分な注意を向けて慎重に作業する場合と，眠気や疲れでぼんやりした状態のまま作業する場合とでは，後者の方が間違いやすいことは実感できるでしょう。

橋本（1984）は大脳生理学の知見に基づき，人間の意識の明瞭さ（覚醒度）を5つのフェーズに区分し，その意識フェーズによってヒューマンエラーの発生確率が異なることを指摘しています（表9-3）。これらのうち，フェーズⅢの段階が最も意識が明瞭で，注意力を十分に活用できる状態です。そのため，意識をフェーズⅢの段階に保ったまま，常に作業できればよいのですが，残念ながらあまり長い時間維持することができません。通常，作業者は，勤務時間の2/3～3/4をフェーズⅡの段階の意識フェーズで過ごします。特に，習熟した定常作業の大半はフェーズⅡの段階で処理されています。これは大脳の情報処理機能が休息を必要とするという生理的な限界のためです。加えて，作業中には急な予定変更や突発的な予期せぬ異常事態に見舞われること

表9-3 意識の5つのフェーズ

フェーズ	意識のモード	注意の作用	生理的状態	エラー発生確率
0	無意識, 失神	ゼロ	睡眠・脳発作	1.0
I	正常以下, 意識ボケ	inactive	疲労, 単調, 居眠り, 酒に酔う	0.1以上
II	正常, リラックス状態	passive, 心の内方に向かう	安静起居, 休息時, 定例作業時	0.01～0.00001
III	正常, 明瞭な状態	active, 前向き, 注意野も広い	積極活動時	0.00001以下
IV	興奮状態	一点に凝集, 判断停止	緊急防衛反応, 慌て→パニック	0.1以上

出所：橋本(1984)を一部改変。

があり，過剰に緊張・興奮したフェーズIVの段階へ移行することもあります。

たとえ真面目に仕事に取り組み，十分に注意を向けようと努力しても，ヒューマンエラーを起こしやすい意識フェーズを避けることは困難です。ヒューマンエラーは不真面目な人に見られる特徴ではなく，条件次第で誰もが起こす可能性があると理解する必要があります。「常に注意する」とか「気を抜かない」だけでは，ヒューマンエラーを防ぐことは難しいのです。

2）ヒューマンエラーの基本的タイプ

作業で同じようなミスが生じたとしても，作業者がその行為を行った際の心理過程は異なることがあります。一般に，人間が行為を行う際の心理過程は，計画段階と実行段階の2つに分けて捉えることができます。例えば，「配管の弁を開く」ためのスイッチ操作をする場合，行為者はそれをどのような手続きで行うのか，一連の行為を計画します。具体的には，「制御盤上の『開』操作のボタンを押す」必要があることを認識し，そのボタンがどこにあるか見定め，手を伸ばしてボタンを押すといった流れを思い描きます。これが計画段階であり，行為者は一連の行為を実行しようという明確な「意図」を形成します。そして，その「意図」に基づいて，行為者は計画した行為，つまり「制御盤上の『開』操作のボタンを押す」ことを実行に移します。このように実際に行為を行うのが実行段階にあたります。

行為の計画段階と実行段階のいずれにおいても，誤りは生じうるのですが，各段階で生じる誤りの性質は異なります。そのため，行為の結果（例えば「不

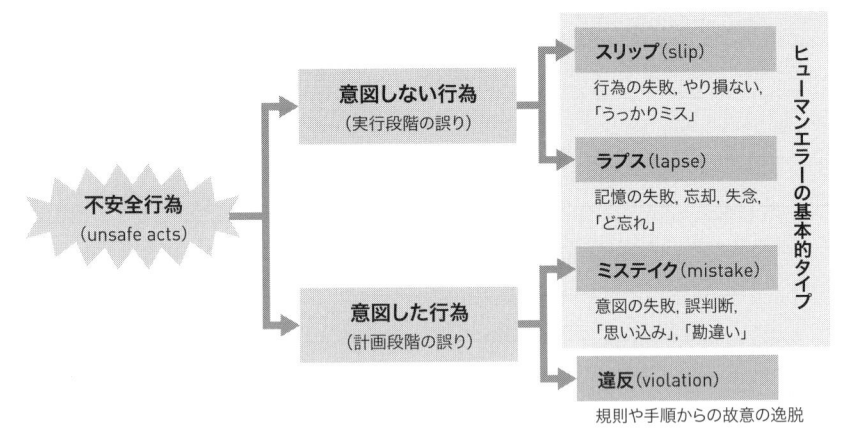

```
                              ┌─→ スリップ(slip)            ヒ
                              │   行為の失敗,やり損ない,    ュ
              ┌─ 意図しない行為 ─┤   「うっかりミス」         ー
              │  (実行段階の誤り) │                          マ
              │                │                          ン
              │                └─→ ラプス(lapse)            エ
              │                    記憶の失敗,忘却,失念,    ラ
不安全行為 ────┤                    「ど忘れ」                ー
(unsafe acts) │                                            の
              │                ┌─→ ミステイク(mistake)      基
              │                │   意図の失敗,誤判断,       本
              └─ 意図した行為 ──┤   「思い込み」,「勘違い」   的
                 (計画段階の誤り) │                          タ
                                │                          イ
                                └─→ 違反(violation)         プ
                                    規則や手順からの故意の逸脱
```

図9-2　不安全行為の分類:ヒューマンエラーの基本的タイプと違反
出所:Reason(1990)を一部改変。

適切なスイッチ操作を行った」）だけを見るのではなく，心理過程のどの段階で誤りが生じたのかに目を向けなければ，「どうしてヒューマンエラーが起こるのか」を理解することは難しいのです。行為の計画段階と実行段階を区別する視点から，ヒューマンエラーはスリップ，ラプス，ミステイクの3種類の基本的タイプに分類されます（Norman, 1981；Reason, 1990）。

図9-2は，この3種類のタイプと違反を含む不安行為の分類を示しています。図中の「意図しない行為」とは，実行段階の誤りを指します。一連の行為について，適切な手続きで正しく計画していたにもかかわらず，いざそれを実行に移すときに失敗し，計画とは異なる不適切な行為を行ってしまったということです。この実行段階の誤りには，スリップとラプスの2つのタイプのエラーがあります。また，「意図した行為」とは，計画段階の誤りを指します。一連の行為を実行する以前に，そもそもの計画自体に不適切な手続きを採用しており，問題を含んでいたという場合です。つまり，行為者は計画通りに行為を実行することに成功しますが，それは不適切な計画に基づくため，不適切な行為に終わってしまうということです。計画段階の誤りには，ミステイクというタイプのヒューマンエラー，そしてヒューマンエラーとは区別される違反が含まれます。

①スリップ：「意図しない行為」に分類されるスリップは，適切な行為を行おうとしながら，手元が狂ったり，やり損ないをする場合です。「うっか

りミス」といわれる誤りの大半は，スリップに該当します。先のスイッチ操作の例でいえば，操作者はボタン「A」を押すつもりでいたものの，ボタン「B」を誤って押した場合がスリップです。

②ラプス：同じく「意図しない行為」に分類されるラプスとは，適切な行為を実行に移す直前や途中で，実行に必要な情報や実行すること自体を忘れてしまう場合を指します。つまり，覚えておくべきことを「忘却」，「失念」するという記憶の失敗です。機器スイッチ操作では，ボタンを押すという操作手順を忘れてしまい，ボタン「A」も「B」も押さなかった場合がラプスにあたります。

③ミステイク：「意図した行為」に分類され，行為を計画する段階で，不適切な手順・手続きで行為を行おうとする意図を形成してしまう誤りをミステイクといいます。いわゆる「思い込み」や「勘違い」にあたり，行為者は不適切な行為を計画したとおりに実行してしまうため，間違いに自ら気づくことが困難です。例えば，機器のスイッチを操作する際，制御盤上に「A」と「B」の2つのボタンが配置されていたとします。ボタン「A」を押すことが正しい操作なのに，操作者が正しい操作はボタン「B」だと思い込んで押してしまった場合がミステイクです。

なお，違反については後述しますが，ミステイクと同様に「意図した行為」に分類されており，不適切な計画を実行するという点では共通しています。しかし，違反の場合は，定められた規則や手順書から故意に逸脱した行為を計画しており，行為者にはその行為が不適切だという認識があります。これに対し，ミステイクは自身の計画を不適切だとは認識せず，むしろ適切と思い込んで実行する点に違いがあります。

3）ヒューマンエラーの防止対策

ヒューマンエラーの基本的タイプを知ることで，各タイプに応じた防止対策を考えることができます。

①スリップの対策：スリップを防ぐには，作業内容や操作対象を目視・指差し・発声して確認する指差呼称という作業方法が有効です。急いで慌てて作業するのを避け，一呼吸置いてから，確実に注意を払って再確認することを促します。また，制御盤のスイッチの操作方向や位置を統一するなど，機械・設備の側の標準化を行うことで，誤操作の実行を防止できます。さらに，仮に誤操作をしても，それを災害や事故につなげないための工学的なしくみ

も導入されています。フェイルセーフとは，誤操作により機械の故障や異常が生じても，それ以上の危険が生じないようにするしくみです。例えば，鉄道の自動列車停止装置（ATS）は，運転士が停止を指示する赤信号に気づかずに列車を進行させると，自動的にブレーキをかけて停止させます。フール・プルーフは，誤操作をしても，それを機械・設備の側で受けつけないようにするしくみです。例えば，電子レンジはドアを閉めなければ加熱できないようになっています。

　②ラプスの対策：ラプスは記憶の失敗であるため，作業者の記憶を補助する対策が有効です。具体的には，実施すべき事柄をメモする，チェックリストを活用するという方法が挙げられます。例えば，航空機の機長と副操縦士は，離着陸時に準備する事柄や把握すべき情報について，チェックリストを読み上げて確認しています。

　③ミステイクの対策：ミステイクを防ぐには，行為の計画段階で正しい判断ができるよう，教育・訓練を充実する必要があります。加えて，作業環境の改善や作業実施上の工夫を行うことも有効です。例えば，操作機器の制御盤をわかりやすく色分けしたり，明確な表示・配置へ変更することにより，見間違いや思い込みを起こりにくくすることができます。また，作業時に情報や指示を口頭で伝える際には，伝え手と受け手が互いに間違った解釈をしないよう，内容を繰り返し発声する（復唱），別の表現に言い換えて詳しく述べて確認する（確認会話）など，コミュニケーション上の工夫が必要です。この他，前述の指差呼称も見間違いの防止に有効です。

4）違反

　危険な作業を安全に行うため，また機械・設備を安全に操作するために，産業現場では安全規則や手順書が整備されています。しかし当然ながら，これらは作業者に遵守されなければ意味がありません。自動車を運転する際の速度超過，高所で作業する際の安全帯の不着用，作業手順の省略など，定められた規則や手順書を故意に逸脱する違反行為は，ヒューマンエラーと同じく，災害や事故の引き金となります（Reason, 1997；芳賀, 2000）。

　ヒューマンエラーの場合は，「意図した行為」であるミステイクであっても，本人に自分の行為が不適切だという認識はありません。これに対し，違反は，それが不適切であると自ら認識しながら選択する行為であり，その背後の心理的過程が異なります。産業界では，規則や手順書からの故意の違反

を「不安全行動」と呼んでいます。不安全行動は，危険と知りつつあえてそれを行うリスク・テイキングの一種ととらえられ，「本人または他人の安全を阻害する可能性のある行動を意図的に行うこと」と定義されています（芳賀，2000）。

5）違反の分類と背後にある心理的背景

英国安全衛生庁（Health and Safety Executive, 1995）は，産業現場での規則や手順書からの違反について，その実態と背景を踏まえて，次のように分類しています。

①日常的な違反：規則や手順書からの違反が，職場のなかで常態化している場合を指します。日常的に違反が繰り返され，その行為が顧みられることもなく，「違反である」という自覚も乏しい状態です。日常的な違反が定着する背景には，作業時の労力や時間を節約したいという欲求があります。とくに熟練した作業者には，規則が厳しすぎるという認識がもたれることもあります。また，一旦，定められた規則や手順書が，現場での作業の実態に合わないことも，違反が生じる一因となります。

②状況に依存した違反：規則や手順書を守ると，予定された期間内に作業を終えることが難しい場合の違反です。この背景には，作業を短時間で終わらせることを迫る時間圧，作業量に対する人員不足，工具や保護具の不足など，作業環境や状況の問題があります。管理・監督する側も，作業が予定通りに終わらなければ困るため，違反を黙認することがあります。そうなると，安全規則や手順書はうわべだけのものとなり，徐々に形骸化してしまいます。

③例外的な違反：作業中に何らかの異常が生じた場合に，早急に問題解決を図ろうとして行われる違反です。作業者が，違反のもたらす危険な結果をよく理解していない，違反を危険と認識しながらも，それを行わなければ問題を解決できない，などが理由として挙げられます。この違反には，職務上の使命感に基づき，解決を急ぐがゆえに起こるという側面があります

④楽観的な違反：単調で変化のない作業を繰り返す場合に，刺激を求めたり，好奇心や自己満足のために行われる違反です。危険を冒してスリルを感じたい，自分の技量の高さや度胸の強さを誇示したいなどの理由から，違反をすること自体が目的となります。

また，芳賀（2006）は，リスク・テイキングの観点から，多くの場合にあてはまる一般的な違反の心理的要因を指摘しています。①作業者が違反

にともなう危険に気づかないか主観的に小さく見積もる場合（リスク要因），②危険を冒して得られる目標の価値が大きい場合（ベネフィット要因），③危険を回避するためにかかるデメリットが大きい場合（コスト要因）に，違反は誘発されます。

6）違反の防止対策

違反を行うか否かは意思決定の問題であり，そこには個人の動機づけや職場の集団規範が関与します。違反防止に有効な方法は，十分に確立されてはいませんが，背後にある心理的要因を踏まえて対策を検討することが必要です。以下にその要点を述べます。

a）安全規則や手順に関する理解と納得

安全規則や手順を定めても，それを作業者へ押しつけるだけでは守られません。安全規則や手順は，作業に余分な労力や時間をかけることを要求します。ヘルメットや保護具の着用など，作業者に窮屈な思いをさせることも少なくありません。作業者からすると，作業の効率性や快適性が損なわれ，負担を強いられるという側面があるのです。そのため，なぜその安全規則や手順が必要なのか，守らないとどう危険なのか，導入の趣旨と理由を含めて作業者に周知しなければなりません。

b）違反による利益と損失

表9-4に示すように，違反には，作業者にとっての利益と損失がともないます。前述のリスク・テイキングの観点で違反をとらえた場合のベネフィット要因とコスト要因は，それぞれ利益と損失に相当するものです。損失より利益の方が上回ると認識した場合に，作業者は違反を行いやすくなります。

c）違反に対する罰則と規範

違反した行為には，相応の罰を与えることも必要です。違反しても叱られ

表9-4 違反による利益と損失

違反で得られる利益	違反で生じうる損失
・より働きやすい ・時間を節約できる ・より刺激を感じることができる ・仕事を完了することができる ・自分の技量を示すことができる ・納期を守ることができる	・事故の原因となる ・自分や他人に怪我をさせる ・修理に費用がかさむ ・制裁，懲罰を受ける ・失業する，昇進機会を失う ・同僚から非難を受ける

出所：Battman & Klumb(1993)より。

ない，強制力のないルールは守られません。加えて，周囲の同僚の多くが安全規則や手順を守らず，それが黙認されていれば，自分だけ律儀に守る気にはなれないでしょう。管理・監督者が違反に厳格に対処するとともに，職場集団が安全規則や手順の必要性とその遵守の重要性を共有し，違反を容認しない規範を確立することが必要です。

d）ルールの肥大化への注意

問題が起こるたびに，その対策として安全規則や手順の追加・変更が行われていきます。適切な内容への変更は必要ですが，確認すべき事項や手順の数を単に増やすことが繰り返され，ルールが肥大化してしまうことがあります。その結果，作業者の負担は増大し，作業の効率に大きく支障をきたすようなら，違反の利益の方に目が向きやすくなるでしょう。現場の実状を顧みず，「守れないルール」を定めても意味がありません。安全規則や手順を新たに導入する場合，既存の不必要な規則・手順の撤廃もあわせて検討する必要があります。また，作業環境の問題や用具・装備の不備があるなら，それを改善することの方が先決です。

2-2 事故の発生と防止

産業界では，事故防止のためのさまざまな安全対策や活動が取り組まれています。ここでは，その考え方の基盤となる事故発生の理論的モデルについて概説し，産業界での代表的な取り組みを紹介します。

1）事故発生の理論的モデル

a）ハインリッヒの法則

20世紀の初めにハインリッヒ（Heinrich, 1931）は，労働災害の保険請求データに基づき，1件の重大事故の背後には，軽傷の事故が29件，無傷の事故が300件あるという法則性（1：29：300）を見出しました。さらに，無傷の事故の背後には，無数の不安全行為や不安全状態が存在することを指摘しました。この数値が全ての産業にそのままあてはまるわけではありませんが，重大事故は多数の不安全状態のいわば氷山の一角として存在します。つまり，重大事故を未然に防止するには，傷害に至らなかった事例の情報を収集し，そこに見出される作業者の不安全行為，作業環境の不安全な状態などの問題点を改善する必要があります。

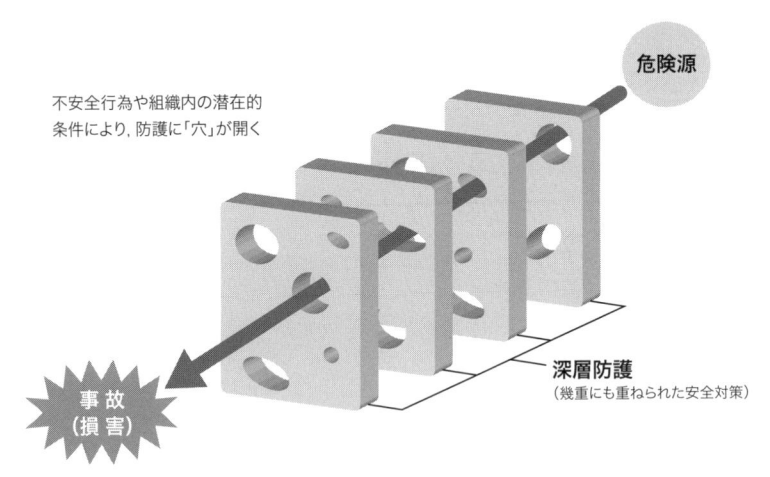

図中ラベル:
- 危険源
- 不安全行為や組織内の潜在的条件により、防護に「穴」が開く
- 事故（損害）
- 深層防護（幾重にも重ねられた安全対策）

図9-3　スイスチーズ・モデル　出所：Reason(1997)を一部改変。

b）スイスチーズ・モデル

　化学プラントや原子力発電所など，高度な工学技術で潜在的な危険をコントロールしているシステムでは，事故を防止するための安全対策や安全装置が幾重にも設けられています。例えば，危険な物質の保管区域への立ち入り制限，火災などの異常を早期発見する感知器，差し迫った危険を知らせる警報，危険を拡大させないための遮断装置や設備の非常停止装置などが，システム全体のなかに機能として組み込まれています。こうした安全確保のための手段を防護と呼び，工学的な安全装置・設備のほか，作業の安全規則や手順，現場第一線の作業者の行動までも含まれます。1つの防護がうまく機能しなくとも，別の防護がそれを補うように設計することを深層防護（または多重防護）といいます。

　しかし，深層防護は常に万全ではありません。Reason（1997）は，多層の防護をすり抜けて事故が生じる過程をスイスチーズ（気孔のあるチーズ）にたとえて説明しています。図9-3のスライスされたチーズは個々の防護を表します。1つの防護は単独では完璧ではなく，不十分な箇所があります。チーズの穴は防護の欠陥を表し，作業者の不安全行為や設備のトラブル，組織の管理上の問題点などにより，絶えず場所を移動し，開いたり，閉じたりしています。そして，偶然にも防護の穴が重なったときに，危険がそれを通り抜けて重大事故に至ります。このモデルは，事故の発生要因として，単一

の問題点に着目するだけでは，有効な対策にはつながりにくいことを示しています。事故が発生する過程には，さまざまな問題点が潜んでいるため，それらを多角的に洗い出し，対策を考える必要があります。

2）事故防止のための対策・活動

a）ツール・ボックス・ミーティング（tool box meeting：TBM）

作業開始前に監督者を中心に，当日の作業の内容や方法，作業上の危険や問題点などについて，短時間での話し合いや，指示・伝達を行って確認します。かつては現場で工具箱の上に座って行われていたことから，この名称で呼ばれています。

b）危険予知訓練（kiken yochi training：KYT）

作業の安全性を向上するための小集団活動です。1974年に住友金属工業（現・新日鐵住金）で考案され，多くの産業現場で導入されています。危険予知訓練は「1. 現状把握」，「2. 本質追究」，「3. 対策樹立」，「4. 目標設定」の4つのラウンドを基本手順とし，繰り返し実施することで，危険に関する知識と気づきやすさ（感受性）を向上します。

まず「1. 現状把握」では，職場や作業の状況を描いたイラストや写真を提示し，そのなかに潜む危険について小集団で話し合いを行います。例えば，図9-4の窓拭き作業を描いたイラストでは，危険と考えられる点として，「脚立から離れた窓を拭こうと身を乗り出し，脚立がぐらついて落ちる」，「脚立

図9-4　危険予知訓練のイラストシートの例
出所：厚生労働省HP「社会福祉施設における安全衛生対策テキスト」(http://www.mhlw.go.jp/new-info/kobetu/roudou/gyousei/anzen/0911-2.html)より。

から飛び降りて，着地したときに足をひねる」，「脚立から降りて，拭き具合を見ながら後ずさりをして，バケツに足をひっかけ転ぶ」などを指摘することができます。

次に「2.本質追究」では，指摘した問題点の中から，とくに重要な危険のポイントを絞り込みます。例えば，先に挙げた点のなかから，「脚立から離れた窓を拭こうと身を乗り出し，脚立がぐらついて落ちる」をポイントとして絞りこんだとします。続く「3.対策樹立」では，危険のポイントを解決するために，具体的に実行できる対策案を話し合います。「脚立を正面に置く」，「脚立の反対側に昇る」，「脚立をこまめに動かす」などが対策案として考えられます。

最後の「4.目標設定」では，対策案のなかから，重点的に実施する項目を全員の合意に基づいて選び，実際に作業する際の行動目標として設定します。「脚立をこまめに動かす」を重点項目に選ぶなら，それを全員が納得のうえで徹底することになります。

c) ヒヤリ・ハット報告／インシデントレポート

「2階で作業していた作業者が電動ドライバーを落とし，下にいた別の作業者に当たりそうになった」，「暗い倉庫のなかで，作業員が床に置かれた資材に気づかず，つまずいて転倒しそうになった」など，危険ではあったものの，災害や事故に至らずに難を逃れることがあります。こうした事象は，ヒヤリ・ハットやインシデントと呼ばれ，日頃の作業における不安全行為や不安全状態を把握するのに役立ちます。ハインリッヒの法則の考え方に基づき，ヒヤリ・ハット報告やインシデントレポートという形式で情報を収集・分析し，災害や事故を未然に防止するための対策が検討されています。

d) リスク・アセスメント

災害や事故につながる危険な要因について，事前にそのリスクの大きさを評価しておき，優先順位をつけて対策を立てる方法です。作業する環境で「機械の高速で回転する部分がむき出しで，作業者の身体が巻き込まれる恐れがある」，「配管の弁が高いところにあり，作業者が柵から身を乗り出して開閉作業を行わねばならず，墜落する恐れがある」などが，危険な要因の例です。前項のヒヤリ・ハット報告やインシデントレポートの情報は，こうした危険な要因の抽出にも利用されます。

また，リスクの大きさは，危険による被害の重大性（例：致命的，重大，

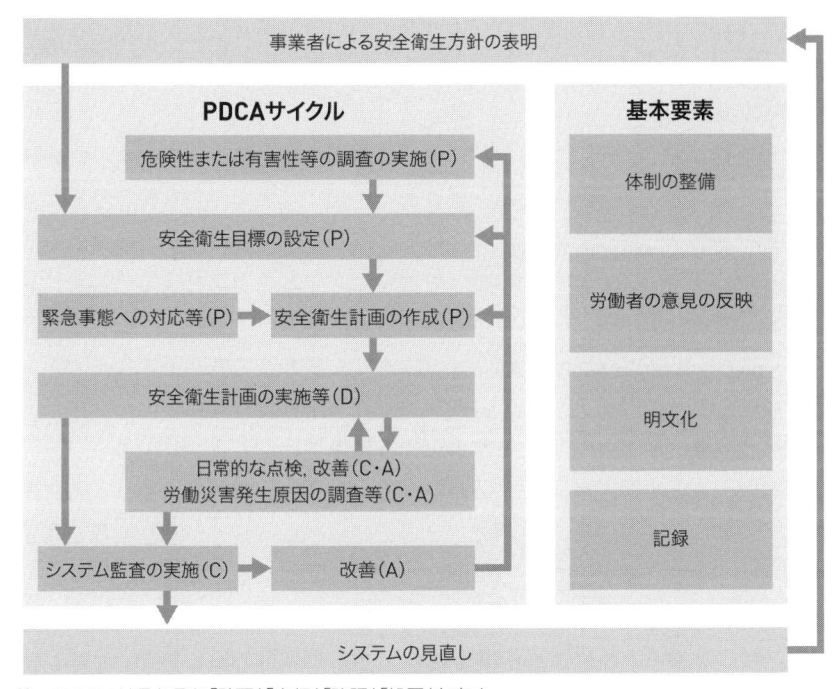

第9章 作業管理・安全管理

図9-5 労働安全衛生マネジメントシステムの実施事項の概要
注：P,D,C,Aはそれぞれ「計画」「実行」「確認」「処置」を表す。
出所：厚生労働省・中央労働災害防止協会(2006)より。

中程度，軽度の順で4段階評価）と，その危険が発生する可能性（例：極めて高い，比較的高い，可能性あり，ほとんどないの順で4段階評価）を数値で評価します。重大性と発生可能性の評価結果を組み合わせ，優先的に対応すべきリスクの大きい要因を特定することにより，的確な安全対策を実施することができます。

e) 労働安全衛生マネジメントシステム

　安全性の向上を図るために，一連の手続きを定め，実施すべきことを明文化・記録化し，安全活動を継続的に進めるためのしくみです（図9-5）。前述のリスク・アセスメントの結果を踏まえて，安全衛生目標の設定や安全衛生計画の策定を行い，それに基づく活動を継続的に実施します。さらに，活動の実施状況に関する日常的な点検と改善に取り組み，定期的な監査としくみそのものの見直しや改善も行います。管理のPDCAに基づき，一連の手

続きを継続的に実施することで，より効果的な事故防止のためのしくみを構築・整備していきます。

f) 事故の原因分析

重大事故が生じた場合には，その再発を防止するため，発生に至った経緯で起こった事象や作業者の行為を調査し，不適切であった点を分析します。その際，事故の引き金となった直接的な原因だけでなく，その背後にある間接的な要因も明らかにしたうえで，対策を検討することが必要です。ここでは事故分析の手法の1つとして，「人的事故原因の調査・分析マニュアル」（日本人間工学会旧安全人間工学部会，1978）による方法の概略を示します。

まず，事故が発生した日時と場所，被害，作業内容などを把握し，事故の発生に直接的・間接的に関わった事象や行為を洗い出します。

さらに，事故が発生するまでの時間経過をいくつかの段階に分け，各段階で「〇時〇分，誰がどんな目的で，どこで何をどう行ったか」を整理します。そして，事故発生の直接的・間接的な要因の相互関係を明確にします。

次に，事故発生の経緯のなかで見られた作業者の不適切な行為について，ヒューマンエラーの観点から分析します。事故に関与した作業者ごとに，どのようなエラーが起きていたのか，当時の意識はどのような状態だったのか（表9-3の意識の5つのフェーズ），について検討します。さらに，エラーを誘発しうる背後要因として，以下の4つのMにみられる問題点を分析します。

①人間関係（man）：エラーを起こした本人以外の人の要因であり，職場の上司，同僚，部下を指します。また，こうした人々との人間関係，連絡・合図の仕方や言葉の問題も含まれます。

②機械（machine）：装置や機器などの物的条件を指します。足場や通路などの状態，工具・治具の問題や保護具の不備が含まれます。

③媒体（media）：作業条件と作業方法の要因です。作業条件には，状況や時間の切迫，課題の難易度，多忙，単調作業，突発的な変更などが含まれます。また，作業方法には，方法・手順の適切さ，情報伝達の仕方，作業標準のあり方などが含まれます。

④管理（management）：管理に関する要因です。安全法規の整備，管理・監督の実施，指示の内容と方法，教育訓練などが含まれます。

分析を通じて，ヒューマンエラーとその背後要因となる4つのMとの関連を明確にすることにより，それに応じた対策を立案することが可能となります。

本章では，産業現場の「作業管理」と「安全管理」について解説しました。企業とそこで働く全ての人々にとって，仕事の能率や生産性を向上することと，災害や事故を防ぎ安全を確保することは重要な課題です。この課題の解決に向けて，産業・組織心理学の研究には，産業現場と緊密に連携することが求められています。

学習した内容を活かすために

1. アルバイト先での仕事やサークル活動の運営で，「無理・無駄・ムラ」が生じていないか，作業研究やKAIZENの視点を参考に問題点を探し，改善策を考えてみましょう。
2. 日常生活で自分の起こしたヒューマンエラーの体験を振り返り，それが基本的タイプのどれにあたるか，またそれを防ぐための対策を考え，実践してみましょう。

引用文献

Barnes, R. M. (1980). *Motion and time study: Design and measurement of work*, 7th ed. New York: John Willey & Sons. (大坪 檀訳(1990). 最新 動作・時間研究:人間性志向の仕事設計法　産能大学出版部)

Battman, W., & Klumb, P. (1993). Behavioral economics and compliance with safety regulations. *Safety Science*, 16, 35-46

藤田彰久(1978). 新版IEの基礎　建帛社

芳賀 繁(2000). 失敗のメカニズム―忘れ物から巨大事故まで　日本出版サービス

芳賀 繁(2006). 仕事の能率と安全　山口裕幸・髙橋 潔・芳賀 繁・竹村和久編著　経営とワークライフに生かそう！　産業・組織心理学　有斐閣　pp.58-76.

橋本邦衛(1984). 安全人間工学　中央労働災害防止協会

Health and Safety Executive, Human Factors in Reliability Groups (1995). *Improving compliance with safety procedures: Reducing industrial violations*. Sudbury, Suffok, UK: HSE Books.

Heinrich, H. W.(1931). *Industrial accident prevention: A scientific approach*. New York: McGraw-Hill.

厚生労働省・中央労働災害防止協会(2006). 労働安全衛生マネジメントシステム―効果的なシステムの実施に向けて　中央労働災害防止協会技術支援部

向井希宏(1999). 作業研究の歴史　向井希宏・蓮花一巳(編著)　現代社会の産業心理学　福村出版　pp.20-40.

日本人間工学会・安全人間工学部会(1978). 人的事故原因の調査・分析手順書(マニュアル)―第1次試案

Norman, D. A.(1981). Categorization of action slips. *Psychological Review*, 88, 1-15.

Reason, J.(1990). *Human error*. Cambridge: Cambridge University Press.（十亀洋訳(2014). ヒューマンエラー　海文堂）

Reason, J.(1997). *Managing the risks of organizational accidents*. Aldershot: Ashgate.（塩見弘監訳(1999). 組織事故―起こるべくして起こる事故からの脱出　日科技連出版社）

QCサークル本部(編)(1996). QCサークルの基本 第3版　日科技連出版社

菅沼崇(2009). 小集団活動　産業・組織心理学会(編)　産業・組織心理学ハンドブック　丸善　pp.320-323.

Taylor, F. W.(1911), *The princilples of scientific management*. New York: Harper & Row.（上野陽一訳編(1957). 科学的管理法　技報堂）

通商産業省産業構造審議会管理部会(編)(1962). 作業研究　日刊工業新聞社

第10章
消費者行動

この章を学習することの意義

1. 私たち消費者がどのように考え,モノやサービスを購入し利用しているのか,そのメカニズムを知ることで,より賢い消費者となる方法について理解を深めます。
2. 消費者の購買行動のプロセスと特徴を知ることで,企業はどうしたら消費者により多くのモノやサービスを買ってもらえるか,マーケティング戦略を提案するためのヒントを得ることができます。

私たちはモノやサービスを消費せずに生きていくことはできません。食べるもの，着るもの，住む場所，交通手段などなど，私たちは毎日さまざまなモノとサービスを購入し，消費しながら生活をしています。しかし，物が豊かな日本に住む私たちは，何を，どこで，いくらで買うのか，無数の選択肢をもっています。そのなかで，なぜあなたは今目の前にある商品を選び，購入したのでしょうか？

　広告を見てずっと欲しいと思っていた商品だったからかもしれません。ボーナスが出たから衝動買いしたのかもしれません。あるいは，たまたまバーゲンをしていた，友達に強く薦められた，母親が買ってくれたという場合もあるでしょう。ここからわかるのは，私たちの消費活動は，決して「欲しい」→「買う」という単純な図式では表しきれない，複雑なプロセスをもっているということです。

　本章では，社会心理学や消費者行動論の研究を紹介しながら，消費者の購買行動の特徴について考えてみたいと思います。

1. 企業のマーケティング活動と消費者

1-1　マーケティングとは何か

　「マーケティング（marketing）」とは，企業が「自社の商品・サービスが売れ続けるためのしくみ作りをすること」を意味します。このように抽象的に述べるとイメージがわきにくいかもしれませんが，みなさんは毎日，企業のマーケティング活動に触れています。例えば，通勤通学路でコンビニに立ち寄り，500mlペットボトル入りのドリンクを購入し，街中ではお店の看板を目にし，夜には家でテレビCMをたくさん見ます。これらはすべて，企業の「マーケティング」によって生み出されたものです。私たちが毎日なにげなく触れている商品やサービスはすべて，企業が「売れ続ける」ためにどうしたらよいか知恵を絞り，考案されたマーケティング戦略に基づいたものなのです。

　例えばコンビニエンスストアは，24時間営業を行うという戦略によって，会社や塾帰りの忙しい現代人のニーズ（欲求）にこたえ，高い収益を上げています。500mlサイズのペットボトルは，水筒代わりカバンに入れて持ち歩けるという利便性によって缶ジュースにとって代わりました。街の看板はいかにして通行人の目を奪うかに気を配り，できる限りインパクトがある表現

になるよう工夫されています。テレビCMも同様に，消費者を惹きつけるために，有名タレントを起用したりストーリー性をもたせたりなど，さまざまな工夫を凝らしています。これらのマーケティング努力を積み重ねることで，競争の激しい現代の市場で，企業は生き残っていくのです。逆にこれらの努力を全くしなければ，数多くのライバル（競合他社）に負け，消費者に見向きもされなくなり，市場から撤退せざるを得なくなります。まだ戦後間もない貧しい時代には，どんな商品でも，あればあるだけ売れました。明日を生きるために必要なもの，食べものや着るものがみんな足りなかったので，企業が何の努力をしなくても商品は売れました。しかしモノが豊かな現代では，そのころの理屈は当てはまりません。つまり現代の企業にとって，いかにして消費者を惹きつけるかという工夫，すなわち，マーケティング戦略の立案と実行は不可欠の課題であると言えます。

1-2　4P戦略と消費者心理

　「マーケティング」とひとことで言っても，さまざまな活動が含まれます。これをわかりやすく整理するために，マーケティング活動を計画する際などには，その内容を4つに分類して「4P戦略」と呼びます。4つの分類とは，「製品（product）戦略」，「価格（price）戦略」，「流通（place）戦略」「販売促進（promotion）戦略」で，それぞれの英語の頭文字をとって4Pと言われます。

1)　製品戦略

　どんな製品をつくるかということに関する戦略です。消費者がどんなものを欲しいと思っているのか（消費者のニーズ）を明らかにすることで，その問題を解決できる商品を生産・販売します。例えばカップラーメンの製品戦略であれば，待ち時間が長いとイライラするという消費者の声にこたえて1分で出来上がる商品を開発したり，「カップラーメンを女性が食べるとかっこ悪い」というイメージを覆すためにパッケージをピンク色の可愛らしいデザインに変更したり等の活動が含まれます。　さらに，自社の製品を差別化するためには，「ブランド（brand）」を構築することも重要です。ブランドというと，一般には高級バッグや化粧品などのメーカーが想起されますが，本来の意味は「自社の製品やサービスを他社のそれと見分けるためのしるし」です。一度買った商品を気に入った顧客が，再び同じ商品を買い求めるため

には，その商品がどこの企業のものかがわからないとなりません。そのために企業は，消費者に覚えてもらいやすいブランド名やロゴマークを考え，好ましいブランドイメージを作り出すために商品のデザインやCMなどを工夫しています。「ブランド・ロイヤリティ」とは，顧客が特定のブランドに高い忠誠心を持ち繰り返し購買することを指します。ブランド・ロイヤリティが高い顧客を多く獲得するためには，消費者ニーズに応える優れた製品開発と，好ましいブランドイメージの構築の両方が重要です。

2）価格戦略

いくらで販売するかということに関する戦略です。一般的には，価格が安い方が多くの消費者が購入してくれますが，企業にとっては利益が出にくくなります。一方で，高い価格に設定すれば利益率は高くなりますが，購入できる人の数が減り，結果として製品開発にかかった費用さえ回収できなくなるリスクがあります。価格の設定においても，消費者ニーズを正しく把握することが重要です。

一方で，価格には消費者にその製品の品質を知らせるシグナルとして働くという特徴があります。したがって，安くすればいいというわけではなく，ブランドイメージに従った適切な価格づけをする必要があります。また，消費者は全く同じ金額でも，状況によってそれを高いと感じたり安いと感じたりするので，消費者の価格認識の特徴について理解することが重要となります。詳しくは，第2節3項「消費者の意思決定の非合理性」において説明します。

3）流通戦略

どこで生産し，どのように運搬し，どこで販売するのかについての戦略です。例えば，生産工場を日本に置くか海外に置くか，限られた在庫をどの地域にどのように分配するかなど，商品の流れ全体について考えます。ただし，生産の段階については直接消費者からは目に見えないので，消費者行動研究においてとくに問題となるのは販売（小売）の段階です。

商品を販売する場としては，百貨店，コンビニエンスストア，スーパーマーケット，直営店，訪問販売などさまざまな方法がありますが，近年ではインターネット上に店舗を設けた通信販売が盛んです。販売形態の選択においては，製品イメージやターゲットとなる消費者がどんなライフスタイルをもっているかをよく考慮する必要があります。例えば，20代の独身キャ

リア女性向けに高級なイメージを訴えかけたい製品の場合，郊外の大型スーパーマーケットで大量に陳列して販売するという手法はそぐわないでしょう。スーパーマーケットで販売される商品に高級なイメージはつきません。また，働く女性は忙しいので，車で時間をかけて行かなければならないような郊外の大型スーパーはあまり利用頻度が高くないと思われます。それよりは，会社から近くて高級なイメージがある街，六本木や表参道などに直営店を出すなどの方法が相応しいでしょう。

　また，製品戦略の項で紹介したブランド構築の重要性は，小売店にも当てはまります。ストア・ロイヤリティとは，ある特定の小売店で繰り返し商品を購入する消費者の忠誠心を指す用語です。小売店は買い物額に応じて割引がもらえるポイントカードなどを発行し，ストア・ロイヤリティを高める努力をしています。

4）販売促進戦略

　製品についての情報を消費者に広めたり，製品のイメージを作り出すための戦略です。テレビや新聞，雑誌，あるいはインターネット上にコマーシャルフィルム（CF）や広告を出稿し，すこしでも多くの消費者に製品の存在とその素晴らしさを訴えます。その他にも，期間限定で懸賞などのキャンペーンを実施したり，バーゲンセール（値引き）を行ったり，試食などの実演販売を行ったり，オリンピックのスポンサーをして公式ドリンクを発売するなど，あらゆる手段を用いて企業は自社の知名度や好感度を上げるために努力をしています。最近ではインターネット上の口コミを利用したマーケティングの可能性が注目されていますが，その一方で，ステルス・マーケティング（宣伝であることを消費者に隠して行う宣伝行為。例えば，企業が一般消費者になりすまして自社に都合のいい口コミをすることなど）のような社会問題も生み出しました。

1-3　マーケティング・リサーチと「セグメンテーション（市場細分化）」

　以上に示したような4P戦略の立案においては，「市場細分化（マーケット・セグメンテーション）」が行われることが一般的です。消費者は，年齢や性別，居住地域，職業などによって千差万別であり，それぞれ異なったニーズをもっています。そのニーズに合わせた戦略を立てる必要があります。市場細分化とは，市場を比較的同質なニーズをもったグループに分割し，それぞれに適

したマーケティング戦略を立案することで顧客満足を高めようとする戦略です。セグメンテーションの方法としては，年齢や性別などの人口学的指標（デモグラフィック変数）に基づく方法（例：20代男性，40代女性，など）や，趣味や普段の行動など個人のライフスタイルに基づく方法（例：ワイン愛好家，休日はドライブに出る人，など）があります。

　では，適切なセグメンテーションを行うにはどうしたらよいでしょうか。そのためには，まず，消費者をよく理解する必要があるということは言うまでもありません。ただ闇雲に思いつくままにマーケティング計画を立てても，成功しなければ，企業には莫大なコストがかかるだけです。消費者がなぜその商品を欲しいと思うのか，なぜ実際にそれを買うに至ったのか，購買行動のメカニズムを解明したうえで戦略を立てることが重要です。

　こうした目的のもと，多くの企業はマーケティング・リサーチを実施します。最近ではインターネット上で消費者にアンケートを行ってデータを集める方法が良く用いられます。その一方で，消費者のニーズを深く探ることを目的とした「モチベーションリサーチ」では，1対1で長時間かけてインタビューを行う深層面接法などの手法が用いられます。

　このように，リサーチの手法にはさまざまな種類があります。コンビニの8月のアイスクリームの売上と気温の関係を知りたい，あるいは，あるタレントをCMに起用した結果シェアの拡大に成功したかどうかが知りたい，といったような場合は，統計学の考え方を用いて数値データを分析して答えを導きます。こうした研究は「マーケティング・サイエンス」と呼ばれます。一方で，最近の20代の消費者のライフスタイルや価値観が知りたいというような場合には，彼らのSNSの書き込みを収集したり，交流する様子を観察するなどの方法を通じて，彼らの価値観を解釈するという方法を取ります。後者の研究手法は，「ポストモダン・アプローチ」あるいは「解釈的アプローチ」と呼ばれます。

2．なぜその商品を買うのか？—消費者の意思決定

2-1　消費者の意思決定プロセスの全体像

　私たちは毎日のように商品を購入して生活しています。車や住宅のような

大きな買い物もありますし，電車の切符，ペットボトルの水，シャープペンシルの芯のような些細なものまで，挙げればきりがありません。これらはすべて，対価として金銭を支払って手に入れるという点では同じ購買行動に違いありませんが，しかし，購買に至る過程（プロセス）は，おそらく同じではないと思われます。

ペットボトルの水を買うときと，一生住む住宅を買うときで，同じような情報収集をして，同じような決め方をするという人はほとんどいないでしょう。そのように考えると，私たちが1つの商品を買うまでには，実にさまざまなルート（プロセス）が想定されると思います。

ハワードとシェス（Howard & Sheth, 1969）は，私たちが購入を決定するまでのプロセスを，以下のようにとらえました。すなわち，消費者は企業のマーケティング活動（刺激；stimulus）に触れ，さまざまな思考（構成概念；object）を経て，その反応（response）として購買行動を起こすというプロセスです（図10-1）。このような考え方をS-O-R型モデルと呼びます。

このうちO（構成概念）にあたる部分こそが，私たちが直接目にすることが困難な部分（ブラックボックス）であり，そこを解明することが消費者行動の研究です。このブラックボックスで何が起きているのかに焦点を当てた研究は，1960年代以降盛んに行われてきました。そのなかでもっとも注目すべき研究として，ベットマン（Bettman, 1979）によって提唱された情報処理理論があります。

ベットマンの情報処理理論では，消費者行動を，消費者が商品に関する情報を入手し，処理し，その結果として購買意思決定を行うものととらえます。私たちは，日常的にCMあるいは店頭でさまざまなマーケティング関連情報を見聞きしていますが，それらの情報はすべて，まずは私たちの目や耳な

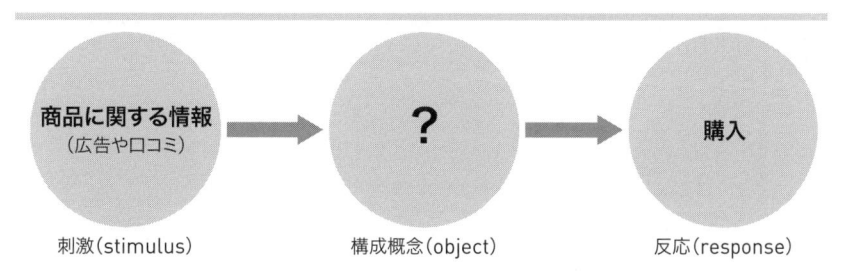

図10-1　S-O-R型モデルの考え方

どの感覚器を通じて取得されます（このことを「知覚」と言います）。その後，自分の目標や過去の記憶などと照らし合わせながら十分に検討した挙句，私たちはそれを買うか買わないかを決定しています。消費者行動を，このような情報処理過程からとらえる考え方を「情報処理パラダイム」と呼びます。

　ベットマンの情報処理理論の特徴は，消費者を，目標に向かって能動的に情報を入手して問題解決をしていこうとする存在として描いたところにありました。ベットマン・モデルの概要を図10-2に従って説明します。

　まず，「情報処理能力」とは，私たち人間の脳の情報処理能力のことです。人間が一度に検討できる情報量には限界があり，例えば，20個のブランドの，30個の特徴を同時に思い浮かべながら比較検討するということはでき

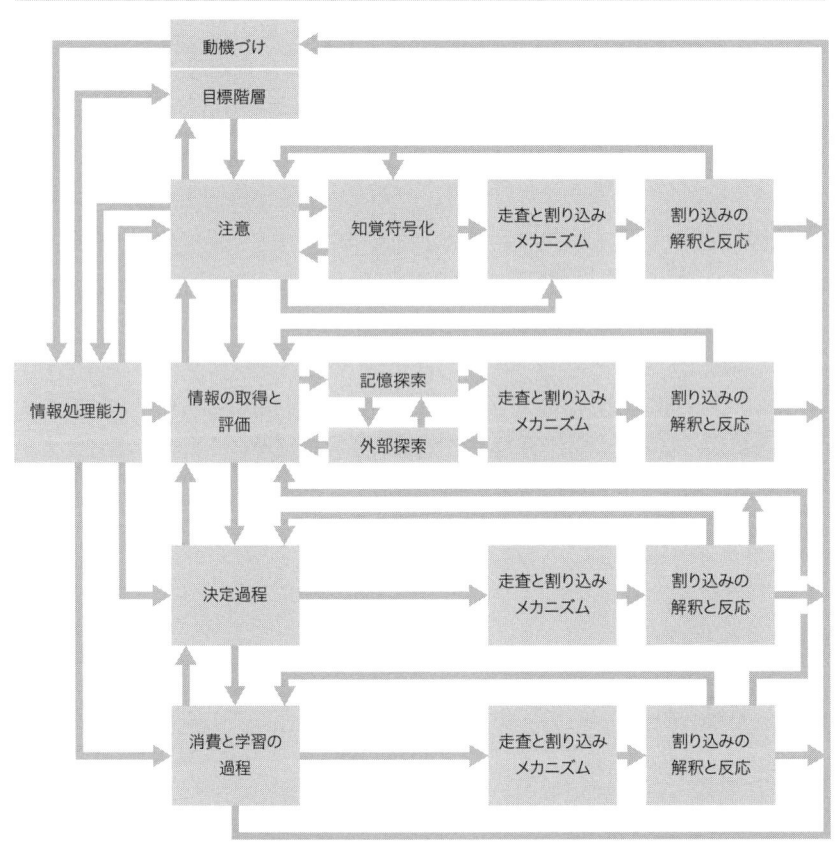

図10-2　ベットマンの消費者情報処理理論のモデル　出所：杉本(2012)より。

ません。したがって，できる限り簡単な方法で意思決定をする方略を取ったり，自らの「動機づけ」や「目標」に従って注目すべき情報を選別したりします。目標は階層構造をもっていて，達成されるべき究極の目標（上位目標）とそれに至るまでの具体的目標（下位目標）に分類できます。

　例えば，老化防止のために栄養補助剤（サプリメント）を購入する場面を例にとります。その消費者の上位目標は，若々しく健康的であることであり，下位目標は，ビタミンを摂取すること，酵素を摂取すること，楽に栄養素を補給すること，安価に栄養素を補給すること……などとなります。

　「情報処理能力」に限界があること，また，「目標」や「動機づけ」は，その消費者が何に「注意」を向けるかに影響します。すなわち，消費者は自らの目標に従って，それを解決するのにふさわしい情報により積極的に注意を向けます。このとき，知覚した情報を理解・解釈することを「知覚符号化」と呼びます。「情報の取得と評価」においては，さらに「記憶探索」（自分の過去の記憶を探すこと），「外部探索」（記憶外の情報を探すことで，例えば店頭での情報収集など）が行われます。こうして消費者の商品やブランドに関する認知が形成され，購買意思決定が行われます。

　先ほどの例に再び戻りましょう。老化を防止したい気持ちが非常に強い（動機づけが高い）状態であれば，その消費者は一所懸命情報収集を行います。しかしながら，無数のブランドが存在する現代の市場では，すべての選択肢の特徴を調べつくすことはほぼ不可能です。そこで，下位目標のなかでも優先順位が高い順に，選択的に情報に注意を向けることになります。「安く栄養素を補給すること」が一番優先順位が高ければ，サプリメントの価格により注意を向けて情報収集をすることになるでしょう。また，これまでにサプリメントを購入したときの経験なども判断の参考になるでしょう。

　「消費と学習の過程」では，商品を購入，消費した経験から，その商品やブランドについてさまざまなことを学びます。購入したサプリメントを飲んで身体が元気になるのを実感したならば，そのサプリメントのブランドについて品質が良いという評価を形成するでしょう。その評価は，また次の製品購入の際に意思決定に影響を与えるという形で循環します。

　なお，「走査と割り込みメカニズム」とは，環境に応じて情報処理が中断されたり，方向性が修正されることです。「走査」とは環境をチェックすること，「割り込み」とは環境変化に対応して情報処理を中断することを指し

ます。私たちはその場の状況に応じて，適宜目標を変更したりします。その結果，当初検討対象だったブランドが急に候補から外れたり，商品の購入自体を取りやめることもあります。

2-2 さまざまな意思決定方略

　これまでに示したとおり，消費者はさまざまな情報を入手し，考慮しながら，その商品を購買するかしないかを決定します。しかし，私たちは現在，商品に関する膨大な量の情報に日々触れています。昨日朝起きてから寝るまでに，あなたが目にした商品や広告をすべて思い出すことはできないと思います。つまり現代の消費者は手に入る情報が多すぎて，到底すべてを考慮して意思決定をすることはかないません。

　しかし消費者は，それでもどの商品を購入しようか，意思決定を行っています。ベットマン（Bettman, 1979）は複数の選択肢のなかから1つの商品を選び出す際に消費者が用いるさまざまな方略を「選択ヒューリスティック」と名付け，複数の種類が存在することを指摘しました。ここで，5つのスマートフォンのブランドのなかから1つを選ぶという例を取り上げて（表10-1参照），各選択ヒューリスティックの特徴を説明しましょう。

　①加算型：すべてのブランドについて，商品の各属性（性質・特徴）をすべて評価し，その評価の足し算によって，最も総合的な評価が高かった商品を選ぶ方略です。表10-1の例では，合計点が14点のブランドCが選ばれます。

表10-1　スマートフォン・ブランドの選択肢評価

	ブランドA	ブランドB	ブランドC	ブランドD	ブランドE
価格	¥76,000 ○	¥52,000 ◎	¥98,000 △	¥89,000 △	¥53,000 ◎
デザイン	おしゃれ ◎	ダサい △	まあまあ ○	ダサい △	まあまあ ○
機能	低機能 △	まあまあ ○	高機能 ◎	低機能 △	まあまあ ○
重さ	176g △	180g △	102g ◎	145g ○	198g △

注：「◎…5点（高評価）」，「○…3点（中程度の評価）」，「△…1点（低評価）」を示す。

②加算差型：任意の１対を比較し，トーナメント形式で勝ち残ったブランドを選択する方略です。例えば価格と重さを重視する人の場合は，まずブランドＡとＢを比較し，Ｂが生き残ります。次にブランドＣとＤを比較し，Ｃが生き残ります。このプロセスを最後の１個になるまで繰り返して最終決定に至ります。

③連結型：各商品属性に必要条件（最低基準）を設定し，それを１つもクリアしていなければ検討を停止し，選択肢から即外す意思決定方略です。例えば，「重さが150g以下」という必要条件をもった消費者は，どんなに安くても，どんなにおしゃれでも，ブランドＡ，Ｂ，Ｅを一切検討しようともしません。

④分離型：連結型と逆で，各商品属性に十分条件を設定し，それを１つもクリアしていれば，他の属性がどれだけ評価が低くとも採用するという方略です。例えば，とにかくスマートフォンは見た目がおしゃれであればいいという消費者は，価格や機能には目を向けずに，ブランドＡを選ぶでしょう。

⑤辞書編纂型：重視する属性において評価が高いブランドを選択する意思決定方略です。まず自分が最も重視する属性において選択肢を評価していき，ほぼ同等とみなせる選択肢が複数残った場合には，次に重視する属性で判断していきます。例えば，価格を最も重視する消費者は，ブランドＢとＥが選択肢として残りますが，次に重視する属性がデザインとしますと，ブランドＥが選ばれることとなります。

⑥ EBA型：属性ごとに必要条件を設定して選択肢を検討する方略です。連結型に非常に近いですが，EBA型では必要条件を満たさない属性があった場合でも，選択肢を考慮することはやめず，すべての選択肢を精査するという点で異なります。

⑦感情参照型：過去の購買経験や嗜好などに基づき，最も好きなブランドを習慣的に選択する意思決定方略です。情報探索や商品属性の考慮は一切しないのが特徴で，お気に入りのブランドがはっきり決まっているような場合に観察される行動です。

以上の選択ヒューリスティックのいずれが用いられるかは，状況に応じて変化します。また，１つの購買行動のなかで，最初はEBA型で判断していたところが，途中から加算型に切り替わるなど，変化することも知られてい

ます。

2-3 消費者の意思決定の非合理性

　同じ2500円の買い物であっても，教科書を買うとなると「高いな……」と感じるのに対し，飲み会代が2500円だった場面を想像すると，「安い」と感じるのではないでしょうか。一見当たり前のように感じられるかもしれませんが，お財布から出ていく金額が同じ2500円であるにもかかわらず，その「支払った感」が違っているというのは，実は大変興味深い現象です（このように，支出対象によって支払いの「痛み」が異なる現象を指して，「消費者は『心理的財布』をもっている」と言われます）。

1）意思決定のフレーミング効果

　私たち人間の判断が，必ずしも合理的，客観的ではないことは，さまざまな研究によって明らかにされています。なかでもトヴェルスキーとカーネマン（Tversky & Kahneman, 1981）による研究が有名です。1つの例をご紹介しましょう。

　以下の2つの場面について，考えてみてください。

- ◆問題A　1万2500円のジャケットと1500円の電卓を買おうとしたところ，店員から，自動車で20分かかる支店に行くと1500円の電卓が1000円で販売されていることを聞かされました。あなたはその支店まで買いに行きますか？
- ◆問題B　1万2500円のジャケットと1500円の電卓を買おうとしたところ，店員から，自動車で20分かかる支店に行くと1万2500円のジャケットが1万2000円で販売されていることを聞かされました。あなたはその支店まで買いに行きますか？

　問題Aの状況だと多くの人が支店まで買いに行きたいと感じるのに対し，問題Bの状況では，ほとんどの人が面倒なのでこのお店で買ってしまおうと感じることが分かっています。しかし，問題をよく読めば分かるとおり，問題AもBも合計で14000円の買い物をしようとしていることに変わりはなく，また，2つのお店の価格差は500円であることにも変わりはないのです。

　なぜこのような齟齬が生じるかというと，問題AとBでは，消費者が意思決定の際に用いたフレーミング（framing；心的構成）が異なっていたためです。問題Aでは1500円が1000円という点に，問題Bでは1万2500

円が1万2000円という点が注目されて判断が下されたのだと考えられます。このように，フレーミングのあり方によって文意の解釈が影響を受けることを「フレーミング効果（framing effect）」と言います。

2) プロスペクト理論

　それでは，なぜ，1500円が1000円と言われると，20分もかけて支店まで買いに行きたいと思うほどお得感があるのに，1万2500円が1万2000円と言われても，大して安くなった感じがしないのでしょうか。

　トヴェルスキーとカーネマン（Tversky & Kahneman, 1981）が発表したプロスペクト理論（prospect theory）によって，その現象を説明することができます。この理論の重要な点は，人間の金額に対する感じ方（効用）は，図10-3に点線で示したような1次関数では表されず，実線で示しているような関数（価値関数）で表されるという指摘です。もしも参照点（0円の状態）から1000円もらったときに1000円分だけ，2000円もらったときには1000円のときの2倍の価値を，数値が意味するとおりに感じることができるのならば，価値（効用）は点線で示したような直線で示されるはずです。しかし，現実には私たちの感じ方は直線ではなく，価値関数で示されるとおりに，歪んだ形をしているのです。私たちは2000円もらっても，1000円もらったときの嬉しさの2倍ほどは嬉しいとは感じないのです。プロスペクト理論は，このような人の価値の感じ方の特徴を描いた「価値関数」を提唱し，私たちの判断が必ずしも客観的，合理的ではないという点を明らかにしました。

　また，私たちの価値判断は，値（金額）が小さい場合により変化に敏感であるという歪みも指摘されています。先ほどの電卓とジャケットの例では，1500円（低価格）の電卓が500円引きであった場合に，1万2500円（高価格）のジャケットが500円引きだった場合よりも，値引き額が大きく感じられることが示されました。図10-3では，「実際の値引き額の大きさ」をM，「消費者が感じる値引き額の大きさ」をPという記号で示しています。1万2500円→1万2000円の値引きではM>Pとなり，1500円→1000円という変化ではM>Pとなります。したがって，低価格な電卓の場合のみ，消費者は20分かけても支店まで買いに行きたくなるのです。

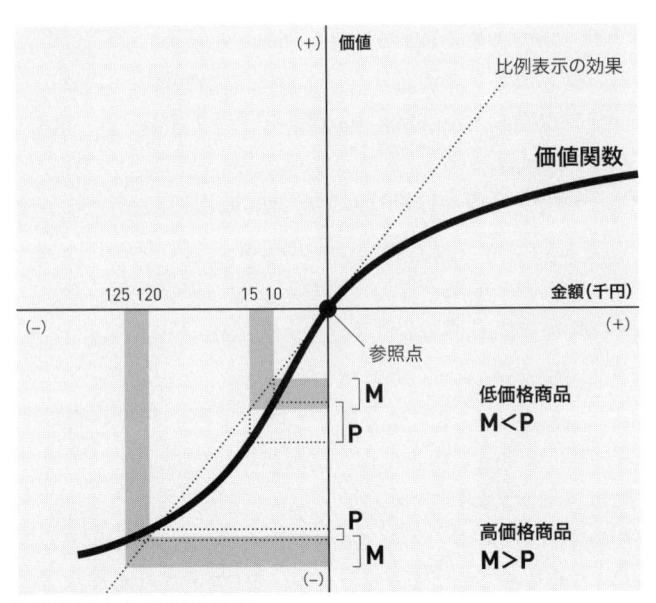

注：単位のみ「ドル」から「円」に修正。

図10-3　プロスペクト理論　出所：竹村(2012)より。

3．商品への評価はどう作られるか？
――消費者の情報処理と態度形成

3-1　消費者の「態度」とは何か

　あなたにはお気に入りのブランドがあるでしょうか。あるいは，好きなメーカー，好きなデザイン，好きな色，訪れるのが好きな街はあるでしょうか。そう問われて今あなたが挙げたブランド名，メーカー名，形や色，地名はすべて，あなたが好意的な「態度」をもっている対象であると言えます。逆に，絶対に買いたくないと思うブランドや行きたくない街の名前を挙げてもらった場合には，あなたはそれらに対して，非好意的な「態度」をもっているとみなすことができます。

　このように，社会心理学においては，「態度」とは，ある対象に対する全体的な評価のことを意味します（私たちは日常において「Aくんは授業態度が悪い」などという表現で「態度」という言葉を使いますが，社会心理学

における「態度」という用語は異なった意味をもっています)。「態度」は、「経験を通じて体制化された心理的あるいは神経生理的な準備状態であって、生活体が関わりをもつすべての対象や状況に対するその生活体自体の行動を方向づけたり変化させたりするもの」(Allport, 1935；竹村, 2006) と定義されています。平たく言えば、「個人が、経験を通じて作り上げたある対象に対する評価であって、その人の行動を方向付ける役割をもつもの」という意味です。

態度は行動を方向づけるという機能をもつため、好意的な態度をもつと、人はそれに近づいたり手に入れたりしようとします。一方で、非好意的な態度をもつと、その対象から遠ざかろうとします。したがってマーケティングにおいては、自社製品に対し、いかにして消費者から好意的態度をもってもらうかということが重要となるわけです。本節では、消費者がどのようにして商品に対する態度を形成するかという問題について解説してきます。

3-2 態度の形成とブランド選択の予測

消費者はどのようにブランドや商品に対する態度を形成するのでしょうか。例えば前節で例に挙げたスマートフォンのように、1つの商品を評価するにも、商品はさまざまな属性（性質、特徴）をもっており、単純に決まるものではありません。この多数ある属性の各評価が、どのようにして全体的なブランド態度を形成していくのか、複数の研究者がモデルを作成しました。これらは「多属性態度モデル」(multi-attribute attitude model) と呼ばれています。

そのなかの代表的なものとして、フィッシュバイン (Fishbein, 1963) のモデルについて詳しく見てみましょう。フィッシュバインは、ブランドや商品に対する消費者の態度は、①「商品がある属性を備えていることに対する評価」と②「その商品が各属性を備えていると信じている程度」のかけ算によって決まると考えました。表10-1に挙げた5つのスマートフォン・ブランドをもう一度例にとって考えましょう。Yさんは、スマートフォンは、何よりも機能が充実していることが重要で、重さはその次くらい、デザインが良いかどうかは問題ではないと考えているとします。この場合Yさんの①「商品がある属性を備えていることに対する評価」は、機能性と重さが重要で、デザインはあまり重要でないという評価であるとみなすことができます。これを得点化して、「機能性＋5」、「重さ＋3」、「デザイン性＋1」としましょう。

さて，こんなYさんが，表 10-1 に挙げた 5 つのブランドを検討したとします。そうすると，「ブランド C は機能が優れているな（機能性得点＋5）」，「A と D は機能がだめだな……（機能性得点－1，－2）」，「でも A はデザインはいいな（デザイン得点＋4）」……というように，各ブランドが各属性を有しているかどうかについての信念を形成していきます。これが②「その商品が各属性を備えていると信じている程度」の得点になります。表 10-2 に Y さんの得点をまとめました。

さて，Yさんはブランド A，C，D のうち，どのブランドに最も好意的態度をもつでしょうか。「Y さんが思う重要度」×「各ブランドの評価」を，全属性分足し合わせることによって，計算することができます。

ブランド A
（デザイン＋1×＋4）＋（機能＋5×－1）＋（重さ＋3×－2）＝－6

ブランド C
（デザイン＋1×＋2）＋（機能＋5×＋5）＋（重さ＋3×＋5）＝42

ブランド D
（デザイン＋1×－1）＋（機能＋5×－2）＋（重さ＋3×＋2）＝－5

したがって，ブランド C に対して最も好意的な態度を抱くだろうと予測されます。

3-3　広告による態度変容とその測定方法

現代社会においては，テレビやウェブサイト，あるいは街角で，全く広告を目にすることなく 1 日が終わるということは，ほぼあり得ないと思います。

表10-2　Yさんによる属性評価

	ブランドA	ブランドC	ブランドD
デザイン	おしゃれ ＋4	まあまあ ＋2	ダサい －1
機能	低機能 －1	高機能 ＋5	低機能 －2
重さ	176g －2	102g ＋5	145g ＋2

注：わかりやすくするため，表10-1の一部のブランド・属性のみを記載している。

企業はあの手この手で消費者の目を惹く魅力的な広告を作成し，すこしでも好意的な態度を形成してもらおうと努力をしているのです。

1）広告の効果測定方法

　産業心理学のなかで，広告に関する心理学的研究のことを指して，「広告心理学」と呼びます。例えば，広告イメージ（広告から受ける印象）やCMの影響（CMが消費者をどれくらい説得できるか）に関する研究が，数多く積まれてきました。

　とくに，その広告が実際に効果があったのかどうかを把握すること（広告効果測定）は，広告を作った企業にとっては不可欠な課題です。多額の予算をかけて広告を制作している以上，効果がないのでは意味がありませんし，むしろブランドイメージが悪くなるような悪影響が認められるのならば，すぐに作り直さなければなりません。

　広告効果測定の方法には，大きく分けて2つの考え方があります。ひとつは，広告に登場した商品の「売上」を広告効果と捉える方法です。あるCMを放映する前と後で，その商品の売上を比較して，放映後に売上が上昇したならば，そのCMには良い効果があったと考えることが可能です。

　ところが，この方法では本当の意味では広告の効果をとらえきれません。その商品の売上が一時的に上がったとしても，それは店頭でバーゲンセールをしたせいかもしれませんし，季節が変わってその商品のニーズが高まっただけかもしれません。あるいは，たまたま有名芸能人がブログでその商品を利用していると書き込みをして一部のファンの間で人気が出たのかもしれません。

　そこで，もう1つの広告効果のとらえ方として，売上ではなく「心理的変化」に注目する必要性が出てきます。広告に対して消費者がどのような心理反応を生じるかを段階的にとらえることによって，広告に効果があったかどうかを把握しようとする考え方です。代表的なモデルとして，以下に示すAIDAおよびAIDMAモデル（図10-4）があります。

　モデルが示すように丹念に広告による心理変化のプロセスを追うことで，広告に効果がなかった場合にも，どこに問題があったのか（そもそも消費者の注意を引くことができていないのか，それとも，関心は引くのだが欲しいという気持ちにつながっていないだけなのか等）を特定して次の広告計画に活かすことが可能となります。

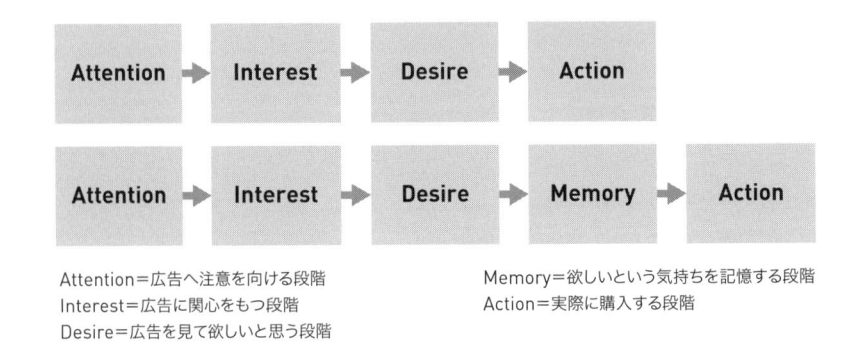

Attention＝広告へ注意を向ける段階
Interest＝広告に関心をもつ段階
Desire＝広告を見て欲しいと思う段階
Memory＝欲しいという気持ちを記憶する段階
Action＝実際に購入する段階

図10-4　AIDAモデル(上)とAIDMAモデル(下)

2）消費者の態度変容モデル

　このように，広告は非常に綿密な計画のうえで多額の予算をかけて作成されています。しかし，その努力に反し，消費者は広告をあまりよくは見ていません。テレビ番組を見ていて，CMが始まれば，チャンネルを変えてしまう人は多いでしょう。そうでなくても，普段からテレビ，新聞・雑誌，インターネット，携帯コンテンツ，街角のプロモーション，あまりにたくさんの情報に囲まれ過ぎているため，私たちは，そのすべてに注意を払うことができないのです。刺激としては目や耳から情報が入ってきたとしても，すべてが記憶に残るということはないのです。

　広告活動は，いわば商品を買ってもらうために企業が消費者を説得しようとしている活動であるととらえることができます。消費者にその魅力を伝え，今まで良いと思っていなかった商品を，欲しいと思わせ，買わせるための説得です。ではその説得がどうすればうまくいくのでしょうか。ここで，社会心理学の説得研究において非常に有名なモデルである「精緻化見込みモデル（elaboration likelihood model）」（Petty & Cacioppo, 1986）をご紹介しましょう（図10-5）。

　このモデルは，消費者が説得メッセージ（広告情報）を頭のなかでどのように処理しているかのルートを示しています。大きく分けて，2つのルートがあると指摘されています。

　1つは，中心ルートと呼ばれるルートです。消費者が説得メッセージ（広告情報）にしっかりと注意を向け，その内容を十分に理解，吟味して，その

第10章 消費者行動

```
           説得的コミュニケーション
                    ↓
            動機づけは高いか？  ──No──→         周辺的態度変化
                    ↓Yes                              ↑Yes
              能力はあるか？   ──No──→      周辺的手がかりがあるか？
                    ↓Yes                              ↓No
             認知的処理の性質                    初期態度の維持・復帰
          ↓好意的な    ↓非好意的な
           態度が優勢   態度が優勢      どちらでもない
                                    か中立的
            認知構造の変化が生じるか？ ──No──→
          ↓Yes      ↓Yes
            中心的態度変化
```

➡ 中心ルート
➡ 周辺ルート

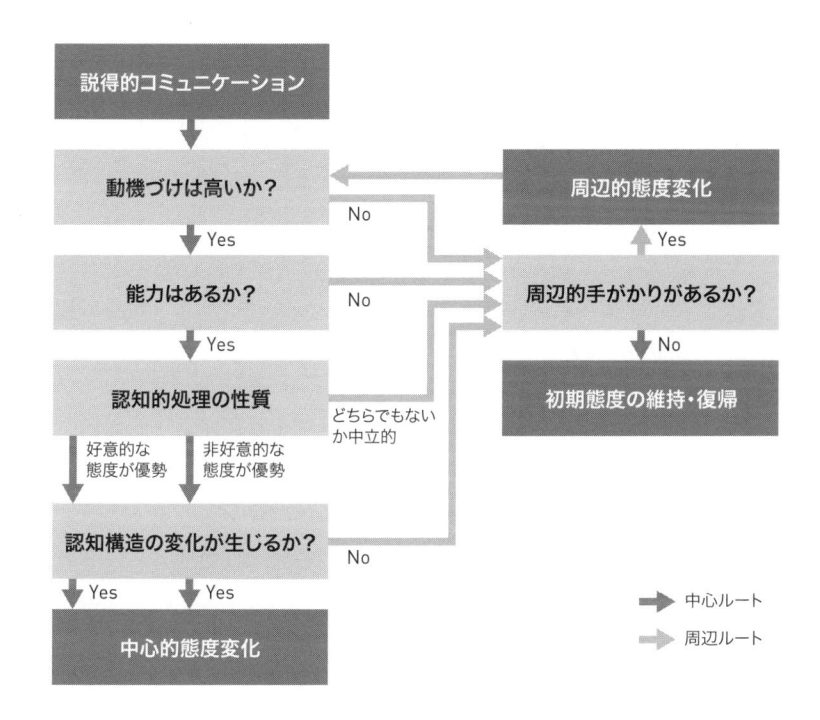

図10-5 精緻化見込みモデル　出所：Petty & Cacioppo（1986）より作成。

結果商品に対する態度を形成する場合に通るルートです。例えばスマートフォンであれば，どんな機能があるのか，どのような使用方法なのかなどが商品に関する本質的な情報（中心的手がかり）です。「動機づけがあるか」というのは，広告情報に一所懸命注意を向けようという気持ちがあるかどうか，ということです。もしあれば，そのまま中心ルートを進みます。しかし，先に指摘したとおり，一般的に消費者は広告に熱心に注目したりしないので，No の方向に進み，周辺ルート（後述）を通る場合が多いです。中心ルートを進むと，次に，「能力はあるか」が問われますが，これは，広告の情報を理解するだけの能力が消費者にあるかということを意味します。表現が専門的で分かりにくい，商品を使ったことがないので意味が分からないなどの場合には，中心ルートからそれ，周辺ルートに入ります。理解することができるようであれば，その広告情報は丁寧に吟味され（これを専門表現で「精緻化」と言います），強く持続的な態度変化をもたらすと予測されます。

一方で周辺ルートとは，簡単で精緻化を経ないルートです。そもそも広告に注目する動機づけがなかった場合，また，注目する気はあってもその内容が理解できなかった場合などには，情報を吟味することなく，「周辺的手がかり」によって態度が決定されることとなります。「周辺的手がかり」とは，商品自体とは関係のない付随的情報のことです。例えばスマートフォンであれば，どんなタレントがCMに出ていたか，音楽はどんなものが流れていたかなど，スマートフォン本体とは直接関わりのない手がかりが該当します。周辺ルートを通って形成された態度は，精緻化を経ていないため，とても脆弱で移ろいやすいと考えられています。

　このモデルに従えば，企業は消費者に広告情報を精緻化してもらい，ブランドに対して持続的な好意的態度を形成してもらうべきと言えます。しかしながら，多くの消費者は広告を周辺ルートで処理していると考えられることから，情報過多の時代にあって，いかにして消費者の注目を惹くかという点が大きな課題であると言えるでしょう。

3-4　オンライン・コミュニケーションによる態度変化

1）インターネットがもたらした変化

　商品やブランドに対する態度は，広告を見たり，実際にその商品を使用したり，人から評判を聞いたり……など，さまざまな情報が統合されて形成されます。広告は嫌いだけれども使用感が意外にもとても良かったのでこのブランドは悪くないなと感じたり，友人から勧められた化粧品が期待通り素晴らしくてファンになったなど，複数の情報から態度は作られます。また，一旦形成された態度であっても，新しい情報によって変容する可能性もあります。

　消費者を取り巻く情報にはさまざまな種類がありますが，とくに2000年以降，インターネットが普及したことで，その質と量は大きく変化しました。1990年代以前は，広告と言えばマスメディアを通じて消費者に届けられる場合がほとんどであり，テレビCMや雑誌新聞広告によって，私たちは商品に関する新しい情報を入手しました。また，口コミから商品の情報を入手することもしていましたが，その口コミの発信者は自分の家族か友人か職場の同僚か……といったように，その範囲は限定的でした。さらには，商品の購入は多くの場合店舗において行われており，店頭で商品の情報を仕入れる

ことが当たり前でした。例えばデジタルカメラや洋服や書籍などを比較検討したいと思えば，店頭で自分で手に取って調べてみたり，店員の説明を聞くことが一般的でした。一部のカタログ通販などを除いて，商品を手に取らずして購入するという機会はそれほど多くありませんでした。

　しかし2000年以降，パソコンの世帯普及率は90%を超え，インターネット環境が当たり前となるにつれて，消費者の情報収集や購買行動は大きく変わりました。インターネット広告はマスメディア広告のボリュームに迫るほどに増加し，ポータルサイトで検索されたキーワードに関連した商品の広告が優先的に表示される（このような広告を，「検索連動型広告」と呼ぶ）などの新しい取り組みによって，消費者は自分が関心の高い商品やサービスの情報に触れる機会が増えました。楽天やAmazonなどの大型ショッピングサイトでは，商品のスペック情報に加え，360度の画像つきで商品紹介がされ，店頭に出向かなくても十分な比較検討ができます。携帯電話の高機能化によって，消費者は近所でも買えるような商品までネット通販を通じて手に入れるようになりました。また，オンラインショッピングサイト上には，購入経験者の口コミ情報が掲載されており，広告のように企業が発信したものではない情報が簡単にやり取りされるようになりました。

　とくに，価格に関する情報収集に対して，インターネットがもたらした効果は大変大きいと言えます。例えば，価格.comのような価格比較サイトが登場したことで，消費者は自分の足で店舗を歩きまわることなしに「最安値」を知ることができるようになりました。また，以前は偶然クーポンを手に入れた人だけが受けることができた割引サービスが，オンラインクーポンでは店を訪れる前に誰でも検索して手に入れることができるために，店側にとっては，常に割引価格で商品やサービスを提供することになってしまいました。すなわちインターネットで消費者が価格情報を効率的に仕入れることで，価格競争が激化し，企業は商品やサービスをますます低価格化しなければならい状況に追い込まれています。

2）弱い紐帯の強さ理論

　以上のようなインターネットがもたらした情報環境の変化は，消費者の態度形成にはどのような影響を与えたのでしょうか。もっとも重要と考えられる点は，オンライン上のコミュニティの存在です。インターネット上では，国籍や居住地域の異なる無数の人々がコミュニケーションをとることができ

ます。従来は絶対知りあうことができなかったであろう人々がつながり，そこに，コミュニティとも呼ぶべき対人ネットワークが発生します。そこでやり取りされる情報，ここではとくに，口コミ（商品やサービスに関する消費者の情報交換）がどのように広がり，消費者の態度に影響していくのかに着目してみましょう。

　ところで，口コミが消費者の態度や購買意思決定に大きな影響を与えていること自体は，古くから指摘されています。広告は企業が発信した情報であり，売れれば企業の利益になることを消費者はみんな知っていますから，広告がどんなに商品をほめたたえても，消費者はそれを鵜呑みにはしません。必ずしも消費者の好意的態度には結びつかないのです。しかし口コミは企業とは関係のない一個人がもたらしてくれる経験談です。もし商品が売れても，「この商品はとても良かった」と自分に勧めてくれた友人には一銭の得にもならないのですから，その情報の信憑性は，少なくとも広告よりは高いと言えます。口コミの発信者が親しい友人や家族のような信頼のおける人である場合には，口コミの信憑性はかなり高くなります。したがって私たちはその商品やブランドに好意的態度を形成します。

　近年では，SNSなどを通じて，オフライン（インターネット上以外の日常生活）の対人関係の枠組みを超えてネットワークが形成されていきます。Facebookを例にとると，ユーザーは「友達」として自分の知り合いを次々に登録していきます。例えば今，ユーザーAがユーザーBを友達登録し，ユーザーBがユーザーAとCを友達登録し……という関係性を，AとB，BとAとCという形で，すべて線で結んで視覚化していくとします。そうするとSNS上の対人ネットワークを図化することができます。それらの消費者のコミュニティと企業との関係を簡略化すると，オンライン上のネットワークは，おおよそ図10-6に示されたような形をもっていると思われます。

　インターネットの長所として，コミュニケーションの双方向性という特徴があります。情報提供手段としてマスメディアが主力であったころには，商品情報は企業から消費者に向けて一方向的に流れてきていましたが，インターネットでは，企業が消費者に情報提供をするばかりでなく，消費者も企業のウェブサイトや口コミサイトなどへの投稿を通じて，意見や感想をフィードバックすることができます。図10-6では，そうした企業と消費者とのコミュニケーションを含めて全体像を描いてあります。

それではこれらのコミュニティのなかを，口コミ情報がどのようにして広まっていくのでしょうか。グラノベッター（Granovetter, 1973）によれば，家族や親友のような親密な対人関係（「強い紐帯」と呼ばれます）よりも，単なる知り合いのような親密度の低い関係（「弱い紐帯」）の方が，情報を広めるには有利であると言われています。先に述べたように，態度変容に対するインパクトの大きさで言えば，親しい人から口コミをされた方が同調しやすいのですが，強い紐帯をもつ者同士が共有する情報はコミュニティ内にとどまってあまり広がらない傾向があります。図10-6でいうところの二重線で囲まれた消費者に注目してください。彼らは橋渡し役（bridge）と呼ばれますが，コミュニティ内に属さず，誰とも「強い紐帯」では結ばれていません。しかし，弱い紐帯で各コミュニティとつながっていて，あるコミュニティから別のコミュニティへ情報を届けることができます。彼らがいなければ，情報はコミュニティ内にとどまり，世間に広まっていきません。つまり口コミの伝播という観点から言うと，あまり親しくない間柄（弱い紐帯）の方が，実は情報を広げる力を秘めているということになります。

　インターネットは家族や職場，学校などの既存の対人ネットワークを超えた対人関係を築くのに適しています。FacebookなどのSNSを通じて，普段

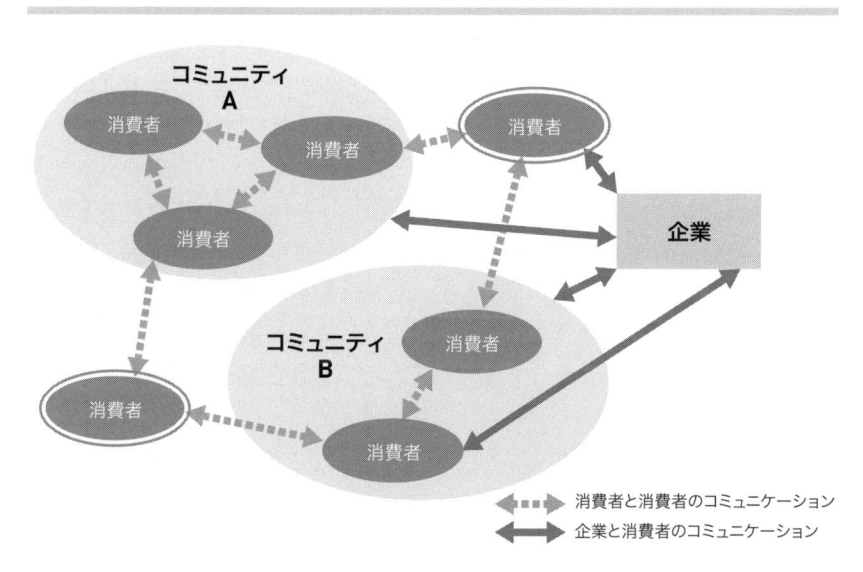

図10-6　オンラインコミュニティと企業とのつながり　出所：杉谷(2012)より。

の生活では知り合うはずのなかった人々と知り合った経験が皆さんにもあるはずです。言い換えるならば，インターネットは橋渡し役を増やす役割を担っているとも言えるでしょう。

3）インターネット上の「集合知」という考え方

　親しい友人や家族が，「あの商品はおススメだよ」と言ったのでそれを購入した，という購買行動を，私たちは不思議には思いません。親しい人が言ったのですから，あなたのためを思って教えてくれたのだと信じて，それを買うのは自然なことでしょう。しかしながら見ず知らずの他人が勧めてくれた場合には，少し事情が違います。その人が善意の他者であるという保証はどこにもないからです。もしかしたら企業の回し者か，あるいは，悪意をもってあなたを騙そうとしているのかもしれません。

　そのように考えると，インターネット上の口コミ情報というものは，顔も見えない匿名の相手からの情報であって，通常であれば，あまり信頼に値しないものと判断するのが自然であるようにも思われます。事実，インターネットがまだ現在のような普及率を達成していないころには，インターネット上の情報の信憑性はかなり低く見られていました。もちろん，普及率が上がったからと言って，情報の匿名性には変わりはありません。にもかかわらず，多くの消費者が口コミサイトの情報を信頼して購買行動をとるのはなぜなのでしょうか。

　この現象を理解するのに，「集合知（集合的知性；collective intelligence）」という言葉が有効です。集合知とは，「複数の人間で情報を持ち寄って統合したり，お互いに協力あるいは競争をすることによって，より高次な新しい知識を生み出すことができるような集団の能力」のことです（cf. Pór, 2014）。いわば集団が個人のように知性をもっているかのごとく見える状態を意味しています。例えばWikipediaは，多くの人間（ボランティア）が携わり，日々修正を加えていくことで，1人の人間が書くよりも偏りのない正しい記述が保たれるようなしくみになっています。まさに集合知そのものであると言えます。

　インターネット上の口コミにも，似たようなところがあります。もし誰かが事実と大きく違う口コミをしていれば，それに反論する口コミが相次ぎ，誤った意見のインパクトは小さくなってしまうでしょう。逆にある人の口コミに，多くの人が同感であるという口コミをすることで，その口コミの真実

性は高まっていきます。つまり私たちはインターネット上の口コミを，匿名の他者の意見としては見ていないのだということが言えます。そうではなく，いわば集合知としてとらえているために，信頼して購買行動の参考にしているのです。

学習した内容を活かすために

1. あなたが今日買った商品について，どのような情報収集をし，どのように意思決定をしましたか？ そのプロセスについて，理論的に説明してみましょう。
2. 消費者の心理をうまく活用していると感じる広告やプロモーションの例を挙げて，なぜそれが有効であるのかを論じてみましょう。

引用文献

Allport, G. W. (1935). Attitude. In C. Murchison (Ed.), *Handbook of social psychology*. Worcester, MA: Clark University Press.

Bettman, J. (1979). *An information processing theory of consumer choice*. Reading, MA: Addison-Wesley.

Fishbein, M. (1963). An investigation of the relationships between beliefs about an object and the attitude toward that object. *Human Relations*, 16, 233-240.

Granovetter, M. S. (1973). The strength of weak ties. *American Journal of Sociology*, 78, 1360-1380.（野沢慎司編・監訳（2006）．リーディングス　ネットワーク論－家族・コミュニティ・社会関係資本　勁草書房）

Howard, J. A., & Sheth, J. N. (1969). *The theory of buyer behavior*. New York: John Wiley & Sons.

Petty, R. E., & Cacioppo, J. T. (1986). *Communication and persuasion: Central and peripheral routes to attitude change*. New York: Springer-Verlag.

Pór, G. (2014). Blog of collective intelligence, http://blogofcollectiveintelligence.com/, 2014-10-16参照．

杉本徹雄（2012）．消費者の意思決定過程（第3章）　杉本徹雄（編）　新・消費者理解のための心理学　福村出版

杉谷陽子（2012）．情報の伝播と消費者行動（第11章）　杉本徹雄（編）　新・消費者理解のための心理学　福村出版

竹村和久（2006）．消費者行動（第9章）　山口裕幸・高橋潔・芳賀繁・竹村和久　経営とワークに生

かそう!　産業・組織心理学　有斐閣

竹村和久(2012).消費者の意思決定過程に及ぼす影響(第4章)　杉本徹雄(編)　新・消費者理解のための心理学　福村出版

Tversky, A., & Kahneman, D. (1981). The framing decisions and the psychology of choice. *Science*, 211, 453-458.

索引

数字

4P戦略　191, 193
4つのM　186
5S　172
360度フィードバック評価　43

A

ACT*モデル　35
AIDA　205
AIDMAモデル　205

B

BARS　45

C

CDP（career development program；キャリア開発プログラム）　122

E

EAP　159, 161
ERG理論　55

F

FOR　47

J

JDS　60

K

KAIZEN（カイゼン）　172
KASOCs　30

L

LPC　112

M

MPS　59
MUM効果　88

O

Off-JT（off-the-job-training；職場外訓練）　38
OJT（on-the-job-training；職場内訓練）　38

P

PDCAサイクル　171
PM理論　110
PPM　22

Q

QCサークル　172
QWL　162

S

SECIモデル　96
S-O-R型モデル　195

X

X理論　57

Y

Y理論　57

かな

あ

アダムズ, J. S.　62
アルダーファ, C. P.　55
安全管理　166
安全人間工学　173
暗黙知　95

215

い

偉人論　108
違反　173

う

ヴルーム, V. H.　61
ヴント, W. M.　25

お

オーダム, G. R.　58
オハイオ研究　109
オープンシステム・アプローチ　17

か

解釈的アプローチ　194
階層　15
外発的動機づけ　60
価格戦略　191
科学的管理法　52, 167
学習サイクルモデル　35
覚醒度　174
カークパトリック, D. L.　39
課題葛藤　100
課題志向行動　109
価値関数　201
葛藤　100
過程理論　55
カーネマン, D.　200, 201
関係葛藤　100
関係志向行動　109
観察学習　35
寛大化　32, 46
カンバン　171

き

企業戦略　22
企業ドメイン　21
記号化　86

期待理論　61
機能別戦略　25
規範　69
キャリア　122
キャリア発達（開発）　122
教育訓練　34
強化理論　34
凝集性　69
業績（成績，成果）評価　41
競争　99
競争戦略　24
協調　99
協調の失敗によるロス　78
共同化　96
共有情報　91
共有メンタルモデル　81, 87
ギルブレス, F. B.　167
ギルブレス, L. M.　167

く

口コミ　193, 208, 210, 211, 212, 213
グラノベッター, M. S.　211

け

経営理念　19
形式知　95
ケース・スタディ　39
結果の公正　47
厳格化　32, 46
検索連動型広告　209

こ

交換型リーダーシップ　116
講義　38
広告イメージ　205
広告効果測定　205
広告心理学　205
構造化面接　32
構造づくり　109

硬直化現象　76
行動評定尺度　45
衡平理論　62
効用　201
顧客満足　194
コスト・リーダーシップ戦略　24
コミュニティ　209, 210, 211
コルブ, D. A.　35
コンティンジェンシー理論　111

さ

採用選考　30
作業管理　166
作業研究　166
差別化　191
差別化戦略　24

し

シェス, J. N.　195
時間研究　166
事業戦略　22
自己申告制度　33
市場細分化　193
シミュレーション　39
社会的勢力　107
ジャスト・イン・タイム　170
社内FA（フリーエージェント）制度　137
社内起業制度・社内ベンチャー制度　137
社内公募制度　33, 137
集合知　212, 213
集合的知性　212
集団的浅慮現象　93
集団分極化現象　92
集中戦略　24
周辺的手がかり　208
周辺ルート　207, 208
自由面接　32
主張性　101
準拠枠訓練　47

状況対応リーダーシップ理論　114
小集団活動　172
消費者行動　190, 192, 195, 196
情報化　86
情報処理パラダイム　196
情報処理理論　195, 196
職場集団（work group）　68
職場チーム（work team）　68
職務診断調査　60
職務特性モデル　58
人事異動　32
深層面接法　194
人的資源管理　30
人的事故原因の調査・分析マニュアル　186
心理的財布　200

す

垂直的関係　98
水平的関係　98
スコット, W. D.　25, 26
図式尺度法　44
ステルス・マーケティング　193
ストア・ロイヤリティ　193
ストッディル, R. M.　108
ストレス　142
スリップ　176

せ

斉一化　69
斉一性の圧力　70
生産制限規範　70
精緻化　207, 208
精緻化見込みモデル　206
製品戦略　191, 193
セグメンテーション　193, 194
絶対評価　44
宣言的知識　35
選択ヒューリスティック　198, 199

そ

相互依存関係　68
相対評価　44
ソーシャルサポート　157
属性態度　203
組織葛藤　100
組織目標　14

た

態度・行動評価　41
対比効果　46
タスクワーク　77
達成動機理論　56
多面観察評価制度　42

ち

知恵　95
知覚符号化　197
チーム・コミットメント　81
チーム志向性　81
チームワーク　76
中心化　32, 46
中心的手がかり　207
中心ルート　206, 207

つ

強い紐帯　211

て

テイラー, F. W.　26, 52, 53, 166
適性検査　30
手続き的公正　47
手続き的知識　35
デビル審理法　93
デモグラフィック変数　194

と

同意性　101

トヴェルスキー, A.　200, 201
同化効果　46
討議　38
動機づけ　197, 207, 208
動機づけ－衛生要因理論（二要因理論）　57
動機づけのロス　78
動作経済の原則　169
動作研究　166
動作・時間研究　169
トランザクティブ・メモリー　92
トランザクティブ・メモリー・システム　81

な

内発的動機づけ　60
内容理論　55
ナレッジ　94
ナレッジ・マネジメント　94

に

ニーズ　190, 191, 192, 193, 194, 205
人間工学　173

ね

ネットワーク　210, 211

の

能力評価　41

は

配慮　109
ハウス, R. J.　113
ハーシー, P.　114
橋渡し役　211
パス−ゴール理論　113
ハックマン, J. R.　58
ハーツバーグ, F.　57
ハラスメント　149
ハロー（ヘイロー）効果　32, 46

218

ハワード, J. A. 195
バンデューラ, A. 35
販売促進戦略 191

ひ

非共有情報 91
非公式集団（インフォーマル・グループ） 54
ヒューマンエラー 173
ヒューマンファクター 173
評価者訓練 46
表出化 96
表象 86

ふ

不安全行為 173
フィッシュバイン, M. 203
フィードバック 39
フェイルセーフ 178
ブランチャード, K. H. 114
ブランド 191, 192, 196, 197, 198, 199, 202, 203, 204, 208, 210
ブランドイメージ 192, 205
ブランド態度 203
ブランド・ロイヤリティ 192
フール・プルーフ 178
ブレーク, R. R. 109, 110
フレーミング効果 201
フレンチ Jr., J. P. R. 107
プロスペクト理論 201
プロセス・ロス 79
分業 14

へ

ベットマン, J. 195, 196, 198
変革型リーダーシップ 116

ほ

ポストモダン・アプローチ 194
ホーソン工場 26

ホーソン実験 52

ま

マクレガー, D. 57
マクレランド, D. G. 56
マーケティング 190, 191, 193, 194, 195, 203
マーケティング・サイエンス 194
マーケティング・リサーチ 194
マズロー, A. H. 55

み

ミシガン研究 109
ミステイク 176
三隅二不二 110
ミュンスターベルク, H. 25, 26

む

ムートン, S. 109, 110

め

メイヨー, E. 26, 52, 53
メディア 86
面接 30
メンタリング 135

も

目標管理制度 43
目標設定理論 63
モチベーションリサーチ 194
モラール 80

や

ヤーキース, R. 26

よ

欲求階層理論 55
弱い紐帯 211

ら

ライフサイクル理論　114
ラプス　176

り

リスク・テイキング　179
リーダーシップ　106
リーダー―メンバー交換理論　116
流通戦略　191

れ

レイザム, G. P.　63
レイブン, B.　107
レスリスバーガー, F. J.　26, 53

ろ

ロック, E. A.　63
ロール・プレイング　39

わ

ワーク・モチベーション　52
ワークライフバランス　162

執筆者紹介（執筆順）

柳澤 さおり（西南学院大学人間科学部教授）　編著者　第1,2,3,6章担当
田原 直美（西南学院大学人間科学部教授）　編著者　第4,5章担当
岸本 智美（横浜市立大学保健管理センターキャンパス相談担当，公認心理師・臨床心理士）　第7,8章担当
三沢 良（岡山大学学術研究院教育学域准教授）　第9章担当
杉谷 陽子（上智大学経済学部教授）　第10章担当

はじめて学ぶ産業・組織心理学

発行日　2015年6月16日　［初版発行］　　　　　　　　　　　　〈検印省略〉
　　　　2024年7月16日　［第6刷発行］

編著者　柳澤 さおり
　　　　田原 直美

発行者　大矢 栄一郎
発行所　株式会社　白桃書房
　　　　〒101-0021　東京都千代田区外神田5-1-15
　　　　電話 03(3836)4781　FAX 03(3836)9505　振替 0010-4-20192
　　　　https://www.hakutou.co.jp/

印刷・製本　藤原印刷株式会社

Ⓒ S.Yanagisawa & N.Tabaru 2015　Printed in Japan　ISBN 978-4-561-25655-7　C3034

本書のコピー，スキャン，デジタル化等の無断複製は著作権法上での例外を除き禁じられています。本書を代行業者等の第三者に依頼してスキャンやデジタル化することは，たとえ個人や家庭内の利用であっても著作権法上認められておりません。

[JCOPY]〈出版者著作権管理機構委託出版物〉
本書の無断複写は著作権法上での例外を除き禁じられています。複写される場合は，そのつど事前に，出版者著作権管理機構（電話 03-5244-5088, FAX03-5244-5089, email:info@jcopy.or.jp）の許諾を得てください。

落丁本・乱丁本はおとりかえいたします。

好評書

人的資源マネジメント
―「意識化」による組織能力の向上

古川久敬 [編著]
柳澤さおり・池田浩 [著]

経営活動に貢献する人的資源マネジメントは、目指す成果の意義と内容、取り組む活動すべてに「意とは識化」の度合いを高めることで実現する。本書は、それらに関わる理論的根拠と実践的示唆を組織心理学の観点から提示した意欲作。

本体価格3300円（税別）

東京 白桃書房 神田